Johann Steyrer

Der Ursprung der Sprache der Arier

Johann Steyrer

Der Ursprung der Sprache der Arier

ISBN/EAN: 9783337320218

Hergestellt in Europa, USA, Kanada, Australien, Japan

Cover: Foto ©Thomas Meinert / pixelio.de

Weitere Bücher finden Sie auf **www.hansebooks.com**

DER

URSPRUNG DER SPRACHE

DER

ARIER.

VON

JOHANN STEYRER,

PROFESSOR AN DER WIEDNER OBERREALSCHULE.

WIEN, 1891.

IN COMMISSION.

ALFRED HÖLDER, K. U. K. HOF- UND UNIVERSITÄTS-BUCHHANDLER,

I., ROTHENTHURMSTRASSE 15.

Inhalt.

I.

Theoretische Entwicklung phonetischer Urtypen.

II.

Der Mensch, seine Organe und deren Thätigkeiten.

I. Der Mund.

II. Das Ohr.

III. Das Auge.

III.

Die Außenwelt.

I. Die Namen der Thiere.

IV.

Verschiedene einschlägige Fragen und Bemerkungen.

V.

Der Urarier im Lichte meiner Entwicklungstheorie der Sprache.

＊―◦―‥―◦―＋―

Berichtigung.

Das Beispiel ὡρειδής, das irrthümlich S. 49, 51 und 68 für ὡοειδής
gesetzt wurde, entfällt.

Vorrede.

In meiner Abhandlung über die ursprüngliche Einheit des Vocalismus der Germanen*) wurden auf Grund der Beobachtungen von Lautübergängen im Englischen und in der bair. öst. Mundart folgende Vocalreihen aufgestellt: I. Stufe: *oa* (*ua, uo*); II. Stufe: *ô, â*; III. Stufe: *ou*; IV. Stufe: *au, â*; V. Stufe: *iu* (*io, ia, ie*); ferner die diesen Lauten entsprechende Umlautreihe: I. Stufe: *ea* (*ia, io*); II. Stufe: *ê, â*; III. Stufe: *ei, ai*; IV. Stufe: *ai, î*.

Die Vergleichung des sog. Ablautes der einzelnen altdeutschen Dialecte ergab mit großer Gesetzmäßigkeit, dass nach dieser Lauttabelle das Präsens dem Präteritum gegenüber durchwegs einen jüngeren Laut aufweist, also eigentlich den Ablaut enthält. In der Verfolgung der Vocallaute der einzelnen Verbalclassen gelangt man, von den Extremen des Vocalismus zu den 3 parallelen Lauten *a, e, o* zurückgehend, zu dem Ergebnis, dass denselben noch die Laute *oa* und *ea* vorangegangen sein müssen, so dass z. B. das *a* im ahd. *wahsan* aus dem *ou* des Präteritums *woahs*,**) dem Vorläufer des *wuohs* entstanden sei, ein lautlicher Vorgang, der desto unzweifelhafter ist, wenn anderseits, wie dies geschah, die Übergänge von *ou* zu *ua, uo* und zu den contrahierten Lauten *o, a* nachgewiesen sind. Dies ist beiläufig der Gang meiner Beweisführung auf 46 Seiten. In einer Besprechung dieses Aufsatzes im „Lit. Centralblatt" schiebt mir der Rec. nun wörtlich Folgendes in die Feder: „Weil b r e i t im Englischen b r o a d nicht lautet, sondern geschrieben wird, und in bair. Dialecten die Form b r o a d für dieses Adjectiv auftaucht, so muss Stammesgleichheit der beiden Völker angenommen werden". Dies

---

*) Die ursprüngliche Einheit des Vocalismus der Germanen auf Grund einer Vergleichung der bajuwarischen Mundart mit dem Englischen. Wien, 1887. A. H ö l d e r.

**) Bei B r u g m a n n (§ 91) wird nun auch schon anerkannt, dass ahd. *uo* aus *ua*, und dieses aus *oa* entstand; also *fuoʒ* aus *fuaʒ, foaʒ*.

1

wäre in der That eine sehr läppische Darstellung; sie ist in der ganzen Arbeit nicht enthalten. Im Gegentheil sagte ich mit Beziehung auf die in einer früheren Arbeit ausgesprochene Vermuthung der Stammesgleichheit S. 4, dass sich Gründe für und g e g e n meine frühere Schlussfolgerung (der Stammesgleichheit) anführen ließen, dass ich jedoch von solchen Combinationen gegenüber der ungleich wichtigeren sprachlichen Seite der Frage ganz absehe. Hiermit ist wohl gesagt, dass ich dieser Frage damals schon kein Gewicht mehr beimaß. Seitdem wurde von anderer Seite darauf hingewiesen, dass die Laute *oa* und *ea* nicht bloß charakteristische Laute der bair. öst. Mundart und des Englischen sind, sondern auch im Friesischen sich finden. Der triftigste Grund gegen die Annahme der Stammesgleichheit liegt überdies in der Arbeit selbst, die zur Folgerung gelangt, dass der Laut *oa* einst allen Germanen gemeinsam gewesen sei. Diese Sache ist also abgethan, und es ist auch in den weiteren 42 Seiten keine Rede mehr davon. Dennoch fährt der Rec. fort: „Im Angels. ist *ed* die Vertretung für got. *au*, und in manchen Gegenden des bair. Sprachgebietes erscheint unter dem *i*-Umlaut *ea* an derselben Stelle (nämlich immer nur für nhd. *oe* z. B. *leasen* = *loesen*), folglich sind Engländer und Baiern im Grunde genommen dasselbe Volk". Abgesehen von dem letzten Satz, der nirgends steht, schiebt der Rec., vorausgesetzt, dass er die Sache verstanden hat, geflissentlich, um den Leser zu beirren, mit Hinweglassung der Beispiele mit *oa* = ags. *ed* den Satz ein, dass ags. *ed* i m m e r n u r für baj. *ea* = mhd. *oe* steht, offenbar, um den Leser glauben zu machen, im Baj. sei *ea* hier durch lässige Aussprache aus *oe* entstanden, wie man dies so häufig von Leuten hört, die kein Sprachgefühl für lebende Mundarten haben. Der Rec. sagt auch „keine Spur von einer historischen Methode". Welchen Standpunkt ich einnehme, sage ich ja S. 5 mit den Worten, dass, um zu ganz zuverlässigen Normen über eine organische Entwicklung der Vocale zu gelangen, als oberstes Princip eine möglichst genaue Beobachtung der Neigungen gelten müsse, die ein und derselbe Volksstamm kundgibt, einen Vocal aus dem andern entstehen zu lassen etc. Dieser Standpunkt, mehr von der Gegenwart auszugehen, wird auch bei künftigen Forschungen immer mehr sich geltend machen.

Auf diesem Grundsatz basierend ist auch die Lautphysiologie berufen, manche der unnatürlichsten Lautveränderungen, die nach der historischen Methode sich ergeben haben, zu rectificieren. Könnte die Frage auf dem Wege der historischen Methode gelöst werden, dann wäre sie schon längst gelöst; man wäre auch bei der Ansicht von der S t e i g e r u n g der Vocale (auch eines von den vielen Verlegenheitswörtern der Forscher nach „der historischen Methode") geblieben.

Auf eine höchst drollige Weise kanzelt mich in der Zeitschrift „Gymnasium" ein Criticus aus Mährisch-Trübau, namens Saliger, ab. Seine Kritik gipfelt in den Satz: „Was der Verfasser Neues vorgebracht zu haben glaubt, sind meist willkürliche Annahmen". Diese Logik ist in der That nicht leicht zu fassen. Ich glaube also nur etwas Neues vorgebracht zu haben, das Vorgebrachte ist somit nicht neu; die angeblich willkürlichen Annahmen stammen also von andern her! Der Rec., der offenbar zu jenen gehört, welche die erste und die letzte Seite eines Buches überblicken, führt leider keine dieser willkürlichen Annahmen an. Wahrscheinlich will der Rec. sagen, es ist nichts Neues in der Arbeit enthalten. Dem gegenüber muss ich diesen sonderbaren Rec. aufmerksam machen, dass innerhalb der ersten und letzten Seite die Zusammenstellung der baj. Wörter mit den englischen, die Erklärung der Lautübergänge und der sich hieraus ergebenden Ablautgesetze neu ist, und dass ihm die auf der letzten Seite enthaltene Bemerkung über den Urlaut der Germanen selbst neu vorgekommen sein muss, denn er schreibt erstaunt: „oa der Urlaut der Germanen!" Beide Rec. schreiben übrigens nicht eine Zeile, aus der zu entnehmen wäre, ob sie etwas von der Mundart oder vom Englischen verstehen. Dies soll bezüglich der Mundart kein Vorwurf sein, da man doch nicht annehmen kann, dass jeder die baj. Mundart kennt. Sind die Herrn Rec. jedoch der Aufgabe gewachsen, so wären mir sachliche, positive Aufklärungen und Winke sehr erwünscht gewesen, zudem ich selbst gerne zugebe, dass manches an der zu ganz neuen Ergebnissen gelangenden Arbeit sich verbessern und ergänzen lässt. Die Hauptfrage, welche die Kritik zu beantworten hatte, lautet: „Ist oa nach meiner Beweisführung der älteste Laut der Germanen?" Im Falle der Richtigkeit meiner Argumentation entsteht erst die weitere Frage: „Wie verhält sich die ganze Theorie zum Vocalismus der andern idg. Sprachen? Welche begründeten Einwürfe stehen im verneinenden Falle meinen Gründen über die Entstehung der Laute o, a und e aus oa und ea gegenüber?" Diese Fragen sind für die Sprachwissenschaft die wichtigsten.

Gelegentlich einer von der „Zeitschrift für österr. Gymnasien" aufgenommenen Berichtigung (S. 478 vom J. 1889) auf eine von Schmähungen und Entstellungen strotzende Beurtheilung derselben Arbeit warf ich dieselbe Frage auf.

Die hierauf folgende Erwiderung des Rec. Luick gieng jedoch dieser Frage wieder mit einer allgemeinen Phrase sorgsam aus dem Wege. Seitdem habe ich wohl öfter in Beurtheilungen über andere Werke gefunden, dass diese Sorte von Kritikern zwar recht wacker dem Grundsatz „La grossièreté tient souvent lieu de philosophie" huldigt, von dem Inhalt und der Bedeutung

1*

des Werkes jedoch dem Leser keine oder eine im ganzen nur unrichtige
oder mangelhafte Vorstellung zu geben vermag. Diese Klage dürfen mit mir
auch bedeutende Autoren erheben. Eine Aneiferung, dieses schwierige, aber
interessante Thema weiter zu verfolgen, habe ich, wenigstens von dieser Seite,
nach dem Gesagten wohl nicht erhalten. Es mag auch unklug sein, auf die
oben angeführten Urtheile die Aufmerksamkeit des Lesers zu lenken und
hierdurch nach dem „semper aliquid haeret" gegen die vorliegende Arbeit
eine Voreingenommenheit zu schaffen. Ich rechne jedoch darauf, dass der
objectiv urtheilende Leser, der zudem auf gesunden Menschenverstand noch
etwas hält (und solche Leser gab es, wie ich aus mündlichen und schriftlichen
Mittheilungen ersah, auch für meine früheren Arbeiten), selbst entscheide
und nicht jener sonderbaren Gelehrsamkeit Gehör schenkt, die dem Engländer
bei dem Satz „An ounce of good sense is often more worth than a pound of
learning" vorschweben dürfte.

Nach den äußerlichen Erfolgen meiner früheren Arbeit muss es überdies als ein sehr undankbares Unternehmen erscheinen, diesem Gegenstande
noch weiter seine freie Zeit zu widmen; die Erwägung jedoch, dass man
meinen Gründen dort, wo man den Standpunkt der Negation und Diffamation
verließ, nur den einseitigen Standpunkt der „historischen Methode" entgegen-
hielt, sowie die durch weitere Gründe gefestigte Überzeugung von meiner im
Wesentlichen richtigen Darstellung, und vor allem die Liebe zur Mundart
lassen den Gedanken nicht aufkommen, von der Veröffentlichung dieser
Arbeit, die weit über das ursprünglich gesteckte Ziel hinausreicht, abzusehen.

Hier sei mir noch eine Bemerkung gestattet. In Bezug auf das Alter
des baj. Vocalismus meinte nach dem obigen Citate ein Criticus, baj. *oa*
tauche in einzelnen Gegenden auf. Der Schreiber dieses Satzes ist allerdings
jeder Kenntnis der Mundart, jeder Beobachtungsgabe und jedes Sprachgefühls
bar; man sollte also kein Wort über solche Aussprüche verlieren; doch
repräsentiert er so recht den Typus nicht des Gelehrten nach „der bloß historischen Methode" — dies hieße ihm zu viel Ehre erweisen — sondern des
oberflächlichen Afterkritikers.

Seine Worte machen ungefähr folgenden Eindruck: Er hat in mundart-
lichen Gedichten Wörter mit *oa* gelesen, sieht sich die Jahreszahl des Druckes
an, er erfährt auch, wann diese seltsamen Worte zuerst gedruckt wurden,
er findet, es sei eigentlich nicht so lange her; kommt er in das Land dieser
Mundart, so findet er, dass dieses *oa* eigentlich nur hie und da gehört wird,
in dieser oder jener Stadt, in dem Hôtel, in dem er abstieg, gar nie, im
Nibelungenliede hat er auch nichts davon gelesen; ergo: „in bair. Dialecten
taucht die Form broad für breit auf". Man sieht ordentlich nach diesem

drastischen Ausspruche, wie dieser feine Beobachter die Entstehung dieser Form miterlebt!! Aus ähnlichen Federn stammen dann auch Aufsätze, welche mit dem ganzen Aplomb der Wissenschaftlichkeit, d. h. unter Beobachtung aller Erfordernisse der historischen Methode darthun, wie diese oder jene oberdeutsche Mundart noch diesen oder jenen Laut aus dem Mittelhochdeutschen d. h. aus der mhd. Schriftsprache gerettet oder weiter entwickelt habe. Diesen Ansichten von einer solchen Kurzlebigkeit der Laute gegenüber erlaube ich mir auf die gesunden Aussprüche hinzuweisen, zu denen E. Engel*) bei seinen Vergleichen des Neugriechischen mit dem Altgriechischen gelangt ist. Er bemerkt, er habe allerlei über Lautwandel gehört, und muss nun (beim Erlernen des Neugriechischen) plötzlich folgendes Sprachwunder erleben: „eine Sprache lässt ihre sämmtlichen Vocale (α, ϵ, ι, o, ov) durch alle Jahrtausende vollkommen unverändert, tastet auch eine große Zahl wichtiger Consonanten so gut wie gar nicht in ihrem Lautwert an; dagegen wüthet sie erbarmungslos gegen sämmtliche Diphthongen und einige bestimmte Consonanten"; und S. 27: „Es mag ja sein, dass jede Aussprache im Laufe der Zeit wandelt — aber im Laufe welcher Zeit? Meine chinesischen Freunde versichern mir, dass ihre Sprache seit Jahrtausenden weder die Wortformen, noch die Aussprache geändert habe." — „Vom Arabischen behaupten Fachmänner, dass es seit mindestens 12 Jahrhunderten unverändert in seinem inneren Bau geblieben". — „In den neueren Sprachen steht es so, dass ihre älteren Sprachstufen nicht immer zum strengen Vergleich dienen können. Ist etwa das Neuhochdeutsche aus dem Gothischen des Ulfilas, aus dem Ahd. des Otfried, aus dem Mhd. des Nibelungenliedes entstanden?"

Die Sprache der latinisierten Völker z. B. der Franzosen, lässt sich zum Behuf der Beobachtung einer organischen, ungestörten Entwicklung der Laute aus dem Lateinischen nicht herbeiziehen. Auf italienischem Boden hingegen, wo eine Continuität mit dem Lateinischen am ehesten vorausgesetzt werden kann, sind die geringsten vocalischen Veränderungen seit 2 Jahrtausenden bemerkbar.

Engel behauptet, die Sprache der Neugriechen wäre von Perikles, Sokrates und Phidias verstanden worden. Aber selbst, wenn man die Aussprache des $\alpha\iota$ wie ä oder e, des $o\iota$ wie i, des v wie i etc. nicht so weit zurück versetzt, wie Engel nicht ohne Angabe von Gründen es ausführt, so zeigt sich doch, in welchen großen Zeitläuften eine Veränderung constatiert werden kann, und ferner, dass, wenn eine solche eintritt, sie nur in der in meiner Vocaltafel angegebenen Richtung erfolgt.

---

*) Die Aussprache des Griechischen. Jena, 1887.

Vor 403 v. Ch. schrieb man einfaches *e* für *e*, *η* und *ει* (S. 113), heutzutage lautet *ει* und *η* wie *i*, während kurzes *e* blieb. Auch *α*, *ι*, *o*, *ου* bleiben;
υ schreitet von der Aussprache *u* (im lat. guberno aus *κυβέρνω*, cuprum aus
κύπριον) zu *ü* (heute noch findet sich eine dialectische Abweichung in Attika,
nämlich *υ* = *iu*) und zu *i*; auch *υι* wird zu einfachem *i*; selbst *οι* wird zu
ü und *i* u. s. w.

Aus dem Gesagten geht hervor, dass die lautlichen Veränderungen in
großen Zeiträumen und nur ganz allmählich in einer gewissen Richtung
erfolgen. Den so sehr abweichenden Vocalismus der Bajuwaren (von den
10 Millionen Baj. sprechen vielleicht 7 Millionen und zwar der conservative
Theil des Volkes die Volkssprache) als späte, lautliche Scheidung von dem
der mhd. und ahd. Schriftsprache anzusehen, ist ganz undenkbar. Dieses
Bewusstsein erfüllt auch denjenigen, der die Mundart von seiner Kindheit an
kennt und nach den Angaben seiner Eltern und Großeltern die lautlichen
Veränderungen auf ein Jahrhundert überschaut. Kann derjenige, der die
Sprache der Bewohner eines von der übrigen Welt ziemlich abgeschlossenen
Thales auf diese Weise zu beobachten Gelegenheit hat, eine Veränderung
des Wurzelvocals, den ich immer zunächst im Auge habe, in diesem Zeitraum
überhaupt constatieren? Ich zweifle daran. Hat aber jemand merkliche lautliche Veränderungen beobachtet, liegen sie in jener Richtung, dass man, in
derselben zurückgehend, an die mhd. oder ahd. Schriftsprache anknüpfen könnte?
Vorausgesetzt, sie lägen in derselben Richtung, was ich eben immer in Abrede
stellte, könnten jene während eines Jahrhunderts beobachteten kaum merk-
lichen Lautveränderungen, mit 6 oder 7 etc. multipliciert, wirklich jene
bedeutenden Lautabstände ergeben, wie sie die baj. Mundart gegenüber dem
Mhd. und Ahd. aufweist? Dieses Bewusstsein der Langlebigkeit der Laute
einer Mundart ist dem germanisierten Fremdling fremd.

Ja, ich weiß aus Erfahrung und finde es begreiflich, dass auch dem
gebildeten oder gelehrten Städter, der bei der Vermengung der verschieden-
artigen Volksschichten und fremder Elemente bald diesen, bald jenen Vocal
in demselben Worte hört, der Glaube an eine gewisse Stabilität der Laute fehlt.

Diese allgemeinen Erwägungen nebst den schon früher dargelegten
Gründen einer natürlichen Entwicklung des baj. Vocalismus rechtfertigen
daher durchwegs meine Behauptung, dass die baj. Volkssprache in ihren auf-
fallendsten voc. Abweichungen in der Schriftsprache nie zum Ausdrucke gelangte.

Diese für mich als feststehend geltende Thatsache erkennt der baj. Mundart als einer Quelle des vergleichenden Sprachstudiums dieselbe Bedeutung
zu wie den ältesten Sprachdenkmälern.

Die Abhandlung über den Vocalismus der Germanen war noch unter dem Eindrucke des im Jahre 1884 erschienenen Wörterbuches von Skeat, welches die ausgezeichnete Sammlung arischer Wurzeln mit *a, i, u* enthält, geschrieben. Niemand wird die Überzeugung haben, dass nach der jetzigen noch weiteren Aufstellung von Wurzeln mit *e, o, eu* etc. die Frage über den Vocalismus schon gelöst und jeder weitere Versuch müßig sei. Gerade die Arbeiten der Gelehrten, die mit der Aufstellung von *o* und *e* als ursprünglichen Lauten meiner Theorie von ursprünglichem *oa* und *ea* nahekommen, beweisen, dass man zur Erkenntnis gelangt ist, dass auf bloß historische Weise eine Lösung der Frage nicht zu erhoffen ist. Wenn aber von den Gelehrten die Zahl der als ursprünglich zu geltenden Laute vermehrt anstatt vermindert wird, so ist die vergleichende Sprachwissenschaft in jenes ungünstige Stadium gerathen, in welchem sie allen jenen, die die Erforschung des Ursprungs der Sprache als ein möglicherweise zu lösendes Problem hinstellen, ihr Ziel in größere Ferne rückt. Diese Thatsache steht aber im geraden Gegensatz zu der von vorneherein berechtigten Annahme, dass die vergleichende Sprachwissenschaft, wenn sie die Entdeckung eines Sprachkeimes auch nicht als ihr unmittelbares Endziel hinstellt, doch (unter der Voraussetzung der Anwendung r i c h t i g e r L a u t g e s e t z e) zu einer Vereinfachung und Verringerung der als ursprünglich zu geltenden Lautgebilde und der ihnen zugrunde liegenden primitivsten Begriffe gelangen und hierdurch auch unsere Kenntnisse über den prähistorischen Menschen wesentlich erweitern müsse. Dass sie dies nicht oder doch nur im geringen Maße vermag, muss in jedem Unbefangenen Zweifel über die Richtigkeit der aufgestellten Lautgesetze erregen.

Meine Arbeit über die ursprüngliche Einheit des Vocalismus der Germanen etc. schloss mit den Worten: „Wenn wir unsere in der historischen Zeit gewonnene Beobachtung über die Descendenz aller Vocale von *oa* auf die Vorzeit übertragen, so müssen wir, auf die ursprünglich einfachsten Lautverhältnisse übergehend, schließen, dass es eine Zeit gab, wo die Germanen nicht die sog. Urkürzen *i, a, u,*[*)] sondern einzig und allein die Länge *oa* kannten; wir stehen hier bei den Uranfängen des sprachlichen Lebens, an der Wiege der Germanen".

*) Gegenwärtig gelten als uridg. Vocale: $i, \bar{i}, u, \bar{u}, e, \bar{e}, o, \bar{o}, a, \bar{a}, \vartheta$. Auch unter Berücksichtigung des neuesten, aber keineswegs endgiltigen Standpunktes hätten meine Beobachtungen über Lautübergänge sammt dem Hinweis auf die Gesetzmäßigkeit, die in den sog. Ablautverhältnissen auf Grund meiner Vocaltheorie zutage tritt, nicht anders lauten können.

Ist dieser Ausspruch als Schlussfolgerung meiner Beweisführung
richtig, so muss er nicht bloß für die Germanen, sondern auch für die
übrigen Zweige des idg. Sprachstammes gelten. Die weitere, vergleichende
Untersuchung anderer idg. Sprachen muss zeigen, ob diesem Satz von der
Ursprünglichkeit des *oa* nach dieser Untersuchung noch jene Kraft der
Überzeugung innewohnt, mit welcher er nach einer bloßen Vergleichung
der germanischen Dialecte ausgesprochen wurde. Diese Aufgabe sollte nun
zunächst der vorliegenden Arbeit zufallen. Dass ich hierbei zu der so vielfach behandelten Frage über den Ursprung der Sprache gedrängt wurde,
liegt nahe. Wie bei meinen Ausführungen über den Vocalismus, so muss auch
hier jede Erscheinung, namentlich das, was in diametralem Gegensatz zu den
gegenwärtig aufgestellten Gesetzen über den Wechsel von *s* (*z*) und *r*, oder
über den germanischen *b*-Anlaut und die griech. und lateinische Aspirata
vorgebracht wurde, nicht bloß nach dem angeführten oder angedeuteten
speciellen Grunde, sondern im Zusammenhang mit dem ganzen System
beurtheilt werden. Wer das nicht vermag, lege das Buch bei Seite. Dass die
Arbeit durch weiteres Vergleichen mit andern indoeuropäischen Sprachen
bedeutend gewinnen würde, sagt ein bloßer Blick z. B. in ein slavisches
Wörterbuch. Hier handelt es sich jedoch vor allem innerhalb möglichst enger
Grenzen um das Princip der Feststellung des Lautes *oa* als des ältesten,
d. h. des Keimes der Sprache, wozu die Sprachen der Griechen, Römer und
Germanen im allgemeinen mir genügende Anhaltspunkte boten. Trotzdem
hat die Arbeit an Umfang mehr zugenommen, als ich es gewünscht habe,
da es einerseits meinem Geschmacke nicht zusagen wollte, durchwegs bloß
die sprachlichen Facta zu registrieren und hierdurch die Lecture für einen
größeren Leserkreis ganz ungenießbar zu machen, anderseits bei der Beschaffenheit des Themas die Ergebnisse der prähistorischen Forschungen nicht umgangen
werden durften. Dass auch in dieser Studie manches nur hypothetisch hingestellt
werden kann, liegt in der Natur des die dunkle Vorzeit behandelnden Themas;
doch soll es nirgends an natürlichen Erklärungsgründen fehlen. Keine der
hämischen Bemerkungen konnte mich abhalten, abermals gelegentlich von
der Gegenwart auszugehen. Vergleiche ich die in den bedeutendsten Werken
über den Ursprung der Sprache zum Ausdruck gelangten Ansichten, so zweifle
ich nach den Ergebnissen, zu denen ich gelangt bin, keinen Augenblick an
der Richtigkeit des von mir eingeschlagenen Weges.

Unken, im August 1890.

Der Verfasser.

I.

Theoretische Entwicklung phonetischer Urtypen.

———

1. Einleitung. Sprachkeim.

> „Verstünden wir jedes Wort nach seiner
> Entstehung und weiteren Entwicklung voll-
> ständig, so hätte die Philosophie keine weiteren
> Geheimnisse mehr und könnte keine mehr
> haben".
>
> **Max Müller.**

Gewagt nach dem Urtheile der Gebildeten, wahnwitzig nach
dem gegenwärtigen Stande der vergleichenden Sprachwissenschaft
ist der Versuch der Behandlung einer Frage, welche die größten
Geister zum Gegenstand der Speculation gemacht und doch nicht
gelöst haben. Die Nichtigkeit alles menschlichen Forschens und
Grübelns über gewisse Fragen, das kategorische „Ignorabimus"
mag kleinmüthig und muthlos machen, und fast wäre man versucht, auch die Frage über den Ursprung der Sprache nach den
bisherigen Erfahrungen zu den transcendentalen zu rechnen, an
deren Lösung der Wissens- und Schaffensdrang des menschlichen
Geistes oft und oft, aber immer vergeblich heranstürmte, so dass
auch jeder neue Versuch nur einen neuen Beweis der Vergeblichkeit der Behandlung dieser Frage liefern sollte.

Solchen Bedenken darf aber der Forscher, der doch in allen
Sphären des menschlichen Wissens ein stetes Fortschreiten wahrnimmt, nicht zaghaft gegenüberstehen. Die heutige Wissenschaft
weist einst ungeahnte Fortschritte auf, so dass eine Frage, über
die doch ein reales Substrat vorliegt, nicht leichtfertig auf eine
Linie mit der über die Unendlichkeit des Raumes und der Zeit
gestellt, d. h. nicht ohne weiters als nicht erörterungsfähig
betrachtet werden darf. Wie mühsam und unermüdlich stellt die
Geologie oder die Anthropologie ihre Beobachtungen zusammen,

stellt Hypothese über Hypothese auf und verbreitet schließlich von Jahr zu Jahr mehr Licht über die Erde, das Leben und Treiben ihrer einstigen Bewohner. Beachtete man in diesen verhältnismäßig jungen Wissenschaften das „saxa loquuntur", d. h. ließ man dort, wo die Geschichte aufhört, die Steine, oder allgemeiner, die Funde sprechen, so liegt der Sprachwissenschaft, die Sprache, das Wort vor, dessen Keim Jahrtausende hinter jede schriftliche Aufzeichnung zurückreicht. „Die Sprache ist der getreueste Spiegel des Menschengeistes", sagt Noiré*) „in ihr liegt eine Fülle von Weisheit, von höchst wichtiger Aufklärung, sowohl über die geistigen Zustände der Vorwelt als über die äußeren Culturverhältnisse der Menschheit in einem grauen Alterthum, von welchem sonst jede Spur erloschen ist, verborgen; es gilt nur den Schatz aus der Truhe zu heben, der Schlüssel dazu ist die vergleichende Sprachwissenschaft".

Wie bei jeder Wissenschaft, so muss man auch hier getrost denken: „Rome n'a pas été bâtie en un jour."

Zu dem mächtigen Bau, der Ursprungs- und Entwicklungs-Theorie der Sprache, haben große Meister, wie Herder, Humboldt u. s. w. verschiedene Pläne ausgeheckt und entworfen; so lange jedoch das sorgsam auserlesene Material, die Bausteine, fehlten, mussten alle Gebilde der speculativen Philosophie Luftgebilde bleiben.

Nun haben unermüdlich thätige Männer, wie Fick, Skeat und andere, die Bausteine sorgfältig gesammelt; der Grund jedoch, auf welchem das ganze Gebäude aufgeführt werden könnte, fehlt noch immer, und alle Schriften und Werke, die einen Titel über den Ursprung der Sprache führen, müssen mit dem Gefühl unbefriedigter Neugier weggelegt werden, so lange sie über Entwicklung sprechen, nicht aber über den Keim der Sprache Aufschluss zu geben imstande sind. Steinthal wirft Geiger mit Recht vor, dass überall, wo von Entwicklung die Rede ist, gezeigt werden muss, dass ein Keim vorhanden ist, der unter solchen und solchen Bedingungen sich entwickelt. So lange aber die Sprachwurzeln als letzte Thatsachen, als *ultimate facts*, wie M. Müller sie nennt, angesehen werden, kann man von einer Kenntnis des Ursprungs der Sprache überhaupt nicht reden. Hiermit ist auch der heutige Stand der Frage gekennzeichnet.

---

*) Noiré, Max Müller und die Sprachwissenschaft.

Es ist kein Zweifel, dass Logik, Psychologie und Etymologie sich gegenseitig unterstützen müssen. „Es handelt sich um nichts Geringeres", sagt N o i r é, „als das Riesenwerk des gewaltigen K a n t auf empirischer Basis zu erneuern, zu reconstruieren und zu vollenden, das Entstehen, Werden, das Wachsthum und die Vervollkommnung des höchsten Wunders der Schöpfung, der menschlichen Vernunft, zu ergründen und begreifen zu lernen." Um das Entstehen handelt es sich zunächst; ist das erlösende Wort gefunden, dann wird alle künftige Philosophie nur Sprachphilosophie sein.

Max M ü l l e r*) spricht von einem philosophischen System, welches auf die absolute Identität von Sprache und Denken gegründet ist und hält *nomen* und *notio* für zwei Namen derselben Sache.

Zur Lösung unserer Frage würden somit zwei parallele Wege führen, der eine zu den ursprünglichen Begriffen, der andere zu den ursprünglichen Formen. Es ist bereits erschlossen worden, dass die ursprünglichen Formen einfache gewesen sind.

Man hat ferner den Schluss gezogen, dass den einfachsten Formen oder phonetischen Typen auch die ursprünglichsten Begriffe zugrunde liegen dürften. Die Methode, zu den einfachsten Gebilden zurückzugehen und in ihnen zugleich die ursprünglichsten Begriffe zu suchen, hat jedoch keineswegs zu einem zufriedenstellenden Resultate geführt; daher in einem Kreise von tiefer Denkenden der Ruf nach dem Keim der Sprache erscholl. Es ist nur eine Consequenz meiner Theorie der Descendenz aller Vocale von *oa*, den Keim der Sprache der Indoeuropäer in dieser vocalischen Verbindung zu vermuthen. Indem ich nun *oa* a priori als den ältesten Laut betrachtete und untersuchte, welche Consonanten nach den in der Gegenwart oder in der historischen Zeit überhaupt gemachten Beobachtungen sich zunächst an *oa* ansetzten, erhielt ich Fühlung mit einem großen Theil der schon bekannten Sprachwurzeln, die auch begrifflich als die ersten angesehen werden müssen.

Auf eine natürliche Weise ergab sich dann nicht nur die Erklärung, wie diese Lautgebilde entstanden, sondern auch, wie sie zu Sinn und Bedeutung gelangt sind. In dem Umstande nun, dass *nomen* und *notio*, Sprache und Denken, in ihrem Entstehen, Wachsen und Vervollkommnen sich decken, liegt die Stärke und der Vorzug der folgenden Beweisführung.

---

*) Max M ü l l e r, Das Denken im Lichte der Sprache. Leipzig, 1888.

Die Annahme eines Urlautes *oa* macht es nothwendig, zunächst eine abermalige Bemerkung über englisches *oa* und eine Beschreibung des Lautes *oa* und seiner nächsten Veränderungen nach den Beobachtungen im Bajuwarischen folgen zu lassen.

2. Englisches *oa*.

Über engl. *oa* meinte man früher, es sei nur ein angenommenes Schriftzeichen für langes *o* gewesen. Nach S w e e t sei es wie *au* in *naught* ausgesprochen worden. Dem gegenüber bemerkt S k e a t , dass der Laut genauer gegeben werde durch *or* in *border**). wobei allerdings zu bemerken ist, dass auch dieses *or* nach der heutigen Aussprache schon wieder einer Contraction sich nähert. Vgl. S k e a t , Principles of Etym. S. 54: „This M. E. long *o* was probably an intermediate sound between *aa* and *oa*, and commonly pronounced nearly as *a u* in *n a u g h t*, according to Mr. S w e e t; or as *oa* in *broad*. — The M. E. sound is given still m o r e c l o s e l y by the *or* in *b o r d e r*. Ich führte speciell als frühes Beispiel *ihoaten*, baj. *g'hoaßen* an. S k e a t sagt S. 321: „This symbol *oa* is found occasionally in the XIII. century;" und S. 305: „This spelling *(oa)* did not last long, but soon gave way to brood; the modern *broad* is due to a s u b s e q u e n t r e v i v a l*) of the symbol *oa*, which is almost, perhaps quite, unknown in the fourteenth and fifteenth centuries."

Für die Aussprache des *oa* wie *or*, i. e. *o* mit voc. *r* führte ich auch S. 7 me. *hoos, hos, hors* ne. *hoarse* an. Nun führt auch S k e a t dieses Beispiel mit dem Bemerken an, dass es den me. Laut noch beibehält. S k e a t , S. 55: „A very curious and difficult word is *hás*, M. E. *hoos*, also *hoors*, now written *hoarse;* as far as the modern Southern E. sound is concerned, the *r* is not trilled. — It probably retains very nearly the M. E. sound. — The sound varies: I here give my own pronunciation, which is like that of h o r s e. Many people sound the *o a* in *h o a r s e* as a diphthong."*) Durch diese Worte wird meine früher ausgesprochene, aus dem lautlichen Verhältnisse zu *ea* hervorgehende Ansicht über die ursprüngliche Aussprache des engl. *oa* nahezu bestätigt.

---

*) Aus diesen von autoritativer Seite ausgesprochenen Worten mag der Leser ermessen, wie unreif der Ausspruch im „Liter. Centralblatt" ist: „Weil breit im Englischen „*broad*" nicht lautet, sondern geschrieben wird" etc. L u i c k (Z. f. öst. Gymn.) hält *oa* bloß für früh neuenglisch!!

3. Beschreibung des Lautes *oa* im Bajuwarischen.
Ai. ŗ, ř̈.

An *oa* dürften sich alle Schattierungen des *o*, vom offenen *o*
zum geschlossenen *o* und zum *u* mit folgendem *a* im baj. Sprach-
gebiete constatieren lassen. In Nieder-Österreich ist es nach dem
Trautmann'schen System der Laut *o* (offenes *o*) mit folgendem *a*.
Beim *o* ist nach der Beschreibung Trautmanns „der Kieferwinkel etwas größer als beim *o* (geschlossenem *o*), die Lippen sind
weniger nach vorne geschoben und die Öffnung der Mundspalte ist
weiter als beim *o*. Die Zunge ist weniger zusammengezogen als
beim *o* und berührt mit der Spitze leise den Damm der unteren
Schneidezähne. Beim *a* ist der Kieferwinkel größer, so dass er
das höchste Maß erreicht, welches beim Sprechen überhaupt vorkommt. Die Mundspalte ist ihrer ganzen Länge nach geöffnet und
die Lippen sind, dem Abstande der Kiefer entsprechend, weit von
einander entfernt. Die Zunge hat sich noch mehr ausgedehnt als
beim *o* und berührt mit ihrer ganzen Spitze außer dem Damme
der unteren Schneidezähne auch diese selber."

In *ea* bedeutet *e* das offene *e* nach Trautmann *ɛ* wie im
franz. *père*. Dem *ɛ* folgt in *ɛa* unmittelbar *ă*, so dass die beiden
Laute *oa* und *ea* wie *or* und *er* in der Mundart, i. e. wie *o* und *ɛ*
mit folgendem vocalischem *r* ausgesprochen werden. Daher transcribiert W. Nagl (S. 41) nicht nur *bloach* (bleich), *foasd* (feist)
etc., sondern auch *oā-waschl* (mhd. *ôr*), *roā* (mhd. *rôr*), *voā* (vor),
leā (mhd. *lêre*). *meā* (mehr) etc.

Ebenso lautet *ur* und *ir* wie *uā* und *iā*. Nagl schreibt daher
nicht nur *buach* (Buch), *tuach* (Tuch), *guad* (gut), *liad* (Lied),
sondern auch *uā* (Uhr), *tuūn* (Thurm), *khuāɛ* (kurz), *diā* (dir),
viā (vier), *stiā* (Stier). Wie *oa* und *ea* nach meinen früheren Ausführungen in *ua*
und *ia* übergehen, so wird in der von Nagl behandelten Mund-
art *or* zu *ur* (*ua*) und *er* zu *ir* (*ia*). Er schreibt daher *suāch*
(mhd. sorge), *huān* (mhd. horn), *gspuā* (mhd. spor, nhd. Spur).
wuād (mhd. wort), *fuām* (mhd. form), *gābuān* (geboren); *miā*
(Meer), *i miāk* (mhd. merke), *i khiā* (mhd. kere).

Der Gleichwertigkeit von *oa* und *or* wegen erfolgten die
Scheideformen ahd. *chorp* (Korb) und mhd. *keibe*. Vgl. auch
Weinhold § 162. „Die flüssige halbvocalische Art des *r* äußert
sich in seiner Auflösung *a*: *dia, mia, ea* (er), *dea* (der)."

Da *or* und *er* mit *oa* und *ea* gleichlautend sind, so gehen sie auch dieselben Veränderungen ein, wie diese, i. e. sie gehen nicht nur, wie oben bemerkt wurde, zu *ur* und *ir* über, sondern sie werden auch zu $\bar{o}$, $\bar{e}$ und $\bar{a}$ contrahiert. So heißt es in einzelnen Gegenden *ho'n* (Horn), *wo'n* (geworden), *ko'n* (Korn), *ge'n* (gerne), *we'n* (werden), allgemein im Artikel: *da* (der), in der Vorsilbe *va* (ver-) etc.

Im Englischen treten dieselben lautlichen Veränderungen ein. Vgl. Skeat, Engl. Etym. S. 406: „The most marked result is the change from M. E. *er* to modern E. *ar*. Thus M. E. *fer* is now *far*." Daher *barm, carve, dark, hart, smart, heart, hearth* (me. herte, herth etc.). Bekanntlich neigt sich auch *or* in *corn, corner, horse* etc. einer Contraction zu.

Im Baj. bestehen daher die Formen: *fordern, fodern* und *federn*. Auch in älteren Schriften: *forvodern* (1342), *vodert, vodern* (1317), *vadrung* (1358), *Getrudis* etc. (Vgl. Weinhold. § 162.)

Dieselben lautlichen Veränderungen finden wir auch in andern Sprachen; sie zeigen, dass auslautendes *r* vocalischer Natur war. Vgl. Brady, Die Lautveränderungen der neugriech. Volkssprache, S. 99: Im Tsakonischen: μάτη für μήτηρ, σάτη, ΰω ΰδωρ; ital. *cece, cicer; frate, frater; pepe, piper; sarto, sartor; suora, soror* etc. Man vgl. auch die franz. Aussprache des auslautenden *er*, wo betontes *e* ebenfalls geschlossen wird, wie das oben erwähnte baj. *e* aus *er* in *ge'n* (gern), *we'n* (werden). Vgl. auch lat. *posco* aus *porsco, tostus* aus *torstus, prossum* (prorsum), *susum, emantu* und *emantur, pe* und *per*.

Im In- und Auslaute erscheint *r* im Baj. als *a* ohne jeden *r*-Beiklang. Im Englischen, wo dieselben lautlichen Eigenthümlichkeiten bestehen, heißt das *r* sehr bezeichnend $\bar{a}$. Der Gleichklang des *oa, ea, ua, ia* mit *or, er, ur, ir* verleitet daher auch Dialectdichter zur Schreibung von *or, er, ur, ir* für *oa, ea, ua* und *ia*.

Man vgl. daher selbst in altgerm. Dialecten: ags. *wé*, isl. *ver, vaer*, d. *wir*, ags. *đer, đaer*, goth. *thar*, ahd. *dar*, nhd. *da* und *dar-*; ags. *hwá* (who), altn. *hver*, d. *wer*, ahd. *za, ze, zi* und *zar, zer*; engl. *shoe*, altn. *skor*, pl. *skuar* etc.

Im Baj. heißt das Ei *Oa* im Singular und Plural, das man nach der erwähnten Aussprache des *r* auch *Or* schreiben könnte; folgt dem *Oa* oder *Or* ein Vocal, so entsteht das Reibungsgeräusch des *r*-Lautes; z. B. *Oa-r-ingschmolz* (Eier in Schmalz).

Alle diese Beobachtungen führen zur Vermuthung und in dieser Abhandlung zur Voraussetzung, dass das *r* ursprünglich bloßer *a*-Laut gewesen sei, der unter gewissen Bedingungen das Reibungsgeräusch im Gefolge hatte, dass dieses *r* in Verbindung mit vorhergehendem Vocal dieselben Veränderungen erlitt, wie das *a*, dass somit *oa* und *or* gegenüber den übrigen Vocallauten dieselbe Stellung einnehmen.

Wenn nun die Beobachtungen über die ersten Veränderungen des Lautes *va* (*or*) zusammengefasst werden, so ergibt sich in übersichtlicher Zusammenstellung in Ergänzung der I. Lauttabelle in der vorigen Arbeit *) folgende Tabelle.

Tabelle II.
va, or.

Reihe II.	Reihe I A.		Reihe I B.		
mit Labialisierung	*ua*	*oa*	*va (or)*	*ɛa (er)*	*ea*	*ia (ir)*
des *u, ṷa.*	*uoa*					*io*
ṷoa (wor)	*uo*					
ṷea (wer)		*o (oe) a*		*a*	*e*	
(war)		*(oi)*			*ei*	
ṷia (wir)		*ou*				
u. s. w.		*au* *u*		*ai* *i*		
		iu				

Auf der III. Stufe fehlt in der I. Lauttabelle *oi*, der mit *ei* parallele Laut. Es fehlt an genauen Übergangsstadien von *ou (or)* zu *oi*. In manchen Sprachen wird *a* abgeschwächt zu *e* wie im engl. *woe*, me. *woa* etc. Das griechische *οι* wird im Lat. durch *oe* transcribiert; vgl. μοιχός, *moechari*. Die Priorität des *οϱ* vor *οι* ist nur durch etymologische Gründe zu erweisen.

va führt zu geschlossenem *o* mit *a*. Dem geschlossenen *o* gegenüber verschwindet entweder *a*, was zu langem *o* führt, oder *oa* gelangt über *o"a* (vgl. griechisch *ουϱ*) zu *ua*. Der lautliche Abstand von *u* zu *a* ist so groß, dass der Zwischenlaut *o* sich einschiebt, so dass die neue Verbindung *uoa (uo)* und *ṷoa*, also eine Verbindung mit secundärem *oa* entsteht, wobei *oa* wieder die erwähnten Veränderungen erleiden kann.

*) Die ursprüngliche Einheit des Vocalismus der Germanen etc. S. 15.

Den ersten Vorgang bei der Labialisierung des *u* hat man sich nach T r a u t m a n n auf folgende Weise zu denken: „Verengen wir beim Sprechen eines *u* die Lippenöffnung bis zu dem Grade, dass das *u* nicht mehr klar und deutlich, sondern von einem Reibegeräusch begleitet und überdeckt herauskommt, so erhalten wir den Laut *ụ*. Es ist derselbe, den wir im ital. *guarda, guerra* nach dem *g* hören und der etwas höher im engl. *wood, well* gesprochen wird". Da alle lautlichen Veränderungen sich nur langsam und ganz allmählich, nie aber sprungweise vollziehen, so lassen sich nur auf die angegebene von *oa* ausgehende Weise die Formen mit anlautendem *ụ* mit den correlativen der Reihe I d. h. den vocalisch anlautenden vereinigen.

Anderseits entsteht aus *va : ea, ea, a, e, ei, i* etc. Dieselben Veränderungen erleiden *or* und *er*.

Dies zeigen nicht nur die Beobachtungen im Baj. und Englischen, sondern die ganze Sprachgeschichte. Insbesondere kann bewiesen werden, dass *r* urprünglich ein Vocal und *or* mit *oa* gleichwertig war, wenn schon in den Wurzeln, oder, da wir dieselben zur Zeit der Einsilbigkeit der Sprache im Ganzen als selbständige Wörter betrachten können, in diesen einst einsilbigen Wörtern Scheideformen von *or* auftreten, die nur aus *oa* oder aus *o* mit vocalischem *r* erklärt werden können.

Wenn also z. B. dem Begriffe nach Scheideformen anzuführen sind mit *or* und *ō̄*, *or* und *uo* etc. d. h. mit *or* und den sonst eigentlich aus *oa* entstandenen Formen, so zeigt dies, dass *r* auch in der Urzeit nicht anders als *a* lautete, wie im Baj. und Engl. in den angegebenen Fällen. Beispiele solcher Scheideformen folgen im Verlaufe der Arbeit.

Beispiel für die Verschiebung von *or* in die Reihe II: lat. *or-igo, or-iri*, goth. *ur-innan* entstehen, lat. *uor-tex, ucr-tcre* (wenden), lat. *uer* (Entstehen des Jahres, Frühling), isl. *verda, vard*, ags. *weordan*, Prät. *weard*, ahd. *uerdan, werdan*, goth. *wair-than*, Prät. *war-th*.

Für *orior* wird als idg. bekanntlich *ṛ-iό* nach *ortus*, ai. *ṛtá-s* aufgestellt.

Der Annahme eines ursprünglichen *or* steht also auch die von den Gelehrten für die Zeit der idg. Urgemeinschaft aufgestellte und verfochtene Ansicht von den kurzen und langen sonantischen Liquidis entgegen. Ein ai. *ṛ* (die kurze sonantische Liquida) ent-

spricht z. B. (nach Brugmann) av. *er*, arm. *ar̰*, griech. *ϱα, αϱ,*
ital. *or*, kelt. *ri*, germ. *ru, ur*, balt. *ir*, aksl. *ri̅*. Für die idg.
Urzeit wird also *ᵐ̥r-ti-s* (Sterben, Tod) angesetzt und W. *mer-*;
davon lat. *mor-s, mortis*, lit. *mirti-s*, aksl. *su̅-mriti̅*, ai. *mr̥ti-ś*;
oder von *ᵐ̥r-tó-*, part. von derselben W.: ahd. *mord*, ai. *mr̥tá-s*
(gestorben), *mr̥tá-m* (Tod) u. s. w.

Weil also im Ai. *mr̥-* steht, hieß es für die idg. Urzeit *mr̥-*,
daraus *mer-* und nach der herkömmlichen Ansicht vom Ablaut
(er zu *or): mor-*. Selbst dort, wo im Ai. *i̅r*, *u̅r* stehen, wird *r̄*
(die lange sonantische Liquida) als uridg. hingestellt.

Ich weiß nicht, ob diese Darstellung mehr als den Charakter
einer akademischen Erörterung beanspruchen kann, da mir unbekannt ist, ob solche Lautübergänge durch sichere Beobachtungen
aus der Gegenwart begründet wurden oder nicht. Fehlt diese
Stütze, so kann sehr leicht der Fall eintreten, dass die Sprachwissenschaft auf dem besten Wege ist, mit allen Mitteln, welche
die kritische Untersuchung der Denkmäler bietet, etwas beweisen
zu wollen, was im geraden Gegensatz zur Wirklichkeit steht.

Den entgegengesetzten Standpunkt nimmt meine Vocaltheorie
ein; auf Grund derselben ist in dem angeführten Beispiele *mor-s,
mor-ior*, *or* der älteste Laut; aus *mor-* entstehen: *mer-* (die Wz.
nach Brugmann) und *mar-* (die Wz. nach M. Müller und Skeat.)

Aus den langen Silben entstehen die kurzen; dass ferner
der kurze Vocal außerhalb des Accentes getrübt wird oder gar verstummt, können wir in den neueren Sprachen vielfach beobachten.
Vgl. das *e* des Stammes im fr. *appeler* etc. Der Lautphysiologe
lässt es sich nicht entgehen, an Wörtern der Gegenwart, z. B. an
deutschem Handel zu zeigen, dass das Verschwinden des *e* die
sonantische Aussprache des *l* zur Folge hat. Das *mr̥-* im Ai. ist
also nach meiner Theorie ein jüngeres Lautgebilde als *mor-* im
Italischen. So paradox ein solcher Ausspruch nach dem Alter der
Denkmäler auch klingen mag, so ist doch die Möglichkeit eines
solchen Missverhältnisses der Lautentwicklung in zwei Sprachen
zu dem Alter der sprachlichen Denkmäler nicht ausgeschlossen.

In wiefern ich in dieser Ansicht bestärkt wurde, soll diese
Abhandlung lehren.

4. Anschluss der Gutturalis an *ʋa (or)*.

Im Vorhergehenden wurde hingewiesen, wie anlautendes *u̯* oder
w entstand. Es handelt sich nun zu untersuchen, welcher Consonant

2

sich zunächst naturgemäß an *oa (or)* anschließt. Auch hierin gibt
die baj. Mundart wieder Aufschluss. In Steiermark hört man für
allgemein baj. *schroa* (Schrei), *schroach*. Weinhold bespricht
den Anschluss der Gutturalis auf folgende Weise (B. G. § 164):
„Der Übergang von *r* in *ch* erklärt sich aus dem hartreibenden
Laute des am weitesten nach hinten liegenden *ch* und aus der
verwandten Stellung von Zunge und Gaumen, welche eine gewisse
Art des *r* einnimmt." Er führt folgende Beispiele aus dem Ziller-
thale an: *darch* (der), *woarch* (war), *Earchd* (Erde), *Wearchd*
(Wert), *Schwearcht* (Schwert), *diarch, wiarch, schiarch, hearchn*
(hören) etc. Als ältestes Beispiel führt er an: *Erihtag* (1318),
Erichtag (1340) für dies Martis. Die voc. Natur des *r* gestattet
jedoch auch, dass der Laut durch *a* hinlänglich gekennzeichnet ist;
daher auch daselbst: *Eachd* (Erde), *hachd* (hart), *wachden* (warten),
Wiachd (Wirt).

Die Neigung, dem *a (r)* eine Gutturalis folgen zu lassen,
führt zu den bekannten Formen: hören und horchen, engl. *hear*
und *hearken;* mhd. *snarchen* und *snarren*, baj. *schnorn* für
schnarchen; engl. *snore*, nd. *snorken*, dän. *snorke* etc.

Wenn wir diese Wahrnehmung auf die Urzeit übertragen,
so gelangen wir, da die Articulationsart schon vom Beginn der
Entwicklung der Sprache nicht allgemein dieselbe sein musste,
zu dem phonetischen Typus *or* + Gutturalis oder, indem die
Gutturalis allgemein mit *K* bezeichnet wird, zu *orK*.

Tabelle III.

In Verbindung der Gutturalis mit den Lauten der Tabelle II
ergeben sich nun folgende Lautgebilde:

$$oaK, orK.$$

Reihe II.	Reihe I A.		Reihe I B.		
ɥaK (ɥrK)	uaK	oaK ʋaK	ɛaK	eaK	iaK
ɥoaK (ɥorK)	(urK)	(ʋrK)	(ɛrK)		(irK)
ɥeaK (ɥerK)	uoaK				
(ɥarK)		oK aK			
ɥoK, ɥeK, ɥaK			aK	eK	
ɥiaK (ɥirK)					
etc.					

Reihe I. ὄργ-ανον, ἐργ-άνη, ἔργ-ον, ἔ-οργ-α; vielleicht: *ag-ere,
eg-i,* ἄγ-ειν; μεταλλ-ουργός.

Reihe II. ags. *worc, weorc*, ahd. *werch*, ags. *wyrchen, wircan, wercan*, Prät. *worhte*. Vgl. nach S k e a t hiezu: *vareza* (working) Zend.; *warzad* (er arbeitet) Pers.; *warz-gaw* (work cow), *warzah* (agriculture).

Im Griechischen wurde ɥ mit ϝ, *v* und *β* geschrieben. Wenn nebst ϝἔργον, ϝἔτος, ϝοῖδε die vocalisch anlautenden Formen sich geltend machen, so zeigt diese Erscheinung unter der Annahme eines ursprünglichen *oa*, woraus einerseits mit der Gutturalis *uaK uoaK*, anderseits (ohne Übergang zu *ua*) *oaK*, also (mit der *r*-Bildung) die beiden Formen ɥ*orK* und *orK* entstanden, dass innerhalb derselben Sprache in verschiedenen Dialecten der Keim *or* in dieser doppelten Bildungsweise sich noch fühlbar machte.

Dies ist in letzter Linie der Grund eines solchen Schwankens, zwischen voc. anlautenden und ɥ-anlautenden Formen, wollte man nicht an gewaltsame lautliche Sprünge denken. Dass die Analogie im Verlaufe ihre Rolle spielen mochte, kann man immerhin annehmen. Im Sinne dieser Erwägung kann ἔργον als vocalisch anlautendes Beispiel, also auch, wenn kein ϝἔργον nachzuweisen wäre, dem ags. *worc* u. s. w. gegenübergestellt werden, wie dies oben zur Beleuchtung von Scheideformen innerhalb derselben Sprache im lat. *or-iri*, ɥ*or-tex*, ɥ*er-tere*, ɥ*er* geschah.

5. Metathese.

Eine genügende Erklärung der Metathese ist meines Wissens wegen Mangels an Übergangsstadien noch nicht gegeben worden. S k e a t in seinen Principles of Etymology gibt oder citiert keine Erklärung. S i e v e r s, Lautphysiologie, S. 127 sagt: „Neben regelmäßigen Veränderungen liegen nun freilich auch oft genug gewaltsamere Sprünge vor (z. B. bei vielen Metathesen oder den Vertretungen ursprünglicher *k (ɥ)* durch *p*, wie im Griechischen, Umbrischen, Oskischen u. a.); wenigstens sind wir bei einer Reihe ziemlich tief eingreifender Lautumgestaltungen bis jetzt noch nicht imstande gewesen, erklärende Mittelglieder oder Übergangsstufen nachzuweisen, und auch in Zukunft werden wir einen gewissen Rest derartiger Erscheinungen anerkennen müssen, die sich nicht unter allgemeinere Gesichtspunkte subsumieren lassen.“

In der historischen Zeit finden wir verhältnismäßig wenige Metathesen, z. B. des *r* in ahd. *hros*, mhd. *ors*, nhd. *Ross*, ags. *hors*; ags. *gaers* und *graes* (grass), *irnan* und *rinnan*, *thirl* und *thrill*, ne.*dirt*, me. *drit*. Aber selbst hier ist nach dem Auftreten solcher Formen in Quellen nicht der sichere Schluss gestattet, dass sie darum erst in der geschichtlichen Periode erfolgte.

Die große Zahl der Metathesen ist in die vorgeschichtliche Zeit, in die Urzeit zu versetzen, also in jene Zeit, wo nach der nun schon allgemein herrschenden und wohlbegründeten Ansicht der Sprachforscher die Sprache noch aus einsilbigen Wörtern bestand. Unter der Voraussetzung des ursprünglichen *or* ist es ganz erklärlich, dass der Urmensch der Äußerung seiner Empfindungen der Freude, des Schmerzes, des Schreckens durch die unwillkürliche Wiederholung des ihm zur Verfügung stehenden Lautes *or* mehr Nachdruck gab, so dass an *oa* (*r*), *or* der Reibelaut des vorhergehenden *or* sich anschloss, somit *roa*, *ror* (contrahiert im skr. *rá*) selbst als einer der Urlaute, aus denen z. B. verschiedene Ausdrücke für Lautäußerungen entstanden sind, anzusehen ist. Dasselbe gilt von dem Lautgebilde *oaK* (*orK*). Wird dasselbe wiederholt, so schließt sich das finale *K* an folgendes *oaK* (*orK*), so dass ein neues Gebilde *KoaK* (*KorK*) entsteht. (Vgl. lat. *coaxare*).

Mit der Metathese des *r* entstehen daher die Lautverbindungen:

I. *roa* (*ror*), contrahiert zu *ro᷃*, *ra̅* etc.

II. *roaK* (*rorK*), contr. *roK*, *raK* etc.

Metathese des *K:*

III. *KoaK*, *KorK*, nach Abfall des auslautenden *K: Koa*, *Kor*; contr. *Ko᷃*, *Ka*, *Ke̅* etc.

Die Art der Entstehung des *r* aus dem *a* des Keimes *oa* bringt es mit sich, dass es überall in den idg. Sprachen zum Kern des Wortes gehört, an den die weitere Umhüllung sich anschließt.

6. Entstehung des *n*.

Unter der Voraussetzung der Ursprünglichkeit des *oa* kann man sich die Entstehung des *n* in der Urzeit nur auf dem Wege, den die baj. Mundart uns vorzeichnet, denken. Es wird *oa* so genäselt, dass es ungefähr wie *ón-an* mit schneller französischer Aussprache und der Betonung auf *ón* lautet; nach Trautmann'scher Bezeichnung *o'a'*. Diese Näselung erstreckt sich auf alle contrahierten Laute, *on*, *an*, *en*, *ein*, *aun* und theilweise auch auf *un* und *in*. Sie ist oft ein Anhaltspunkt zur Bestimmung, ob das *n* zur Wurzel gehört oder nicht. In den contrahierten *ge'n* (gerne), *we'n* (werden), *wo'n* (geworden) beeinflusst das *n* die Aussprache der geschlossenen Vocale *e* und *o* z. B. gar nicht. Ich glaube hingegen, dass es nicht eine deutsche Mundart gibt, in welcher das *a* nicht durch ein folgendes wurzelhaftes *n* tangiert wird. Ich werde zu dieser Bemerkung durch eine Auseinandersetzung Skeat's über die Aussprache des *r* veranlasst (Principles of E. Etym. S. 300). Ich halte es nämlich für keinen glücklichen Einfall, wenn Skeat, um zu zeigen, dass das engl. *r* wie *a* lautet, meint, ne. *barn* werde ohne *r*-Laut, ganz wie deutsches Bahn ausgesprochen, da meines Wissens das *a* in Bahn nicht so unabhängig von *n* ist, dass es wie *baa'n* ausgesprochen wird. Dies sei nur nebenher bemerkt.

Für die Urzeit hat man sich also zu denken den Typus *oān* mit der landläufigen Bezeichnung, oder *o'a'* nach Trautmann, contr. *o'*, *a'* und aus *eān : e', a'*.

Dieser Vorgang erklärt die Entstehung des *n* im Idg. unter der Voraussetzung eines ursprünglichen *oa*. Es ist selbstverständlich, dass deshalb nicht jedes *n* in die Urzeit zurückreichen muss.

7. Einzelne Folgerungen aus den durch obige Beobachtungen hergestellten Typen.

1. Die Laute *r* (*l*) und *n* erscheinen überall im Kern eines phonetischen Typus. Die Contraction des *orK* zu *oK* bewirkt den scheinbaren Wechsel des *r* und *K* (in *or* und *oK*). Ebenso reicht der Wechsel des *r* und *n* in die Urzeit zurück (*or* und *oān*). Vgl. daher zu *oān* und *oK* unten das Zahlwort ein, skr. *êk-a*.

2. Da die Gutturalis zunächst an *r* (*l*) tritt, so ist hiermit ein Grund gegeben, warum *r* (*l*) in altdeutschen Dialecten in einer Reihe von Wörtern aspiriert erscheint (*hr*, *hl*); außerdem *hw* nach der Metathese des *uak*, *uoak*.

Diese Untersuchung stellt nämlich fest, dass in einer Reihe von Compositis *hr* (*hl*) auf einem Ausfall des Vocals in *Kor-*, dem ersten Compositionsgliede, beruht. Ahd. *hn* wurde nicht untersucht.

Hält man *oak* und *oān* dem Naturlaut *oa* gegenüber, so kann man sich leicht vorstellen, dass sie schon weit mehr Energie bei der Aussprache erforderten. *Oak* und *oān* als Interjectionen lassen auf größeren Affect, auf Unwillen und Abwehr schließen. Merkwürdig ist es, dass gerade diese beiden ersten Consonanten *k* und *n* die charakteristischen Laute des Negierens im Idg. sind. Vgl. griech. *ὀυκ, νη-, ανα (ἀνά-εδνος, ἀν-άριϑμος)*, lat. *ne, non, nemo, negare, in* (indoctus), d. *nein, kein*, (ahd. *nohh-ein*), goth. *ni*, ahd.

ni, en, goth. *nê* (nein), d. auch *un-* und ohne, skr. *na.* Nicht bloß lautlich, sondern auch begrifflich steht der Annahme nichts im Wege, das Abwehren, Verneinen mit den Anfängen des sprachlichen Lebens in Verbindung zu bringen.

8. Theilweiser Zweck der Lautverschiebung.

Die vocalische und consonantische Lautverschiebung dient nicht selten zu Differenzierungszwecken. Oft sind diese innerhalb einer Sprache oder einer Mundart der einzige Grund der Lautverschiebung. Wenn es auch in einer Sprache eine Anzahl homonymer Ausdrücke gibt, so geht doch im allgemeinen das Bestreben dahin, durch ein Anwachsen der Zahl derselben die Deutlichkeit der Rede nicht leiden zu lassen. Wir begreifen z. B., dass engl. *great* nicht zur IV. Stufe vorrückt, um nicht mit *greet* zusammenzufallen. Der Bajuware, der ahd. *a* mit einem *o*-Laut ausspricht, wird sich hüten, *Hasen* und *Hosen* gleich auszusprechen, sondern hält *Hosn* (die Hasen) und *Housn* (Hosen) auch lautlich wohl auseinander. Wenn wir auch nicht anzugeben wissen, warum eine ganze Wortclasse in einem deutschen Dialecte bei dem Vocal *o* stehen bleibt, während eine andere zu *au* oder *u* vorschreitet, wofern wir nicht vielleicht an den von mancher Seite angeführten, allerdings vagen Grund einer harmonischen Abwechslung verschiedener Laute in der Rede denken, so ist doch der oben angeführte Grund in einzelnen Fällen innerhalb derselben Sprache oder Mundart für die Scheidung der Vocallaute maßgebend. Dieselben Verhältnisse können auch für die Nothwendigkeit der consonantischen Lautverschiebung eintreten.

Zur Bezeichnung gewisser concreter Begriffe, z. B. der Thiere, ist der Gleichklang zweier Ausdrücke völlig undenkbar, ohne an die Entstehung einer Verwirrung denken zu müssen.

Allgemein war den Ariern nach der bisherigen Voraussetzung nur *oa, or;* das erste Mittel der Differenzierung bestand schon in der Metathese, indem ein Theil derselben *oa (r)* behielt, der andere das invertierte *oar,* also *roa* für denselben Begriff gebrauchte, oder indem allgemein die Metathese zur Nuancierung desselben Begriffes eintrat. Nicht so einfach gestaltet sich die Form *oaK, orK,* da es zweifelhaft ist, welcher der Gutturallaute bei verschiedenen Theilen des Volkes sich zunächst an *oa* ansetzte oder inwieferne die Bildung neuer Begriffe eine Änderung der Articulationsart nach sich führte. Ich möchte daher bei dem Vergleich zweier Wörter,

wie fließen, lat. *fluere*, Fluss, lat. *flumen,* wo Bedeutung und Form
so sehr zusammentreffen, deshalb, weil in einer Anzahl von Wörtern
lat. *f* deutschem *b* entspricht, nicht von vorneherein die Unmöglich-
keit der Identität der beiden Wörtern zugrunde liegenden Wurzeln
aussprechen, sondern mir vielmehr die Frage vorlegen, warum das
G r i m m'sche Gesetz hier eine Störung erleidet. Diese Frage kann
aber erst dann beantwortet werden, wenn die Entstehung der Wurzel
und der Zusammenhang mit ihren nächsten Scheideformen selbst
aufgehellt werden.

Wir werden im Verlaufe der Arbeit auf manche Wortsippe
mit 2 Articulationsarten der Gutturalis in e i n e r Sprache treffen,
und können deshalb, weil in einer zweiten dieselbe Sippe bloß e i n e
Articulationsart aufweist, die Verwandtschaft mit der ganzen Wortsippe der ersteren, also auch mit jenen Wörtern, die dem Laut-
verschiebungsgesetz nicht entsprechen, nicht in Abrede stellen.

9. D i e p a l a t a l e n u n d v e l a r e n V e r s c h l u s s l a u t e u n t e r
der V o r a u s s e t z u n g e i n e s u r s p r ü n g l i c h e n *oa.*

Die Sprachforschung hat bis in die früheste Zeit hinauf eine
Scheidung in palatale und velare Verschlusslaute festgesetzt, ohne
dass es bis nun gelungen wäre, einen Erklärungsgrund hiefür zu
finden. Im Griech., Lat., Kelt. und Germanischen erscheinen
K-Laute mit nachfolgendem *u* oder *P*-Laute, welche *Ku* voraussetzen. Im Ar., Arm., Alban. und Balt.-Slavischen fehlt das
u-Element.

Vgl. B r u g m a n n, § 424: „Viele Wortsippen, die in allen
oder mehreren *u*-Sprachen vertreten sind, erscheinen in der einen
Sprache mit, in der anderen ohne Labialisierung oder zeigen in
derselben Sprache in einem Theile der zugehörigen Formen Labialisierung, in dem andern nicht". — „Es fragt sich vor allem:
in welchem Umfange lässt sich im Kreise der *u*-Sprachen Schwund
altererbter *u*-Affection nachweisen oder wahrscheinlich machen?"

Wenn andere Formen derselben Wortsippe oder naheverwandte
Dialecte desselben Sprachzweiges oder andere Sprachzweige *Ku* oder
einen Laut, der diesem gleichkommt, haben, so wird im allgemeinen
ursprünglich *Ku* angenommen.

Hier lauten die wichtigsten Fragen: Wie ist eine solche Scheidung in Sprachen mit *Ku* und *K* entstanden? Wie sind in den einzelnen *u*-Sprachen Formen derselben Wortsippe mit *Ku* oder *P* und
andere mit *K* zu erklären? Werden verschiedene Vocallaute, wie *a, o,*

e, u, i als ursprünglich angenommen, so lässt sich allerdings ein *Kᵤa, Kᵤo, Kᵤe* u. s. w. gegenüber einem *Ka, Ko, Ke* u. s. w. nicht erklären. Unter der Voraussetzung eines ursprünglichen *oa* ergeben sich die aus *oaK* entstandenen Typen *Koa, Kea* contrahiert in *Ko, Ka, Ke* u. s. w. (palatale Verschlusslaute) und *Kua, KuaK*, wobei ursprüngliches *K* im Auslande die Labialisierung des *u* gefördert haben mochte. (Vgl. die onomatopoetischen Gebilde *coaxare* und d. *quaken*.) Aus *Kua (K)* entsteht mit secundärem *oa Kuoa, Kᵤoa* contrahiert zu *Kᵤo, Kᵤa, Kᵤe* u. s. w. (velare Verschlusslaute). Dass diese Scheidung in der Urzeit eintrat, ist bei der nahen Verwandtschaft von *oa* und *ua* natürlich. Es trat somit schon bei der Entwickluug der Sprachen eine Scheidung in *K* und *Kᵤ*, oder wenn *Kᵤ* zu den *P*-Lauten*) führte, in *K* und *P* ein. Hieraus ergibt sich, dass die *u*-losen Sprachen schon von allem Anfange an ohne *u*-Element sein konnten. In den *u*-Sprachen, also im Gr., Lat., Kelt. und Germ. ist zwar der Schwund des *u*-Elementes in einzelnen Fällen nachzuweisen, es kann aber auch innerhalb jeder dieser Sprachen, wo *K* und *P*-Laute in derselben Begriffssphäre nebeneinander bestehen, ein ursprüngliches *K* nebst *Kᵤ* angenommen werden, ohne dass man für *K* den Schwund eines *u* annehmen muss. Dies gilt wenigstens für den Anlaut. Der palatale Auslaut hingegen könnte erst mit dem Hinzutreten einer Flexion, die nach meiner Vocaltheorie mit dem vollen *ua* (*uoa* u. s. w.) anlautete, in einen velaren übergegangen sein. Im lat. *voc-s* ist daher *c* ursprünglich, während in *ἔπ-ος* eine dem *c* folgende Flexion *uos* den Übergang in die Labialis bewirkt hätte. Im allgemeinen eignet sich jedoch zum Studium der Lautübergänge der auslautende Consonant, der von dem folgenden Compositionsglied beeinflusst wird, weniger als der mit dem Wurzelvocal oder dem Kern des Wortes in engster Verbindung stehende Consonant im Anlaute.

Es entstehen somit innerhalb derselben Sprache die Typen *Kor* und *Por* (vgl. unten *cor* und *por* zeugen und *cor* und *por* das Vieh), wobei *cor* und *por*, wie die Begriffsentwicklung zeigt, gleichwertig sind, wenn auch für *por* kein früheres *cᵤor* mehr

---

*) Plausibel erscheint mir der bei Delbrück, S. 102, angeführte Erklärungsgrund. „Man vertauscht die unbequemere Articulationsstelle mit der bequemeren, und demnach lässt sich, da die weiter nach hinten gelegene Stelle die unbequemere ist, als allgemeine Richtung der Lautbewegung die Richtung von hinten nach vorn hinstellen. So entsteht wohl *p* aus *k*, aber nicht *k* aus *p*.“

nachgewiesen werden kann. Ebensowenig ist es nothwendig, in *cor* den Schwund eines *y* (wenn es auch einem *por* gegenübersteht) vorauszusetzen, da es den ursprünglicheren Laut *coa* im allgemeinen repräsentiert. Im Zusammenhang mit dem Urlaute *(or)* erscheint also in der Entwicklung der Lautgebilde ein bis in die Urzeit hinaufreichender Parallismus zwischen *Koa* und *Kyoa*, wie zwischen *oa (or)* und *yoa (yor)* i. e. den vocalisch anlautenden und den mit labialisiertem *u* anlautenden Formen.

10. Noch Einiges über den Vocalismus.

Dass *oa* und *ea* älter sind als die Laute *o, e, a,* ergab sich mit Sicherheit aus Beobachtungen im Bajuwarischen und im Englischen, ferner aus dem Satze, dass das Präteritum Singularis einen älteren Vocalismus aufweist als das Präsens, dass somit die in verschiedenen alten Dialecten bestehenden Präterita mit *oa (uo)* und *ea (io)* gegenüber den Präsensvocalen noch die ursprünglicheren Laute enthalten. Dasselbe Princip finden wir im Lateinischen. Während z. B. in *possideo* das *e* (von *sedeo*) zu *i* fortschreitet, behält das Perfectum den Vocal *e* (*possēdi*) wie in dem simplex *sēdi* bei. So auch in *diligo* (dilexi), *corrigo* (correxi), *premo* und *exprimo, expressi.*

Die parallelen Laute erscheinen in *ago, egi*); capio, cepi; facio, feci; jaceo, jeci; frango, fregi;* in den Compositis *exigo, concipio, conficio, infringo* etc. bleibt im Perfectum *ē,* während im Präsens das jüngere *i* (offenbar aus einem mit *a* parallelen *e*) auftritt. In *claudo* und *concludo* erscheinen die parallelen *au* und *u.*

Die franz. Verschiebung von *ou* zur Aussprache *u* und von *u* zur Aussprache *ü* findet sich auch im Griechischen. Schleicher sagt: *v* ward in der alten Sprachepoche wie *u* gesprochen, in der classischen Zeit aber bereits wie *y, ü; ov* war in der ältesten Sprache der echte Diphthong *ou,* in der classischen Zeit hat es die Geltung von *u.* Auch die Vergleichung mit dem Neugriechischen zeigt uns, dass jedes Vorrücken des Vocalismus nur in der in der Lauttabelle angegebenen Richtung erfolgt. Daher die vielen *i*-Laute als letzte Ausläufer der Laute der Reihe A und B.

Dass griech. *ev* nicht ursprünglich, sondern in irgend einem Connex mit *ou* und älterem *or* stand, geht aus manchen etymologischen Untersuchungen hervor.

---

*) Brugmann, S. 108, führt hypothetisch an: *e* entstand aus *e + a* im Perfectum *ēg* aus *eag* (v. Wz. *ag* treiben).

Über die letzten in meiner Lauttabelle angegebenen Verschiebungen finden sich überhaupt hinlängliche Belege in verschiedenen Sprachen. Dieselben wurden auch schon hinlänglich besprochen; weniger beachtet blieb hingegen die lautliche Verbindung *oa*. In den alten Sprachen ist sie verhältnismäßig selten; in der Gestalt *òr* hingegen begegnen wir diesem Laute häufig.

Nachdem nun früher durch eine Reihe von Beobachtungen eine Anzahl von phonetischen Typen hergestellt wurde, ist zu untersuchen, ob dieselben thatsächlich als Elemente in den verschiedenen oder auch nur in einem Gliede der arischen Sprachenfamilie vorkommen, und ob die diesen Sprachelementen innewohnenden Begriffe derartig sind, dass sie zugleich als mit den primitivsten Anschauungen der Arier oder vielmehr mit dem Dämmern des Denkens der Urmenschen vereinbar gedacht werden können.

Treten diese Voraussetzungen ein, so bilden die einzelnen auf diese Weise hergestellten Sprachwurzeln nicht nur einen Beweis für die auf einem andern Wege mit großer Gesetzmäßigkeit dargelegte Genealogie der Vocallaute, mit ihrem Stammvater *oa* an der Spitze, sondern es ist hiermit auch der Keim der Sprache der Arier gefunden, und der Grund zu weiteren Untersuchungen einer successiven Entwicklung der arischen Sprachwurzeln gelegt.

Sehr zustatten kommt dieser Entwicklungstheorie die sich immer mehr bahnbrechende Ansicht, dass die ursprünglichen Formen nicht im Sanskrit, sondern vielfach im Griechischen zu suchen sind. Selbst M. Müller, der Sanskritist, bemerkt: „Um 1500 v. Ch. muss die Trennung des Sanskrit vom Griechischen und Lateinischen sich bereits seit langer Zeit vollzogen haben, denn das Sanskrit aus dieser Zeit ist in vielen Beziehungen weniger ursprünglich als das Latein Ciceros. — Fürwahr, keine Berechnungsmethode wird uns in den Stand setzen, die Zeit, in welcher Sanskrit und Latein sich trennte, zu bestimmen, aber ich glaube, wenn auf Grund anderweitiger als sprachlicher Beweise dieses Datum auf 10,000 v. Ch. festgesetzt würde, der Sprachforscher dies unbedenklich annehmen könnte."

II.

Der Mensch, seine Organe und deren Thätigkeiten.

I. Der Mund.

1. Der Mund und seine Thätigkeiten; brüllen, reden, fressen; Vocal; Wechsel von *r* und *l*.

In principio erat verbum! Im Anfange war das *or!* So ruft man unwillkürlich, den Satz des Evangeliums paraphrasierend, aus, wenn man nach der oben dargelegten Lautentwicklung *ver-b-um* und *Wor-t* auf ein lautliches Centrum reduciert sich vorstellt. War dieser Laut der ursprüngliche, dann war der Naturschrei des Menschen nicht unähnlich einem Brüllen, und die nicht gerade schmeichelhaften Worte Peters von Zittau über die Bajuwaren: „Bavarusque loquens *boat* ut *bos*, Exaltans vocem crassam nimis atque ferocem" gelten um so mehr von dem Urmenschen. Sein Schrei war ein Brüllen; die Geschichte hat uns denselben aufbewahrt im griech. ὠϱ(-ύομαι) brülle ὤϱ(-νγμα). Sie hat uns denselben auch erhalten in dem schon prägnanteren Sinne des Rufens zu einem bestimmten Zwecke in *or (-are)* um Hülfe rufen, reden, beten. Die ganze folgende Darstellung lehrt, dass der Mensch im Benennen von äußeren Körpertheilen, wie Mund, Auge, Ohr und deren Thätigkeiten zunächst von sich selbst ausgieng, dass er dann die entstandenen Bezeichnungen und Begriffe auf andere lebende Wesen und endlich auf die leblose Natur übertrug. So gieng auch das ὠϱ(-ύομαι) zunächst vom Menschen aus. Auch der Germane bewahrt den einfachen und älteren Typus *roa(r)* für brüllen (vgl. ne. *roar*, ags. *rárian*, ahd. *rêrén*, baj. *rea-n* laut weinen noch vom Menschen, während *read, also *rea*, mit dentalem Verschluss (ahd. *redôn* reden) schon die entwickeltere Lautäußerung des Menschen bezeichnet.

Während *orare* „*oa*-rufen" und *or* (*os* aus *or + s*) das hierzu nöthige Werkzeug bezeichnet, wird das zunächst aus *or* entwickelte *uor(-are)* (fressen, verschlingen) schon für eine zweite wichtige

Thätigkeit des Mundes gebraucht. Dieselbe Beobachtung macht man im Sanskrit: *vad* (spreche, singe) geht dem entwickelteren *svad* (esse, koste) voraus. Wenn nun die im Germanischen beobachtete Erscheinung, dass das Perfectum gegenüber dem Präsens den älteren Vocal bewahrt, auf das Lateinische übertragen wird, so bildet *vol-si* von *vellere* (rupfen, abreißen) den lautlichen Übergang von *vor(-are)* zu *vellere*, so dass der allgemeine Begriff r e i ß e n von der speciellen Thätigkeit des Reißens mit den Zähnen, dem Munde, i. e. von *vor-are* ausgieng. Der durch den Mund verursachte Riss oder Biss hieß dann *vul-nus* (durch Reißen oder Beißen enstanden).

Dass *or* in *or-are* aus *oa* entstand, geht nicht nur aus *uor-are*, sondern auch aus dem durch die Gutturalis erweiterten *uoc (-are) vocare* (nennen) hervor. Gegenüber *orare* hat daher *vocare* nur mehr die speciellere Bedeutung des Sprechens zu einem bestimmten Zweck, und während *or+s* (*os*) den Mund bezeichnet, hat das entwickeltere *uoc* (*voc + s = vox*) schon die abstractere Bedeutung L a u t, S t i m m e. Skr. *vak-mi* (ich spreche) und *lap* (für lak) haben also gegenüber lat. *or-are* und *loq(-uor)* schon entwickeltere Formen.

Vox, uoc(+ s), das dem *oac, oa* so nahe steht, drückt daher in höchst bezeichnender Weise den Laut κατ᾽ ἐχοχήν aus, und wie von den Römern mit „vocalis" nur der Vocallaut bezeichnet wurde, so ist in dem Etymon dieses Ausdrucks noch leicht der Ahne aller Vocale zu verfolgen, von dem sie ihren Familiennamen erhielten.

R entstand aus *a* in *oa* oder als Reibelaut nach *oa*. Nach dieser Theorie ist es selbstverständlich, bei dem Wechsel des *r* mit *l* an die Priorität des *r* zu denken. Diesen lautlichen Vorgang hat auch schon S c h l e i c h e r*) auf Grund einer allgemeinen Beobachtung über das stetige Zunehmen des *l* erkannt und besprochen. „Auch wo die verwandten Sprachen", sagt er, „kein *r* zeigen, ist doch ursprünglich *r* anzunehmen, da wir *l* immer mehr zunehmen, *r* aber abnehmen sehen; denken wir uns diesen Process in der vorhistorischen Zeit fortgesetzt, so bleibt schließlich nur *r* als das älteste zurück". W h i t n e y sagt: „Es gibt (im Altindischen) kaum eine Wurzel, die ein *l* enthält, welche nicht auch Formen mit *r* zeigte; Wörter geschrieben mit dem einen Buchstaben, zeigen in

---

*) S c h l e i c h e r, Comp. S. 152, und S. 156: „Im Altbaktrischen ist *l* neben *r* noch nicht vorhanden".

andern Texten oder selbst in anderen Theilen desselben Textes
den anderen. In den späteren Perioden der Sprache sind die Laute
mehr getrennt, und *l* wird entschieden häufiger". Seitdem
wurde wieder ausgeführt, dass mindestens zwei Liquidae, also auch
das *l* der idg. Grundsprache angehörten. Der idg. Ursprache, so
weit sie von der Sprachwissenschaft erschlossen wurde, gehört
überhaupt schon ein ganzes Lautsystem an. Ob nun auch *l* dieser
erschlossenen Grundsprache schon angehört, ist hier ganz irrelevant.
Wenn von der Entwicklung der Sprache aus einem Keim die Rede ist,
so entsteht nur die Frage: Welche der beiden Liquidae, *l* oder *r*,
gieng der andern voraus? In Beantwortung dieser Frage wird niemand in Abrede stellen, dass nach den gemachten Beobachtungen
dem *r* die Priorität zuzuerkennen ist. Diese Beobachtung stimmt
dann auch vollends mit der Annahme der Ursprünglichkeit des *or*
im Wechsel mit *ol*. Das schon entwickeltere *loqui* (russ. *reche,
reschchi* sprechen) im Lateinischen heißt auch reden; der jüngere Begriff gegenüber *orare* schimmert auch iu dem Gegensatz
von *oratio* und *eloquentia* durch.

Wenn nun die Wörter, welche im Idg. eine Lautäußerung
oder überhaupt eine Thätigkeit des Mundes bezeichnen, untersucht
werden, so wird man die Bemerkung machen, dass sie mit wenigen
Ausnahmen wie z. B. *sonus, Ton*, ein *r (l)* oder ein *r (l)* + Gutturalis oder bloß eine Gutturalis enthalten, dass sie also den in der
Einleitung angegebenen phonetischen Typen entsprechen.

Beispiele: ὠϱ-ύομαι (*brülle*), ὤϱ-υγμα, ὑλάω (*heule*), ἤϱ-υγον
(*brülle*), ἐϱ-εύγομαι, ἔϱ-ομαι, εἴϱ-ω (*sage, frage*), ῥῆ-μα (für
Ϝϱῆ-μα), ῥῆ-σις, ῥη-τήϱ, ἀϱά *Gebet, Flehen, Fluch*, ἀϱάομαι (*beten,
fluchen*), ῥα-βάσσω (*lärme*), ὅϱκ-ιον, ὅϱκ-ος (*Eid*), ὁϱκ-όω, ὠγ-μός
(*das Oh! Rufen*), ὀγκ-άομαι (*schreie*), ῥόγχος (*Schnarchen*), ῥοχ-θέω
(*brause, brülle*), ῥέγχω (*schnarche*); λόγ-ος (*Wort*), λογ-άω (*rede
gerne*), λακ-άζω (*schreie*), λακ-εδών (*Stimme*), λακ-εϱός (*geschwätzig,
zerrissen*), λακ-έω (*töne*), λαλ-έω (*schwätze*), λά-λη (*Ton*), λαλα-γέω
(*plappere*), λαϱ-ύνω (*girre*), λυγγ-αίνω (*schluchze*), λύϱ-α (*Leier*),
λαλά-ζω (*plätschere*), λείχω (*lecke*), καλεῖν, κϱάζειν, κϱώζειν u. s. w.

Lat.: *or-are, a-io, ad-ag-ium, vor-are, voc-are, o-s, ver-b-um,
vag-ire* (wimmern von Kindern, Schweinen etc.), *re-or, ra-tio,
rug-ere* (rülpsen), *rug-io* und *ru-do* (brülle), *ri-d-eo* (lache),
linq-ua, labia, labrum, crocire, glocire, calare, clamare, canere.

Germ: goth. *waurd* (Wort), ahd. *rêr-en, re-dôn,* ags. *rac-u*
(Erzählung), ahd. *roh-ôn* (brüllen), ahd. *ruof-an,* goth. *hrôp-jan,*

ahd. *ruog-en* (rügen), goth. *wrôh-jan* (anklagen), *hlah-jan*, mhd. *ruck-ezen*, ags. *roc-ettan* (rülpsen), d. *Rachen*, ahd. *wallan* (sprudeln), ags. *hringan*, mhd. *raffeln*, ne. *rap* (klopfen), ahd. *rûnen*, goth. *rûna*, mhd. *kuchen, keuchen, kichern*, ahd. *chrâian*, ags. *crawan*, mhd. *kreischen;* ags. *ceahhetan, hleahtor* (Gelächter), ne. *croak, creak, cluck*, d. *krachen, krächzen, krähen;* ahd. *scellan* (läuten), ahd. *halôn* (rufen) u. s. w.

Skr. *ra* (brüllen), *vak-mi* (spreche), *lap* (spreche), *kan, kvan* (tönen) u. s. w.

Die Zahl der Wörter, die den eingangs aufgestellten Typen entsprechen und eine Lautäußerung etc. bezeichnen, ist natürlich nicht erschöpft. Sie könnte namentlich durch eine Vergleichung mit anderen idg. Sprachen bedeutend vergrößert werden. Manche wie *quaken, quiken* werden als onomatopoetische Wortschöpfungen bezeichnet. Ob *quaken* lat. *coaxere*, gr. κοάξ, κοίξω (von Schweinen) jung sind, ließe sich nach dem Auftreten in Quellen allein wohl nicht entscheiden. Aber auch angenommen, sie wären alt, so ließen sich aus ihnen allein noch keine bestimmten Normen über Lautveränderungen abstrahieren.

Wenn wir auch für die ersten Perioden der Sprachentwicklung schon annehmen können, dass gegenseitige Entlehnungen stattfanden, so lässt sich doch manches aus einer auf Grund der angeführten lautlichen Entwicklung erfolgten Zusammenstellung der Ausdrücke entnehmen, was, nach seiner begrifflichen Seite betrachtet, die Theorie der lautlichen Veränderungen bestätigt.

Abgesehen von den oben angeführten Lautgebilden ὠρ- und *roa* für „brüllen" ersehen wir, dass unter allen Ausdrücken für Lautäußerungen etc. diejenigen für die S p r a c h e des Menschen an erster Stelle stehen. *Wort, reden* sind älter als *lachen (hlah-jan);* *verbum, orare* und *vocare* dem *oa* näher als *ridere;* ἔιρω ist älter als γελάω (lache). In größerer lautlicher Ferne stehen Wörter für *lecken, schnarchen, rülpsen, keuchen, husten, krachen, Schall.* Für keinen dieser letzteren Begriffe wird sich ein Wort finden, das dem Urlaut so nahe steht, wie *Wor-t, reden*, ἀρ-άομαι, εἴρ-ω, ῥη-τήρ, *os* (für *or + s*) *or-are, ver-b-um, a-io*, skr. *vak-mi*, lat. *vox*.

Was über die ersten Lautgebilde im Rahmen dieser phonetischen Typen hinausgeht, hat zwar im Idg. noch immer die Bedeutung einer Lautäußerung, in der Specialisierung derselben gehen die verschiedenen Sprachen jedoch bald auseinander.

Ja sogar die so nahen Lautgebilde: lat. *rid-ere*, d. *red-en*, e. *read*
(Ausspr. *rid*) gehen in ihrer Bedeutung schon auseinander, und
wenn compliciertere Lautgebilde in zwei idg. Sprachen mit demselben Begriffe sich treffen sollten, so kann man eher auf eine
lautliche und begriffliche Entwicklung in demselben Sinne,
als auf eine idg. Urgemeinschaft schließen.

Die Ausdrücke: ahd. *swuor (eidswuor)* und gr. ὅρκ-ος (Eid)
reichen gewiss weit zurück, da ihnen beiden *ɥor* zugrunde liegt,
und doch wird die größere Intensität, die in dem Begriffe *Eid*
gegenüber dem einfachen *Wor-t (-or-)* liegt, auf zwei verschiedene
Weisen schon ausgedrückt. Der Grieche verstärkt den Begriff durch
K, der Germane durch vorgesetztes *s*.

2. Fortsetzung; schreien und schrecken.

Wegen der mehrfachen Consonanz im Anlaute erscheinen
diese beiden Verba in lautlicher Bezeichnung als die letzten Ausläufer in der Reihe der Wörter für Lautäußerungen.

Wenn auch ahd. *screcchôn* auffahren, springen bedeutet,
welche Bedeutung noch in Heuschrecke bewahrt wird, so ist
das Auffahren, Springen nur als eine Folge des lauten Schreiens
anzusehen, wie die analogen Fälle *shriek* (schreien) und *shrink*
(einschrumpfen), d. *singen* und *sengen* es darthun.

Die engl. Wörter *shriek, sceech* mit der Gutturalis haben noch
die Bedeutung der Lautäußerung. Hingegen haben isl. *skraema,*
swed. *skräma,* dän. *skaeme* die Bedeutung verscheuchen,
erschrecken, also für diese Bedeutungen eine Form ohne
Gutturalis, die im engl. *scream,* d. *schreien* die Bedeutung der
Lautäußerung hat.

Die beiden Wörter Schrei und Schrecken sind in der ganzen
Reihe der Wörter zum Ausdruck einer Lautäußerung lautlich sehr
nahe stehende Scheideformen, die mit Rücksicht auf den Kern *(or)*
einst *scroa* und *scroak* heißen mussten; daher me. noch *screamen*
und contr. *scremen;* baj. *schroa.*

Wenn man unter Berücksichtigung der Theorie vom stetigen
Anwachsen der Wurzeln die ganze Kette der Lautgebilde für
Lautäußerungen bis *or* zurück verfolgt, so stellen sich, auf's
Gerathewohl genommen, folgende Beispiele einem *scroa, *scroak
vorangehend, uns entgegen: ohne *s:* ne. *croak, creak, crake crow;*
d. *krachen, krähen, krächzen, greinen;* lat. *grac-ulus;* ohne Guttu-

ralis im Anlaute: *ῥοχ-ϑέω*, ahd. *roh-ôn*, ags. *roc-ettan*, mhd. *ruck-ezen*, lat. *rog-are*, ahd. *ruog-en*; ohne Gutt.: ne. *roar*, ahd. *rêren*, gr. *ῥη-τήρ*; ohne Metathese: *or-are*, *ὤρ-ύομαι*. Wenn nun deutsches *schreien* in letzter Instanz mit *or-are* und *ὤρ-ύομαι* in Verbindung gebracht wird, so ist es selbstverständlich, dass bei deutschem *schreien* nicht vielleicht an eine Derivation vom lat. *orare* oder griech. *ὤρ-ύομαι* gedacht werden kann, sondern es ist hiermit aus den Ausdrücken für Lautäußerungen eine Kette von Lautgebilden zusammengestellt, deren erstes Glied nach den aufgestellten Lauttypen i. e. mit Rücksicht auf eine Erklärung der Entstehung des *r* im Indogermanischen *or (oa)* lauten musste, welches aber bloß mehr in den Wurzeln von lat. *orare* und griech. *ὤρύομαι* angetroffen wird.

Für die Entstehung des Wortes *horror* schwebt mir unter der Voraussetzung des Urlautes *or* ein Erklärungsversuch vor, den ich in Ermangelung eines besseren hier vorbringe.

Skeat gibt als Wurzel für *horror* *g h a r s* (rauh sein, sträuben) und beruft sich auf skr. *hrisch* (sich sträuben). *Hrish* ist aber gegenüber *hor-* schon eine sehr entwickelte Form: es hat das invertierte *r* und den *i*-Laut. Ferner entsteht, wie bei der Aufstellung aller Wurzeln es der Fall ist, die weitere Frage: Wie kommt gerade ein Lautgebilde *g h a r s* zu der Bedeutung r a u h s e i n, s t r ä u b e n? Logischer scheint es zu sein, das *horror*, den Schrecken früher zu setzen, als die Wirkung desselben i. e. als das *horrere* mit der Bed. sich sträuben von den Haaren. Wie die obigen Beispiele aus dem Germanischen zeigen, ist s t r ä u b e n, a u f f a h r e n, s p r i n g e n eine Folge des Schreckens, dieser wieder eine Folge des Schreiens (vgl. *shrink* einschrumpfen und *shriek*, ahd. *screcchôn, singen* und *sengen*), so dass wir in *horror* analog einen Ausdruck der Lautäußerung als ursprünglich vermuthen können. Flößte irgend eine außergewöhnliche Gefahr, das Brüllen oder plötzliche Erscheinen eines wilden Thieres dem Urmenschen Furcht und Schrecken ein, so ist nichts natürlicher, als dass er als Angst- oder Warnruf den ihm zur Verfügung stehenden Laut *or* ausstieß. Dieser in großer Erregung wiederholt ausgestoßene Ruf ist erhalten in ai. *ar-ar-e*, Interjection des hastigen Rufens, griech. *ἀλ-αλ-ά* Schlachtgeschrei, nbulg. *ol-el-e* Interjection des Klagens. Diese Bedeutung des Warnungs- und Angstrufes mag dem *horror* zugrunde liegen, der dann zum Begriffe Schrecken selbst führte. Natürlich klang in der Urzeit der Freudenschrei ebenso oder in Folge der alsbald eingetretenen Schattierung des

Urlautes nicht viel anders. Vgl. hierzu die deutsche Interjection *hurra*, ne. *hurrah*, dän. *hurra*, swed. *hurra* etc.

Geminiertes *r* ist dann mit Ausfall des *o* aus *hor-or-or* zu erklären, während *h*, bloß dem Rufe mehr Intensität verleihend, vorgetreten sein mag. Nur auf diese Weise ist die natürliche Ideenverbindung: Schrei — Schrecken — sträuben und der Zusammenhang mit dem Urlaut hergestellt.

3. **Der Mund und seine Thätigkeit;** *ächzen, weinen.*
(Fortsetzung.)

Wie die Ausdrücke für die menschliche Rede, so sind auch solche des Schmerzes in dem ursprünglichen Lautgebiete zu suchen. Die älteste Form finden wir im griech. *ὀά* weh, ach. Durch die Gutturalis verstärkt finden wir sie im ahd. *ah*, mhd. *ach, och*, wovon nhd. *ächzen* entstanden ist. Hierzu vergleiche man gr. *ἄχ-ος* Schmerz, *ἄχ-ομαι* ich werde gequält, *ἀχ-εύω* und *αχ-έων* ächzend, *ἄχ-θος* Kummer.

Gegen die *u*-Reihe neigt sich *ὀναί* wehe, lat. *uae*, goth. *wai*. Mit der Bildung eines *o* zwischen *u* und *a* tritt derselbe Laut auf in me. *woa (woe* mit geschwächtem *a*, wie im Mhd. *ua* zu *ue)* und *wea*; im südbaj. *wea, weach* (Adj.), contr. im ahd. *wê*. Ags. *wâ* lässt sich wegen der Dehnung des *a* nicht aus einfachem *ua* erklären, sondern der lautliche Abstand zwischen *u* und *a* bewirkte den Zwischenlaut *o* und somit die Dehnung des *a*, sowie anderseits ahd. *ê* nur aus *ea* entstanden sein konnte. Diesem Vocalismus entsprechen auch die durch Nasalierung entstandenen Verba: baj. *woãna*, ags. *wánian*, ahd. *weinôn* (vgl. Kluge unter „weinen").

Auch engl. *wail;* daher Skeat, Principles of Etym. S. 462: „wail; Icel. vaela from the base vál seen in vóla *to wail*, the suffix-la is frequentative and the ultimate base is *vá, woe.*"

Wieder weisen die vocalisch anlautenden Formen *ach, ächzen* gegenüber jenen der *u*-Reihe *weh, weinen* auf das centrale *oa* hin, so dass die Interjection *oa*, wenn sie auch im Griechischen nicht vorhanden wäre, als urarisch zum Ausdruck des Schmerzes vorausgesetzt werden müsste.

4. **Fortsetzung. Wechsel des** *v, b, g* **im Anlaute;**
die Wz. *Ku* **nach M. Müller.**

Zur Scheidung dieser Laute (*v, b, g*) wird von den Gelehrten *gu* als ursprünglich angenommen. Skeat sagt, lat. *vorus* stehe für *guorus, dieses für älteres *garus, wie dies durch die Sanskritformen gara verschlingend gezeigt werde. Brugmann (I. S. 317) nimmt älteres *gu̯ an für: gr. βορά Fraß, lat. vorus, skr. girāmi, gilāmi verschlinge, arm. ker Nahrung, lit. geriu trinke, aksl. žira schlinge.

Ich glaube nicht, dass die Aufstellung eines ursprünglichen gu̯, g mehr als eine Annahme ist, bei welcher neuerdings die Frage sich aufdrängt: Wie entsteht, oder in welchem Altersverhältnisse steht gu̯ (g) zu den übrigen Lauten? Wenn man sich die ganze folgende Entwicklungsgeschichte der Laute und Begriffe aus der ursprünglichen Bezeichnung für die Organe des Sehens, Hörens, Zeugens und die Dinge der Außenwelt vor Augen hält, so kann man nur den Laut or zur Bezeichnung des Mundes und der Thätigkeiten desselben für den ursprünglichen halten, so dass bei der Vergleichung der drei Formen: skr. gara, gr. βορά und lat. vorus nur die Frage entsteht, wie die lautliche Continuität von bor — gor mit or, uor hergestellt werden kann.

Der Übergang eines u̯or in bor ist, da u̯ und b dem Lippengebiete angehören, erklärlich. Bei der Annahme eines ursprünglichen or, uor ist der Übergang eines u̯or in bor der nächstliegende; es ist gar kein Grund vorhanden, auf ein gu̯ im Anlaute zurückzugehen: ein βορά ist somit aus u̯or- entstanden. Die lat. Form vor-us, die nach meinen Beobachtungen von Lautübergängen eine Scheideform von or-are ist, ist somit die älteste. So auch lat. ve-nio, va-d-o βα-τός; vivus βίος; volo βούλομαι.

Zur Erklärung der Entstehung des gutturalen Anlautes verweise ich auf die oben gegebene Darstellung von dem gutturalen Ansatz an or, uor und der Metathese, wonach die palatalen Ku̯oa (Ku̯o, Ku̯a, Ku̯e) und die velaren Ku̯oa, (Ku̯o, Ku̯a, Ku̯e) aus oaK, u̯oaK sich entwickeln.

Für die anlautende Tenuis (resp. Aspirata) finden sich Beispiele durch alle im Folgenden behandelten Begriffssphären. Für die anlautende Media, die wohl weniger untersucht wurde, fehlt es an einer Anzahl überzeugender Beispiele, aus denen ersichtlich wäre, dass der Typus gor, gu̯or auch als org, u̯org vorkommt. Es bleibt daher hier vorläufig eine unentschiedene Frage, ob anlautendes g, gu̯ auf einer Metathese beruht oder ob g, wie wir dies beim Übergange germanischer Wörter ins Romanische (garder, guardare etc.) bemerken, aus u̯ oder vor u̯ entstanden sei, ein factischer lautlicher Vorgang, für den mir eine genügende Erklärung aus Beispielen der Gegenwart fehlt. Thatsache ist es, dass nicht bloß in den alten Sprachen ein Zusammenhang zwischen den Typen *bor* und *gor* besteht, sondern auch im Germanischen. Wenn daher *bor* aus *uor*, βορός aus *vor-us* entstanden ist, so müssen wir, ob nun die eine oder die andere Erklärungsweise richtig ist oder beide Entstehungsarten vorkommen, auch für *gor* (*gar-*) ursprüngliches *uor* voraussetzen. Der Satz, dass im Germanischen *bor* aus *uor*, *or* hervorgegangen ist, ist gerechtfertigt auf Grund der Darstellung unten unter „Germ. *bor* und *for*".

Bei der Annahme eines ursprünglicheren *gar*, *guer* (nach Brugmann) fragt man vergebens, wie dieses Lautgebilde zur Bedeutung verzehren, verschlingen gelangt sei, während nach den obigen Andeutungen der begriffliche und lautliche Zusammenhang mit den einfacheren Lautgebilden *uor*, *or* hergestellt ist.

Beispiele mit anlautendem *g* oder *b* und dem *r* des Keimes für Thätigkeiten, Theile des Mundes: Lat. *garrire* schwätzen, *gargarare* stark schreien, *garrulus*, skr. *gharghara* rasseln, gr. γαργαρίζειν, γελάω lache, *gula* Schlund, *barrire* skr. *barh* schreien wie ein Elephant, lat. *balare*, *balbus* stammelnd, skr. *bhaṣ* reden, *boare* brüllen, βοάω, *blaiare* schreien wie ein Kind, *bubere* schreien wie eine Rohrdommel, *bullire* sprudeln, βλίκω beiße, verschlinge, βρομέω brumme u. s. w.

Im Germ.: ags. *galan* singen, mhd. *gurren* brüllen wie ein Esel, *gerren*, *garren*, nhd. *girren* u. s. w.; ags. *bel* Glocke, ags. *bellan* schreien in der Brunstzeit, ags. *brecan* brüllen u. s. w.

Aus dieser Zusammenstellung soll nichts weiter gezeigt werden, als dass Lautäußerungen oder überhaupt Thätigkeiten des Mundes etc. auch durch Lautgebilde mit anlautendem *b*, *g* und dem *r* des Keimes ausgedrückt erscheinen. Eine successive Entwicklung der Wörter für Lautäußerungen lässt sich jedoch hier, wo die Übertragung und auch die Schallnachahmung immerhin eine unentwirrbare Rolle spielen, nicht feststellen.

Die Betrachtung der Formen *or-are*, *vor-are*, βορός, *girāmi* bietet jedoch immerhin einen Fingerzeig, dass überhaupt *bor* und *gor* (wenn man von der historischen, zumeist auf Sanskritformen beruhenden Auffassung absieht) aus *or*, *uor* entstanden sind.

Die Wurzel *Ku* nach Max Müller.

M. Müller führt über den Ursprung der Wurzel *ku* eine Hypothese
an, die er zwar nicht vertheidigen will, aber welche er doch in gewissen
Grenzen nicht gänzlich für unhaltbar hält. Da diese Wurzel in dem behandelten
Lautgebilde liegt, so führe ich diese Hypothese hier an. Dass sie von M. Müller
vorgebracht wird, beweist zugleich, dass keine bessere vorhanden ist. „Wurde
der Ruf des Kuckucks nachgeahmt, so dürfte das Wort, wie unser „Kuckuck"
gelautet haben, griech. κόκκυ. Von diesem κόκκυ bildeten die Griechen ein
Verbum κοκκύζειν, wie sie von οἴμοι ein οἰμώζειν bildeten. Das Substantivum
κόκκυξ, *coculus*, skr. *kokila* kann gleichfalls als auf directer Lautnachahmung
des Kuckucksschreis beruhend betrachtet werden. Aber neben dem Namen
„Kuckuck" scheint auch ein Wort für Hahn ganz auf dieselbe Weise gebildet
worden zu sein. Im Sanskrit finden wir *kukkuta* neben *kukubha*, dem Namen
eines Vogels, vielleicht eines Fasans, während wir im Griechischen κουκούφας
als Namen für Wiedehopf, im Lat. *cucubare*, schreien wie eine Eule, im Lit.
kukauti, schreien wie eine Eule oder ein Hahn, im Engl. *cock*, im Deutschen
Gickel haben. Alle diese müssen wir als Lautnachahmungen classificieren,
welche die speciellen Töne gewisser Vögel nachahmen. Galt es nun, nicht diese
speciellen Vogelstimmen, den Ruf des Kuckucks, des Hahnes, des Fasans,
des Wiedehopfs, der Eule, sondern der Vögel im allgemeinen auszudrücken,
so passte augenscheinlich weder κοκκύζειν noch *cucubare*, selbst nicht das
lit. *kukauti*, obgleich dies schon bis zu einem gewissen Grade despecialisiert zu
sein scheint. Nach denen, welche diesen Wurzeln einen besonderen Ursprung
zuschreiben, würde dadurch, dass die specielleren lautnachahmenden Elemente
aufgegeben wurden, ein Laut wie *ku* übrig geblieben sein, welcher schreien
oder singen im allgemeinen bedeutete und daher in jeder Hinsicht eine Wurzel
war. Mustern wir nun das Wurzelverzeichnis der Sanskritgrammatiker durch,
so finden wir darin drei verbale Ableitungen, *kauti*, *kunâti* und *kuvate*, die
alle schreien oder singen bedeuten und eine Wurzel *ku* voraussetzen. Eine
Intensivbildung *kukûyate*, κοκκύω bedeutet nicht mehr schreien wie ein Kuckuck,
sondern schreien im allgemeinen. Allerdings ist in der Sanskritliteratur keine
weitere Ableitung von einer Wz. *ku* aufgefunden worden, aber in *Dhâtupâtha*
finden wir nicht weniger als drei Verba *ku* (*slu*), *kun* (*sa*), *kun* (*sap*), alle
im Sinne von Lärm machen. Auch in andern arischen Sprachen haben
Fick und Andere eine Wz. *ku* angenommen. Ob ein Wort wie κύων, Hund,
von dieser Wz. abgeleitet werden kann, ist eine andere Frage. Es könnte
ganz gewiss das lärmende oder bellende Thier bedeutet haben, aber es könnte
auch von einer anderen Wz. kommen. Stammte κύων von *ku*, Lärm machen,
so kann κῦ-μα, Woge, nicht die schwellende, sondern die brausende, heulende
Woge bezeichnet haben. — *Scylla* bedeutete ursprünglich einen Hund. —
Auch σκύλαξ und σκύμνος bedeuten einen bellenden Hund; im Altsl. haben
wir *skyca*, *skycati* bellen und *kučika*, Hund. Ein anderer Beweis, der für die
Annahme einer Wz. *ku* spricht, wird aus dem Vorhandensein mehrerer Parallel-
wurzeln abgeleitet wie *kung*, rascheln, *kûg*, stöhnen, summen, *kuk*, *kun* und
kvan, die irgend einen Lärm machen bedeuten." (Vgl. Das Denken im Lichte
der Spr. S. 287.)

Meine Theorie der Entwicklung eines *Koa* aus *oaK* (hier für Lautäußerungen) wurde in der Einleitung vorgebracht. Sie erklärt die Scheideformen mit *r*, mit anlautendem *u̯* etc., die hier von M ü l l e r vorgebrachten Wörter mit finalem *K*, des *kun* neben *kvan.* Eine Nachahmung des Rufes des Kuckucks mochte immerhin zu einer Zeit, wo der Mensch den Laut *ku* oder *kuk* schon hervorbringen konnte, stattfinden, ohne dass der onomatopoetische Laut eine Verallgemeinerung zur Folge hatte. Im allgemeinen muss man jedoch einer Auseinandersetzung M ü l l e r s an einer anderen Stelle sehr beistimmen, in welcher er auf die großen Schwierigkeiten, die Töne der Natur durch articulierte Laute wiederzugeben, hinweist.

Wenn überdies die Lautnachahmung bei verschiedenen Nationen und Menschen, wie dies allgemein beobachtet wird, in der Jetztzeit so verschieden ausfällt, welchen Schwierigkeiten hätte sie wohl in der U r z e i t zur Bildung einer Wurzel begegnen müssen, wo die Sprachwerkzeuge noch jeder Schulung entbehrten.

5. F o r t s e t z u n g. D e r T y p u s *moa, moaK, smoa* etc.;
d i e d e n t a l e M e d i a i m A u s l a u t e.

Den angeführten Wortgruppen mit dem Begriffe einer Lautäußerung oder einer Thätigkeit des Mundes überhaupt schließt sich jene Gruppe an, die mit *m* anlautet und als Kern des Wortes dieselben Laute *oa* (*or*), *oaK* (*orK*) oder deren Verschiebungen enthält. Z. B. skr. *mar-mar-a* Rauschen der Blätter, gr. μορ-μύρ-ειν rauschen, ags. *mur-nan* klagen, d. *murmeln*, ahd. *murmulôn*, *murmurôn*, lat. *mur-mur-are* murren, gr. μορμύρ-εος rauschend; ohne *r*-Bildung: gr. μυκ-άομαι brülle, μουκ-ίζω stöhne, μυχ-ϑίζω schnaube, röchle, μυκτήρ Schnauze, Rüssel, μηκ-άομαι meckere, μυζάω sauge, ahd. *muccazen* leise reden, mhd. *mûgen, muksen*, skr. *mukha* Mund, engl. *mouth* u. s. w.

Es entsteht die Frage, ob dieses *m* direct vor *oa* (*or*) trat oder, als dem Lippengebiete angehörig, mit *u̯* wechselte. Ein Tausch von *u̯* und *m* kommt mundartlich vor und spricht für den leichten Übergang von einem zum andern; z. B. baj. *mir* statt *wir*. Den allmählingen Übergang merken wir zum Behufe von Scheideformen in: *or-are, vor-are* und *mord-ere.* An diesen lautlichen Übergang werden wir uns auch halten müssen. Einem βροτ-ός, *mort-uus* hat ein früheres *u̯*, also *u̯or* zum Übergange aus *or* verholfen.

Man vergleiche hier auch unten für andere Begriffssphären das lautliche Verhältnis von μόνος, μία und είς, ἕν, μοιχός und ὄρχ-ις, d. *ich* und *mich*, lat. *unus* und *com-mun-is* etc. Wurzeln begrifflich und lautlich zu erklären, wurde bis jetzt so selten versucht, dass ich nicht umhin kann, die Erklärung der Wz. *mar* zerreiben, zermalmen, wie ich sie bei M. M ü l l e r angeführt finde, vorzubringen. „Diese Wz.", sagt er, „wurde auf den Laut zurückgeführt, welchen die Menschen bei der gemeinsamen Thätigkeit des Reibens oder Malmens ausstießen. Nun ist es selbst in diesem Fall eine offene Frage, ob diese Laute nicht bis zu einem gewissen Grade mehr Lautnachahmungen der durch unsere eigene Thätigkeit hervorgebrachten Geräusche sind, als Töne, die wir beim Zerreiben ausstoßen" u. s. w. „Erinnern wir uns und andere mittelst der Laute, die unsere Thätigkeiten zu begleiten pflegten, an dieselben, d. h. mittelst des *clamor concomitans,* so machen wir unsern ersten Schritt zur wirklichen Sprache" u. s. w. (Vgl. S. 292).

Wenn wir von der Nachahmung des durch die Thätigkeit des Zerreibens hervorgebrachten Geräusches absehen, die von M ü l l e r selbst in Zweifel gezogen wird, entsteht hier wieder die wesentliche Frage, warum die Menschen gerade den Laut *mar* bei ihrer gemeinsamen Thätigkeit des Reibens ausstießen, der dann bei öfterer Wiederholung die Vorstellung des Reibens selbst wachrief. Ich glaube nicht, dass solche und ähnliche Erklärungen schon jemand befriedigt haben.

Meine Erklärung liegt nach dem bereits Vorgebrachten nahe. Da die Wörter für die menschliche Rede und für die übrigen Thätigkeiten des Mundes, v e r s c h l i n g e n, b e i ß e n, l a c h e n — *orare* — *vorare* sich neben einander aus *or* M u n d entwickeln, so ist es natürlich, dass *moa (mor)*, wie es nach den angeführten Beispielen μορ-μύρειν, *murmu-rare* etc. eine Lautäußerung ausdrückte, auch eine andere specielle Thätigkeit des Mundes, das Malmen, Mahlen, Beißen in sich schließt. Auf den ersten und einst wohl e i n z i g e n M a h l e r u n d M a l m e r, d e n M u n d, weisen noch *molo* mahle, *molaris* Backenzahn, *mor-d-eo* beiße, und deutsches *Maul* hin. Wie im lat. *orare* und *vorare,* so ist auch in den *m*-anlautenden lat. Wörtern *mor-deo, mor-b-us, mor-ior, mol-o* noch der älteste Vocalismus zu finden. V o n d e r s p e c i e l l e n B e d e u t u n g d e s M a l m e n s d u r c h d e n m e n s c h l i c h e n M u n d gieng *moa (mor)* in die allgemeine des Reibens, Vernichtens, Tödtens und Sterbens über; daher auch μόρος Tod, μαρ-αίνειν aufreiben, ἄμβροτος, lat. *mor-s, marcere,*

malus, malua etc., goth. *mal-ma* Sand, *malan* mahlen, *Mahl,
Mehl, Malter, Maul,* μυλλαίνω das Maul verziehen, skr. *mamarda*
zerrieb, μύλη, μύλος, μυλλός u. s. w.

Ferner ohne *r*-Bildung aus *moa:* goth. *munths,* engl. *mouth*
Mund, ne. *mow, mop, mock;* wahrscheinlich von der Thätigkeit
des Mundes, dem Quetschen, Säugen übertragen auf *mamma* Brust,
mammalis (Skeat bringt es in Verbindung mit Wz. *mad* nass
sein; woher kommt wieder *mad,* abgesehen von der erzwungenen
Begriffsentwicklung?) μυζάω und μύζω saugen, stöhnen. Das durch
die Gutturalis erweiterte *mor,* also *morK* hat dieselbe Bedeutung
des Reibens, Quetschens, Saugens; daher: *mulgere* melken, αμέλγειν
melken, u. s. w.

Natürlicher als jede andere Erklärung ist auch diejenige, *ma-t-er,
mul-ier* als die Säugende aufzufassen, wobei ahd. *muotar, muatar*
früher *moa-tar* noch den Doppellaut enthält, der in lat. *mul-ier*
zur *l*-Bildung führte, in *māter* contrahiert erscheint. Abermals
weisen die Scheideformen mit und ohne *r* (*l*) auf ursprüngliches
oa hin, das einerseits zu oa(*r*), *or,* anderseits zu den contrahierten
Formen fortschritt.

Präfigiertes *s; smoa.*

M. Müller sagt von den Wurzeln *skar* und *kar, skhid* und
khid, stan donnern und *tan,* (skr. *tanyatus* Donner, *tonnare,* goth.
thunjan), smar und *mar, skand* und *kand, skam* und *kam, spaç*
und *paç* (S. 321), dass sie ohne Zweifel einen gemeinsamen Ursprung
haben, es aber keinerseits ersichtlich sei, dass die Formen ohne
anlautendes *s* von denen mit anlautendem *s* abstammen oder umgekehrt. Selbst wenn quellenmäßig nachgewiesen wäre, dass ein *s*
in gewissen Fällen vortrat, in anderen abfiel, so kann dies wenig
in Betracht kommen, wenn von der Entwicklung der Sprache aus
einem Keim die Rede ist.

Wenn man unter den schon behandelten Wörtern die vocalisch
anlautenden den mit mehrfacher Consonanz anlautenden gegenüber-
stellt, so wird niemand behaupten, dass bei der ursprünglichen
Entwicklung die Differenzierung durch ein plötzliches Vortreten
eines Doppelconsonanten, eines *sk, st, sm, sp, sw* erfolgte, und
dass dann anlautendes *s* abfiel, zudem die wohlbegründete Meinung
von den nur ganz allmählichen Lautveränderungen schon ganz
allgemein ist.

Auch in *smoa*, *smoaK* sind nebst einer reichhaltigen Begriffsentwicklung aus dem Grundbegriffe *malmen* noch andere Thätigkeiten des Mundes zu verfolgen: gr. σμαραγέω d r ö h n e n bezeichnet
eine schon sehr entwickelte, nicht mehr auf den Menschen anzu-
wendende Lautäußerung; eine Mundthätigkeit liegt in skr. *smi*,
lächeln, *sméras*. lüchelnd, (gr. μειδάω lächle), mhd. *smieren, smielen*
lächeln, engl. *smile, smirk*, nhd. *schmunzeln*. Diese Wörter weisen
eben darauf hin, dass die ganze Begriffsentwicklung der dem Typus
smoa (*smoaK*) entsprechenden Wörter des Reibens, Mahlens etc. ebenfalls von einer Mundthätigkeit, von d e m M a l m e n , B e i ß e n d e s
m e n s c h l i c h e n M u n d e s i h r e n A u s g a n g s p u n k t nimmt: der
specielle Begriff des Malmens mit den Zähnen erweitert sich zu dem
des Zerdrückens, Reibens, Verkleinerns, Schmelzens, Beschmierens
mit dem Zerriebenen. Das Verkleinern führt zu dem Begriffe k l e i n
in *schmal, schmächtig* und anderseits zur abstracten Bedeutung
S c h m a c h und s c h m ä h e n . Daher gr. σμάω schmiere, σμῆγμα
Schmieren, σμῆξις Abreiben, μύρον Salbe, σμώχω, σμήχω zermalmen, *smaltum* geschmelzte Arbeit, *smilion* Art Augensalbe,
ahd. *smal* klein, gering, schlank, mhd. *smeln* schmälern, *schmelzen*,
(ahd. *smelzan*, gr. μέλδω), *Schmeer* (ahd. *smero*), engl. *smear*,
goth. *smarna* Schmutz, ahd. *smâhen* klein machen, verringern;
davon Schmach, schmähen; engl. *smug* zierlich; für eine andere
Thätigkeit des Mundes: *schmecken*, ahd. *smecchen* Geschmack finden.

In die Urzeit reicht auch der Verschluss des *oa* (*or*), *moa*
(*mor*) durch die dentale Media zurück. Wir finden sie für Thätigkeitsbegriffe der einzelnen Organe des Menschen in: *rudo* brülle,
rodo nage, *edo* esse, ἔδω, skr. *svad* esse, koste, *vad* spreche,
singe, *vad-ana* Mund, gr. βάζ-ω spreche, rede, *mordeo* beiße,
mando kaue, ἀυδάω rede, μειδάω lächle, *rideo*, μύζω sauge (Th.
des Mundes), ἔιδω, οἶδα, *video* (Th. des Auges), *audio* (Th. des
Ohres), ὄζειν (Th. der Nase, *odor, olere*), *vado* (Th. des Fußes)
und *sedeo*, gr. ἔζεσθαι. Auch an *smoa* tritt ein *d* an; daher
engl. *smart*, me. *smerte* scharf, bitter, ahd. *smerzo* Schmerz;
vgl. skr. *mrid* reiben, erdrücken; ohne *r*-Bildung: gr. σμειδ-νός
grässlich, goth. *smeitan* bestreichen, beschmieren, nhd. *schmeißen*.
Wieder deuten die Formen mit und ohne *r* (*l*) auf ursprüngliches *oa* hin, so dass z. B. goth. *smeitan*, vorgerm. *smead, smerd*
und noch früher, wenn das *s* überhaupt schon im Anlaut stand,
smoad, smord (mit dem Vocalismus des lat. *mord-eo*) heißen musste.

Ahd. *smâhen* weist daher den durch Contraction entstandenen Vocal auf, dessen zweiter Bestandtheil noch durch das *l* der Scheideform *smal* repräsentiert wird. S c h m a l und s c h m ä c h t i g sind daher nach dem Gesagten lautlich und begrifflich nicht allzu fern stehende Scheideformen.

———

Wie nach der früheren Zusammenstellung mit der lautlichen Entfernung von *or* im allgemeinen ein begriffliches Fortschreiten von der Rede zu den anderen menschlichen Lautäußerungen und zu solchen der Außenwelt unverkennbar ist, so bemerkt man auch, von *moa moa(r)* (aus *uor-are*), dem Malmen des Menschen ausgehend, ein Fortschreiten von *mor-d-ere*, *Maul* (Grundform *moal*, *moa*[*r*]), zu allgemeineren, mit der Außenwelt zusammenhängenden Begriffen *molere, mahlen, melken, schmieren, schmal, schmeißen, schmelzen*, von den concreten zu den abstracten *Schmach, schmähen*. Nach dem Gesagten haben also die genannten Wörter, oder vielmehr die durch diese Wörter angedeuteten Sippen ihren lautlichen und begrifflichen Ausgangspunkt von *or* (lat. *os, or-is*) und dem aus *or* entstandenen *mor*, dem Munde in seiner hauptsächlich zweifachen Thätigkeit als Sprecher und als Fresser. Den alten zu *moa(r)*, *mor* stimmenden Vocalismus enthalten daher nebst *mor-d-ere, mol-ere* noch die deutschen Präterita: *molk, schmolz*, ahd. *muol*, aus *moal* (von *malan*).

II. Das Ohr und dessen Thätigkeit.

Die weite Verbreitung der Bezeichnungen für die Organe des Sehens und Hörens in den arischen Sprachen durch verwandte Lautgebilde fiel wohl schon längst auf, ohne dass hierzu von irgend einer Seite ein genügender Grund vorgebracht werden konnte. In der Einleitung wurde *oa* (*or*) als Naturschrei aufgestellt, und die obige Untersuchung der Wörter für den Mund und dessen Thätigkeiten hat zu dem einfachsten Lautgebilde *or* (*os = or + s*) zurückgeführt. Es könnte nun wieder die alte Frage aufgeworfen werden, ob das Substantiv oder das Verbum zuerst entstand. Der Urmensch wird wohl nicht bloß den Mund, sondern auch im Bedarffall dessen Thätigkeit mit demselben Laut bezeichnet haben. Wahrzunehmen ist jedoch, dass die Wörter für die Organe gegenüber jenen ihrer Thätigkeiten in der Entwicklung zurückblieben.

Um die äußerlich wahrnehmbaren Werkzeuge des Sprechens und Fressens, des Zeugens, Sehens, Hörens, Riechens, Gehens zu bezeichnen, konnte der Urmensch nur den ihm zur Verfügung stehenden Naturlaut gebrauchen und dessen Sinn und Bedeutung durch die unterscheidende Geberde ergänzen.

Während aber die mehrfachen Functionen des Mundes und der Geschlechtstheile eine reichhaltige lautliche und begriffliche Entwicklung hervorgerufen haben, so dass die primären Wörter nur mehr im lat. *or(s)* und erweitert im gr. ὄρχ(-ις) anzutreffen sind, im Deutschen hingegen z. B. die auf Grund des Hervorkehrens der speciellen Thätigkeit des Malmens entstandenen Wörter M u n d , M a u l die ursprüngliche Bezeichnung verdrängt haben, erforderten die Begriffe des Sehens und Hörens keine so ausgedehnte Lautentwicklung. Dies ist der Grund, weshalb die Benennungen für Auge und Ohr in den meisten arischen Sprachen nach den ursprünglichen Typen *oa* (*or*) und *oaK* (*orK*) sich erhalten haben.

Der Typus *oa* (für Ohr) liegt zugrunde mit der *r*-Bildung: dem ahd. *ôra*, ags. *eáre*, holl. *oor*, isl. *eyra*, swed. *öra*, dän. *öre*, lat. *aur-is*. Nicht aus *s(s)* entstand das *r*, wie vielfach behauptet wird, sondern *s* trat im goth. *au-s-o*, gr. οὖ-ς an das aus *oa* entstandene *au, ὄυ*. Dies geht nicht nur aus den weiteren Scheideformen mit der *r* (*l*)-Bildung, sondern auch aus russ. *ucho* Ohr, hervor. Im Russ. ist die Bezeichnung für Auge (*oko*) und Ohr (*ucho*) sogar nach demselben Typus *or* mit der Gutturalis ausgebildet.

Im Griechischen heißt das Ohr *dor. ὦας, οὖας = οὖς*, hören hingegen (nach *oaK*) *ἀκ-ούειν*. Analog dem *Kor* aus *orK* für verschiedene andere Begriffssphären haben wir auch im deutschen hören, ahd. *hôren*, ein vorgerm. *kor-* zu suchen, auf welchem auch gr. κλύω höre, κλυτός berühmt, κλέος Ruhm, lat. *cluo, clueo* hören, heißen, goth. *hliuma* Gehör, d. *laut*, ahd. *hlosên* lauschen, altn. *hlust* Ohr, ags. *hlystan*, lit. *klausa* beruhen. Nicht zur *r*-Bildung kam es in *ál-ω*, höre, begreife, lat. *au-d-io* (Vgl. oben die Verba mit *d: rudo, rodo, edo, vad, svad* etc.); ferner in *ob-oed-ire* entgegenhören, gehorchen.

Die dentale Media ist hier die ursprüngliche Articulationsart; sie bildet im Lat. und Gr. das Bindeglied zwischen jenem Wort, das einst, wenn auch vielleicht in einer ursprünglicheren Gestalt, das Organ bezeichnete, und der Flexion.

III. Das Auge und dessen Thätigkeit.

Das Auge heißt goth. *augô*, ahd. *ouga*, alts. *ôga*, altn. *auga*,
holl. *oog*, ags. *eage*, ne. *eye*, russ. *oko*, lat. *oculus*, gr. ὄκος, ὄκκος
(ἄψ, ὀφϑαλμός), skr. *akṣa*. Sämmtlichen Wörtern liegt also der
Typus *oaK* zugrunde; ags. *eage* verräth noch den ursprünglichen
Vocalismus. Neubildungen wie *oculare* ne. *to eye* s e h e n , b e s i c h -
t i g e n berechtigen zum Schluss, dass die Verba des Sehens auch
in der Urzeit abgeleitet sind von der Bezeichnung des Sehorgans.
(Vgl. auch skr. *akṣa* Auge, und *ikṣ* sehen). Wir haben also in dem ει
und οι von ἔιδω und οἶδα (*Foîde*) früheres *ea* (*er*) und ursprünglicheres *oa* (*or*) zu suchen. Das Substantiv *or* für Auge ist zwar
nicht mehr vorhanden; es ist jedoch noch zu erkennen in: ὁρ-άω
(*Foράω*) sehe, ὤρ-α Aufsicht, Sorge, ὡρ-έω, ὡρ-εύω bewache,
besorge, ὄρ-ομαι, ὀρ-εύω wache. Über den Wechsel von griech. ὀι
und οϱ vgl. auch διμάω und ὁρμάω in Bewegung setzen, ferner
unten ὄρχ-ις und μοιχός, *ποϱ-zeugen und ποι-έω etc.

Die Beobachtung, dass οι aus οϱ entstand, ist darum interessant,
weil der im Indogermanischen weit verbreitete Stamm für deutsches
wissen (skr. *vêda* ich weiß, goth. *wait*, gr. οἶδα, lat. *vid-eo*) so
oft zur Erklärung der lautlichen Erscheinung herangezogen wurde, die
sogar mit dem indischen Verlegenheitswort „Guna" bezeichnet wurde.

Der Typus *or* ist weiter vertreten in: οὖρος, οὐρεύς Aufseher,
οὐρέω bewache, auf der *u*-Reihe im Germanischen in: ahd. alts. *wara*
Aufmerksamkeit (noch in wahrnehmen), ags. *waer* (vorsichtig ne.
wary), dän. und schwed. *var*, goth. *wars*; mit dentaler Ableitung
in: ahd. *warta* spähendes Aussehen, Warte, ahd. *wartên* spähen,
lauern, erwarten, ags. *weardian* hüten, bewahren, altn. *varda*
bewachen. Aus dem Altgermanischen sind in das Romanische
übergegangen: *guardare*, fr. *garder*, *regarder*. Allen liegt die
Grundbedeutung a u f e t w a s s c h a u e n , w a c h e n zugrunde.

Vielleicht hängt hiermit auch die Sippe „wachen, lat. *vigilo*"
mit der Grundbedeutung *s c h a u e n*, d i e A u g e n o f f e n h a l t e n
nach dem mit *or* wechselnden Typus *orK* (*oaK*) zusammen. Man
vergleiche auch den Typus *orK* mit dentalem Anlaut in air. *derk*
Auge, mbret. *derch* Anblick, gr. δέρκ-ομαι blicken, sehen, leuchten,
mit älterem *orK* in δέ-δορκ-α, goth. *ga-tarh-jan*.

Dem durch die Metathese entstandenen Typus *Kor* (*K*) entsprechen: lat. *cer-no* ich sehe, *cor-a* Augapfel, gr. κόρ-η, lat. *cor-am*
vor jemandes Augen; ohne *r*-Bildung, aber mit *ea* noch im ags.

scea-wian schauen (*c* anstatt *h* wegen des präfigierten *s*), auch *cavere*, goth. *skau-s* vorsichtig, ahd. *scúch-ar* Spiegel; mit Labialisierung des *k*: *ὠπ-άομαι* ich sehe, *σκέπ-τομαι, σκοπέω* spähe, ahd. *spehôn*, skr. *paç, spaç*, lat. *spec-ere* sehen, *spec-ulum* Spiegel, *spec-ula* Warte, also wie ahd. *warta* von *wartên* spähen, davon der Begriff des Wartens in *exspectare*. Der Begriff des Aussehens nach einer Sache, Hoffens findet sich in *sper-o, spes*. In *sperare* und *specere* liegt wieder der scheinbare Wechsel von *r* und *c* (nach *or* und *oK*).

Mit dem *m*-Anlaut conform der *m*-Entwicklung in Wörtern anderer Begriffssphären vielleicht: *μαίρω* funkeln, leuchten, wozu (nach Skeat) lit. *merk-ti* blinken, ags. *morgen* Schimmer bei Tagesanbruch gehören, engl. *mirror* Spiegel u. s. w. Die Annahme von *mor* als directe Fortbildung von *or, orK* in der Bedeutung Auge, sehen kann jedoch weit weniger Sicherheit in Anspruch nehmen, als dies in andern Begriffssphären der Fall ist, da es ebenso denkbar ist, dass der Begriff des Funkelns, Glänzens von einem Gegenstand der Außenwelt abstrahiert wurde; aber selbst im letzteren Falle wird man versucht, z. B. die Aurora (den Morgen) als die blinkende, schauende hinzustellen, da aus der ganzen Darstellung hervorgeht, dass der prähistorische Mensch die nach seinen nächsten körperlichen Bedürfnissen gebildeten Begriffe auf die Außenwelt übertrug, i. e. Thiere und leblose Wesen der Außenwelt personificierte, so dass diese Begriffe in letzter Linie doch mit der Thätigkeit des Auges zusammenhängen. Aus dieser Untersuchung geht wieder die interessante Beobachtung hervor, dass *oa* in baj. *woatn* warten und *woaß* weiß als urarisch etymologisch begründet ist.

IV. Der Fuß und seine Thätigkeit.

Fuß, fahren, eilen, waten, Spur, Furt; Wechsel von *r* und *d*.

In diesem Lautgebiete liegt auch die idg. Bezeichnung für Fuß, welcher nach meiner Entwicklungstheorie *poa(d)* oder *por(d)* zugrunde liegt. Von den Etymologen wird für gr. *πod-*, lat. *ped-*, goth. *fôt-us*, ahd. *fuoʒ*, ai. *pâd* etc. eine Wurzel *pod* angegeben. Da aber die parallelen Laute *o, e, a* nach meiner Darstellung aus *oa* und *ea* entstanden sind, so musste dem *pod* ein *poad*, dem lat. *ped* ein *pead* und ohne Dentalis ein *poa (por)*, *pea (per)* vorangegangen sein. Dieses Lautgebilde ist auch thatsächlich vorhanden in gr. *πόρ-ος* der Gang, *πορ-εύω* bringe, fahre, *πορ-εύεσϑαι* reisen, *πεζο-πόρ-ος* Fußgänger, ahd. *faran* gehen, kommen, ags. *faran* sich fortbewegen; diese Sippe lässt noch auf ein dem *pod* vorangehendes *por* der Fuß schließen. Zwischen *por* und *pod* besteht in Bezug auf den Wechsel von *r* und *d* dasselbe lautliche Verhältnis, wie zwischen *vor-are* und *ed-o*, *or-are* und *ἀυδ-άω* (für die Th. des Mundes), *ὀρ-άω* und *οἰδ-α* (für d. Th. des Auges), *aur-is* und *aud-io* (für d. Th. des Ohres), *ol-ere* und *ὄζ-ειν*, *odor* (für d. Th. der Nase), d. h. wo die aus *oa* entwickelten Laute des Reibelautes *r* entbehrten, stellte sich zum Ersatz die dentale Media als Hiatus-meidend ein. Aus dieser Vergleichung ergibt sich wieder, dass altdeutsches *fôt-* durch Contraction aus *foat* (fort) vorgerm. *pord* entstanden ist, dass also ahd. *oa* in *foa*; der älteste Laut ist. Der gleiche Vocalismus in ahd. *fuo*; und dem Prät. von *faran* ist etymologisch begründet.

Ebenso deuten *ex-per-ior*, *per-itus* erfahren auf ein früheres *per* der Fuß hin. Brugmann (S. 282) sagt, *l* stehe für *d* in *oleo* wegen *odor*, *ὀδμή* Geruch, in *solum*, *solea* wegen *ὀδός* Weg, aks. *choditi* gehen. Wie *l* für *d*, meint er, so erscheine auch *r* für *d* in lateinischen Wörtern in *ar* = *ad* (*arbiter*, *arvorsus*), *apor* = *apud*. Weiter heißt es (S. 283): „Im Umbrischen gieng *d* intervocalisch und auslautend in einen Laut *ř* und *rs* über: *peři persi*, = *pede*, *dupursus* = *bipedibus*".

Lautlich kann ein Übergang eines *d* in *l* oder *r* wohl nicht erklärt werden. Ein solcher Übergang hat auch nie stattgefunden, sondern diese angeführten Beispiele bilden gerade wieder einen Beleg, dass *or* dem *od*, *por*, *per* dem *pod*, *ped* vorausgiengen, dass also im Umbrischen, wo auch sonst ältere Formen, wie *veiro* = *vir* etc. sich finden, eine dentale Ableitung nicht platzgegriffen hat. Dass im lat. *per-itus*, *ex-per-ior*, griech. *πόρ-ος* ein früheres *per*, *por* der Fuß steckt, wird durch diese Beispiele *peři, persi*, *du-pursus* (mit der Bedeutung Fuß) aus dem Umbrischen bestätigt. Zu *rs* vgl. unten über den Wechsel von *r* und *s(s)*.

Für *or- od*, *por- pod* sind also anzuführen: *ol-eo*, *ὀδ-ωδή*, *odor*; *aur-is*, *audio*; *or-are*, *ὠδή*, *ἰαδ-άω*; *vorare*, *ed-o*, *ὀδ-άζω* beiße, *ὀδ-άξ* beißend; *sol-um*, *οὐδός*, *ὀδ-ός*, *vad-o*; *ὀράω*, *οἶδα*; *οὐρέω*, *ἐράω*, *ὠδ-ίς* Geburt, alles Erzeugte; *ὠρ-ύω*, *ὤζ-ω* oh! rufen; *mol-o*, *μύζ-ω* (in d. Bed. saugen); deutsch: *schmieren* und *schmeißen*, *wara* (alts.), *gewahr* und *wissen*; *Wor-t* und *beißen* (vgl. unten über ger. *bor* aus *ɤor*); *fahren* und *Fuß*; *πόρος* und

πoδ-; *per-itus* und *ped; for-are* und *fod-ere; parĕre* und *παιδ-*
(*παῖς*), *παιδ-όω* schwängern und schwanger sein; *πέλλα* und
πoδ-εών Haut, Schlauch; *cor-ium* und deutsches *Haut*. Vgl. auch
mit Beibehaltung des *r*: *ἔργω, ἔρδω* und *ῥέζω* thun.

Im Germanischen ist *por* für Fuß oder dessen Thätigkeit
erhalten in der Sippe Spur: mhd. *spor, spur,* ahd. *sporo,* ags.
spurnan wegstoßen. Vgl. auch gr. *σπαίρω* zappeln, lit. *spirti* treten.
Zur Entstehung der Bedeutung vgl. auch lat. *peda* Spur, Fußstapfen
eines Menschen von *pes.* Auch die Sippe Furt gehört hierher:
ahd. *furt,* ags. *ford,* ne. *ford.* Furt bedeutet eigentlich eine gangbare Stelle. *Oxford* oder *Βόσπορος* ist die Furt der Ochsen. Gegenüber *πόρος,* lat. *ex-per-ior* hat ags. *ford* gerade so eine dentale
Erweiterung wie die Sippe Fuß. Über das Verhältnis der Dental-
laute in Furt, Fuß, warten, wissen s. unten unter „Lautliche Ergebnisse. Vgl. lat. *vadum* Furt und *portus* Hafen, ne. *frith, firth;*
ferry. Vgl. unten die Bemerkungen über niedere und höhere Begriffe
der *or* und *cor-por*-Periode. In *vadum* ist der ursprüngliche Begriff
gangbare, passierbare, sichere Stelle nicht zu verkennen;
in *portus* tritt nur mehr der Begriff der Sicherheit, die eine seichte
Stelle dem Urmenschen beim Gehen oder Fahren bot, hervor. Eine
Weiterbildung von *portus* ist *fretum.* Vgl. zur Articulationsart
unten über die Verschiebung der Tenuis zur Aspirata.

Für den Freund der baj. Mundart ist es wieder interessant zu
beobachten, dass fahren noch hie und da in der Bedeutung gehen
gebraucht wird. Ich hörte es in dieser Bedeutung in der Umgebung
von Göstling in N. Öst. und zwar, da nhd. *a = o* ist, in der aus
or contrahierten Form: *fo'n* fahren; also: *fō mid* = gehe mit.

Ein Wort für Fuß, das einem früheren Entwicklungsstadium
als *por(d)* angehört, ist mir aus verglichenen Sprachen nicht bekannt.

Wenn man jedoch an die oben (unter Mund, Ohr, Auge)
entwickelte Beziehung zwischen den Organen und deren Thätigkeiten denkt, so ist auch hier analog der Schluss gestattet, dass
in Verben der Bewegung, die durch ein ursprünglicheres Lautgebilde ausgedrückt werden, auch ein früheres Lautgebilde für
das Organ des Gehens enthalten sei. Der Typus *Kor* findet sich in
currere, cel-er, κί-ω gehe, ags. *hig-ian* eilen; *orK* in *ἔρχ-ομαι* gehe;
or in skr. *ri,* ahd. *ilen* eilen, altn. *il,* ags. *ile* Fußsohle und *oa* in
gr. *εἶ-μι* gehe, lat. *e-o* und in der *u*-Reihe: *vado* gehe, ags. *wadan,*
ahd. *watan* mit der zur Ableitung der Verba für die Thätigkeiten
des menschlichen Körpers verwendeten dentalen Media. Nach dieser

lautlichen Reduction ist also *ua* (aus *oa*) ursprünglich auch die Benennung für Fuß (oder vielleicht auch für dessen Thätigkeit), wovon das Verbum *vado* und mit secundärem *oa* das ahd. Prät. *wuot, °woat* noch Zeugnis gibt.

Die Entwicklung aus demselben Laut *oa* für die verschiedenen Organe des Körpers macht es begreiflich, dass dasselbe Lautgebilde *vad* im Sanskrit eine Thätigkeit des Mundes (sprechen, singen), im Lateinischen und Germanischen eine Thätigkeit des Fußes (gehen, waten) bezeichnet; nimmt man auf die zwei wichtigsten Verrichtungen des Mundes Rücksicht, so erhellt es wieder zur Genüge, dass lat. *svad-ere* r a t h e n dem Munde in seiner Eigenschaft als Sprecher und skr. *svad* e s s e, k o s t e demselben in seiner Eigenschaft als Fresser ihre Entstehung verdanken.

Man vgl. auch hier wieder die Scheidung des Anlautes in *v, b* und *m;* daher: *vado, βαίνω, βά-σις, μολ-εῖν* gehen, kommen, lat. *me-are, mi-grare.*

V. ῎ΟΡΟΣ.

Gleich den Wörtern *os, oculus, (ὁρ-άω), auris, ὄρχις* etc. liegt auch dem gr. *ὄρ-ος, ὄρρος,* ags. *ear-s,* ahd. *ar-s,* altn. *ars* und *rass* noch der ursprüngliche Typus *or* zugrunde. Wenn man bedenkt, dass mit der Benennung des Körpertheiles und dem Deuten auf denselben auch die Vorstellung von dessen Function im Bedarffalle wachgerufen worden sein dürfte, so steht der Annahme nichts im Wege, dass zwischen *or(podex)* und *ἑ-δ-* in *ἕζομαι (sedeo,* sitze) derselbe Zusammenhang besteht, wie z. B. zwischen *or-* der Mund und *e-d-* essen, d. h. dass auch *ἑ-δ* nur das entwickeltere *or (oa),* beziehungsweise *ꝙor* sammt der zur Bildung von Bezeichnungen von Körperthätigkeiten verwendeten, charakteristischen dentalen Media aufweist. Eine alte Bezeichnung für sitzen scheint auch germ. *hocken* (nach dem Typus *Kor*[*K*]) zu sein (vgl. mhd. *hûchen,* altn. *húcka* k a u e r n; im Baj. heißt *hucka* s i t z e n schlechtweg). Vielleicht bildet dieses *or-* auch den lautlichen und begrifflichen Ausgangspunkt (nach *Kor*) von *cacare* (ags. *scîtan* etc. wieder mit dentaler Ableitung; vgl. zu einem vorgerm. *scord,* gr. *σκώρ* Dreck) und *πέρδ-ειν, πορδή,* ags. *feortan,* ahd. *ferzan;* ohne *r*-Bildung lat. *pedo, oppedo;* vgl. hierzu *pod-ex.* Als sicher lässt sich diese lautliche Entwicklung, da es an Übergangsformen (nach *orK*) mangelt, nicht hinstellen. Über den Namen eines andern Körpertheiles nach dem Typus *or,* den Arm, vgl. unten unter den Namen von Thieren.

VI. Das Urogenitalorgan.

1. Das Urogenitalorgan und dessen Thätigkeit;
baj. *oa* (*or*) Ei; Rogen, Vogel, fliegen, Feder.

„Alles Entwicklungsfähige aus dem *oa* (*or*)" heißt, mit der
Angabe der baj. Bezeichnung des Eies, der alte Satz „omne vivum
ex ovo". In dieser Übersetzung hat der Satz auch für die Sprachwissenschaft seine Bedeutung. Von der Voraussetzung dieses Sprachkeimes ausgehend tritt uns in allen Begriffsgebieten unter der
Beobachtung der eingangs entwickelten Lautübergänge eine natürliche Erklärung entgegen, wie der Laut oder das Lautgebilde zu
seinem Sinne oder zu seiner Bedeutung gelangt ist, und es wäre
gewiss zutreffend und sinnig, wenn der Urarier in einer gewissen
Periode der Lautentwicklung unter dem Eindrucke und der Erinnerung, dass *or* (*oa*) der Erstlingslaut ist, aus dem andere sich allmählich entwickelten, das Ei mit diesem Laut bezeichnet hätte. Die
bisherige Untersuchung weist jedoch auf einen andern Ideengang hin.

Die Etymologie verzeichnet die auffallende Thatsache, dass
die Namen einzelner Körpertheile fast allen Zweigen der idg.
Sprachenfamilie gemeinsam sind, dass deren Entstehung somit in
die Urzeit fällt. Im Vorhergehenden wurde dargethan, dass der
Urarier seine äußerlich wahrnehmbaren Organe des Sprechens,
Hörens, Sehens, Gehens und deren Thätigkeiten zum Gegenstand
seiner ersten mündlichen Mittheilungen machte, dass der Ernährungs-
trieb, die Furcht vor Gefahren, der Trieb sich und die Seinigen zu
erhalten, ihn mächtig zum *oa*-Rufen drängte. Es ist nun ganz
undenkbar, dass nicht auch ein anderer Trieb, der Geschlechtstrieb,
ihn zu Lautäußerungen angeregt und somit in die erste Entwick-
lungsphase der Sprache nicht gleich mächtig eingegriffen hat.

Noch besitzt die nhd. Sprache in dem der Weidmannssprache
angehörigen Ausdrucke *röhren* einen Ausläufer eines ursprünglichen Lautes *roa* nach Begattung rufen.

Den Typus *orK* finden wir im gr. ὄρχ-ις die Hode, altarm.
(vom 5. Jahrh.) *mi-orj-i* = μονόρχις, *orj-i* non castratus. *OrK* ist
aber nur das durch die Gutturalis erweiterte *or*, eine Eigenthüm-
lichkeit, die sich durch die ganze Urgeschichte der Sprache zieht.
Die ursprünglichere Bezeichnung desselben Organs war daher *or*,
wovon der Begriff und der Name ἔρ-ως Gott Amor, leiden-
schaftliche Liebe und das Verbum ἐρ-άω liebe entstanden.
(Vgl. aus den anderen Begriffssphären: ὠρ-ύομαι, *ur-arc*, ὀρ-άω,
ol-ere. etc.)

Die Bedeutung Ei, die demselben Typus zukommt, dürfte
daher schon eine übertragene sein, so dass man versucht wird,
dieses Wort seiner Entstehung nach der hier behandelten Begriffssphäre zuzuweisen. Lautlich interessant ist es wieder, dass beide
Typen *or* und *orK* in den verschiedenen westindogermanischen
Sprachen in den Wörtern für Ei vertreten sind. Ohne Gutturalis
sind: gr. ᾠ-όν, ᾠάριον Eichen, neugr. οὔρ-ιον, von einem Ei
gesagt; auch in dem altgr. Compositum ᾠρ-ειδής eiförmig,
oval ist noch der *r*-Laut; lat. *ou-um* (auf der III. Stufe der voc.
Verschiebung, wie ahd. *ei*, alts. *ei*, ndl. *ei**). Mit der Gutturalis:
ags. *aeg*, isl. *egg*, schwed. *ägg*, ir. *ugh*, altir. *og*, neulokrisch αὐγ-όν.

Ist aber *or (oa)* der ursprüngliche Laut für *Ei*, dann ist gr.
ὄρ-νις nicht etwa, wie die Etymologen behaupten, aus ὄρ-νυμι
anregen, reizen entstanden, sondern ὄρ-νις ist der aus dem
Ei Geborne, aus *or* (wie noch im gr. ᾠρ-ειδής) und *nis*, wobei *n-*
das Entstehen ausdrückt, wie im lat. *nascor* oder in *cor-nu*, aus *cor*
in der allgemeinen Bedeutung Thier und *n-* entstanden, also
cornu aus dem Thiere entstanden. Zu dieser übrigens naheliegenden Erklärung berechtigt auch die analoge Zusammensetzung
im Skr. *anda-ga-s* eigeboren. Ὄρνυμι mag zusammenhängen
nicht mit *or* in der Bedeutung Ei, sondern mit *or* zum Ausdruck
sexueller Beziehungen überhaupt, ein Begriffsgebiet, in welchem *or*
und *orK* außerdem in einer nicht geringen Summe von Wörtern
angetroffen werden. Dasselbe lautliche Verhältnis besteht im Englischen zwischen *egg* Ei und *to egg* anstacheln; im Deutschen
sagen wir zwar *Ei*, besitzen jedoch auch mit der Gutturalis den
lautlich sehr entwickelten Ausdruck *hecken*.

Die Wz. des germ. Vogel ist nach dem Ausspruch der Etymologen unbekannt.**) Ist jedoch ὄρνις ein Compositum aus *or* das
Ei und *n-* entstanden, so liegt es nahe, in germanischem Vogel

---

*) Die Sprachwissenschaft stellt weit vollere Formen auf. So gibt Curtius
für ᾠόν (ᾤιον), lat. *ovum* eine Stammform *ōvjom* an, „aus welcher die Römer
das *j* (in *ovum*), der Grieche das ϝ verdrängte". Dieses Streben, das Gemeinsame und das Unterscheidende der Formen mehrerer Sprachen in eine Grundform zusammenzuschweißen, aus der man beim Vergleichen nur die passenden
Buchstaben wegzustreichen braucht, führt oft zur Aufstellung der unglaublichsten
Lautgebilde, deren sich unsere Vorfahren bedient haben sollen.

**) Skeat: „from a Teutonic base „*Fugla*" of unknown origin". Kluge:
„Für dieses spezifisch germ. Wort fehlen genaue Entsprechungen". Kluge
denkt auch an eine Wurzel *flug* fliegen und an „*Fuchs*", das man als
Geschwänzter fasst.

4

(ags. *fug-ol,* ahd. *fogal,* goth. *fugls*) ebenfalls ein Compositum aus dem Suffix *ol* (s. unten das Suff. *or, ol*) mit dem Begriffe **entstanden** zu erblicken, so dass in dem ersten Theil der Composition, also vorgerm. *por,* wie bei *οϱ-* in ὄϱνις der Begriff **Ei** zu vermuthen ist. Eine Entsprechung für *por* Ei in anderen idg. Sprachen ist zwar nicht bekannt, [*]) den vorgerm. *p*-Anlaut rechtfertigen jedoch die verwandten Begriffe πέ-τομαι fliege, πτεϱόν Flügel, aksl. *pero* Feder, lat. *penna,* skr. *pakṣa* Flügel. Dafür, dass altdeutsches *u* aus *or (oa)* entstanden ist, spricht das in vorhistorischer Zeit entstandene *l* (aus *r*) in **fliegen,** einer Thätigkeit, die offenbar als die auffallendste des Vogels, nach dessen Namen benannt wurde. Nur der ursprüngliche Typus *poa* erklärt einerseits πέ-τομαι [**]) und anderseits die *l*-Bildung im d. **fliegen, flog.** Auch bei *volucris* **Vogel, fliegend, Fliege, Raupe** ist nicht an *volare* **fliegen,** sondern wegen des Suffixes *uc* **entstanden** an *ɥoa, oa* (der I. Stufe von *ou-um* Ei) zu denken, also *volucris* **aus dem Ei entstanden,** eine Ableitung, die auch zu der Bed. Raupe passt. Dass aber vor jener Zusammensetzung mit den schon entwickelten Suffixen *or* **allein** schon den Vogel bedeutete, ist zu ersehen aus deutschem **Aar** (goth. *ara*), aus lat. *ala* und *vol-are* **fliegen.** Ein Deminutivum nach dem erweiterten Typus *orK* **der Vogel** scheint ὄϱχ-ιλος **der Zaunkönig** zu sein.

Von *Rogen* **Fischeier** sagt **Kluge,** dass ein sicheres Etymon fehlt. Ist jedoch *or* und *orK* das ursprüngliche Wort für Ei, so ergibt sich infolge der Metathese *roa,* me. *roan,* mit der Abschwächung des *oa* in *oe,* ne. *roe* und nach dem Typus *Kor* altn. *hrogn;* ferner dän. *rogn,* swed. *rom,* ahd. *rogan, rogo,* wobei *g* als eine Neubildung [***]) anzusehen ist. (Dasselbe lautl. Verhältnis besteht zwischen lat. *or-are* und *rogare,* wobei es unentschieden bleibt, ob nicht eine anlautende Gutturalis abfiel.) Auf dieselbe Weise, wie hier deutsches Rogen mit ursprünglichem *or, orK* Ei zusammengestellt wurde, wird von den Gelehrten auch gr. ὄϱ-ιζα **Reis** deutschem *Roggen* altn. *rugr* etc. gegenübergestellt.

---

[*]) Nach dem dem Typus *por* parallelen *cor* finden wir jedoch im Altn. *hro-gn* **Fischei,** das auf eine alte Absonderung *cɥor, por* das Ei schließen ließe.

[**]) Vgl. zur Entstehung des ε in πέ-τομαι auch gr. πίϱδειν und lat. *pedo* etc.

[***]) Für eine Neubildung der gutturalen Media spricht auch z. B. longob. *plovum* (aratrum), wo das *g* von Pflug noch nicht vorhanden ist. Vgl. Anmerkung S. 52.

Wenn nun die *r*-Bildung und die Entstehung der Wörter
ὠρ-ειδής, οὖρ-ιον, αὐγόν, ὄρ-νις fliegen, *vol-ucris, ὄρχ-ιλος, Rogen*
nur von *or (oa)* Ei ausgehend erklärt werden kann, so sehe ich
keinen Grund, weshalb baj. *oa (or)* Ei nicht in die Urzeit zurückreichen sollte.

2. Fortsetzung. Weitere Begriffsentwicklung; *Urin, harnen, huren, hecken; Freund, frei, freien.*

Um wieder zu *or* und *orK* zum Ausdruck sexueller Vorgänge
und Organe zurückzukehren, sei ferner erwähnt, dass nebst *ὄρχ-ις,*
ἔρως, ἐράω, ἥρως Mann sich eine ganze Reihe von Begriffen
entwickelt hat, die sämmtlich in letzter Linie in der Anschauung
von der doppelten Verrichtung der Geschlechtsorgane wurzeln.
So heißt *οὖρ-έω* harnen und Samen lassen, *οὖρον* Urin.
Ein ähnlicher Ideengang, wie dem gr. *οὐρέω*, liegt zugrunde den
germanischen Scheideformen *harnen* und *huren*, dem gr. *ὀ-μίχειν,*
mingere und *μοιχός, μοιχεύειν (moechari)*. Über „Harn" sagt Kluge:
„Ableitung von *Harn* aus einer Wz. *har* ergießen, die man auch
in *Hure* annehmen will, bleibt fraglich". Skeat führt *οὖρον* skr.
vari Wasser, Zend *vara* Regen, isl. *ur* tröpfelnder Regen, ags. *wer*
See auf ein arisches *wara* Wasser zurück. Unter *whore* verweist Skeat mit Rücksicht auf die Masculina, isl. *horr* Ehebrecher
und goth. *hôrs* auf einen germanischen Typus *hôra* „ursprünglich
ein Ehebrecher". Im Hinblick auf lat. *carus*, skr. *kan* lieben etc.
Wz. *ka* schließt Skeat, es bedeutete das Wort ursprünglich nur
Liebhaber. Nach diesen Auseinandersetzungen müsste man natürlich wieder fragen: Woher kommt die Wz. *har* (nach Kluge)
oder ar. *wara* und *ka* (nach Skeat)? Wie gelangten diese Lautgebilde zu ihrer Bedeutung?

In der Urzeit, wo von sittlichen Begriffen, also auch vom
adulterium überhaupt noch keine Rede sein kann, waren *or* und
orK die einzigen Laute, die zur Bezeichnung sexueller Vorgänge
und Organe hervorgebracht werden konnten. Betrachtet man die
diesbezüglichen Wörter nach ihrer begrifflichen Seite, so wird
man im allgemeinen eine Bestätigung der Bemerkung Skeats
über das ursprüngliche Geschlecht und der von mir angeführten
Lautgesetze finden. Dass den Mann charakterisierende *ὄρχ-ις* steckt
noch in den Begriffen *ὀχ-εία, ὀχ-εύω* schwängere, *ὀχ-εῖον, ὄχ-ημα*
Beschäler, die sämmtlich vom genus masculinum gebraucht
werden. Weisen diese Ausdrücke, so wie *ἔρ-ως, ἐρ-άω* auf sexuelle

Begriffe ohne Rücksicht auf deren Sittlichkeit oder Unsittlichkeit hin, so zeigen die *m*-anlautenden, also einer späteren Periode angehörigen μοιχ-ός, μοιχ-εύειν, dass zur Zeit ihrer Scheidung von ορχ- οχ- schon sittliche Begriffe geherrscht haben. Auch das vocalische Verhältnis des οι, ο zu ορ ist bemerkenswert. Die Bedeutung von μοιχός, μοιχ-εύω spricht dafür, dass sie einer späteren Periode angehören als ὀχ-εύω etc. und ὄρχ-ις. Es ist somit οι jünger als ο, und beide Laute (οι und ο) sind jünger als ορ, zudem von diesem letzten Laute allein die Scheideform οὐρ-έω mit der noch allgemeinsten Bedeutung der urogenitalen Thätigkeit sich trennte. Wie die Wörter μοιχός und im guten Sinne das lautlich schon entwickeltere οἰφέω, οἰφάω **h e i r a t e n , e h e l i c h b e i w o h n e n** gegenüber οὐρέω und ὄρχ-ις schon auf die Entwicklung sittlicher Grundsätze deuten, so heißt goth. *hôrs* schon der Ehebrecher gegenüber der allgemeineren Bedeutung, die in einem früheren *Kor(K), or(K)* (vgl. κόρος, κέρκος [männl. Gl.] er und ich s. S. 54) steckt. Wie ferner die griechischen Wörter nach dem Typus *orK* nur von dem Manne gebraucht werden, so zeigen auch die auf der Metathesis beruhenden (vgl. gr. κέρχ-ος; κέρκ-ος zeigt, dass die ursprüngliche Articulationsart in ὄρχ-ις die Tenuis gewesen ist) goth. *hôrs* und isl. *horr* **E h e b r e c h e r**, dass der ganzen Sippe das Kriterium des Mannes, das in der Urzeit *or, orK* geheißen hat, zugrunde liegt, und dass erst in späterer Zeit die Feminina ahd. *huora*, ags. *hôre* etc. aus dem Masculinum gebildet worden sind. In größerer lautlicher Ferne stehen mhd. *herge,**) *hegidruosa* Hode, *hagen* Zuchtstier, *Hecke* Fortpflanzung durch Junge, me. *hacche*, ne. *hatch* brüten, mhd. *hecken* Fortpflanzen (von Vögeln) etc., baj. *hecken* stechen von Insecten.

Mit dem *m*-Anlaute finden wir in μύλλω **m u r m e l n , m a h l e n , b e s c h l a f e n** die Bedeutungen aus drei der entwickelten Begriffssphären, von *mor* für die beiden Hauptthätigkeiten des Mundes, und von *mor* (vgl. *mar [mas]*, *machen*, *mich* etc.) zum Ausdruck geschlechtlicher Vorgänge.

Dem Typus *or(K)* entsprechen ferner: ἄῤῥην, ἄρσην, ἔρσην männlich, av. *aršan*, altpers. *aršan* Mann, Männchen, ai. *vŗšan*

---

*) **V e r n e r** (Kuhns, Zschr. XXIII, 97) sucht nachzuweisen, dass, wenn idg. *k, t, p* im Inlaute im Germ. bald als *h, th, f*, bald als *g, d, b* sich wiederfinden, dies durch eine ältere Accentuation bedingt sei; z. B. ahd. *slahan-slaga*, goth. *filhan* verbergen, *fulgins* verborgen etc. Vgl. auch *saga* Säge zu lat. *seco*; nebst *hauhs, hoch* ein altn. *hargr*, mhd. *houc* Hügel etc.

männlich, Stier (Vgl. B r u g m a n n , S. 420), *ra-ti* Leidenschaft, *ran* sich erfreuen, lat. *ur-igo* Brunst, vielleicht auch: ὀργάω innern Trieb haben, heftig verlangen, ὀργασμός Trieb, ὀρίνω reize, ὄργια Orgien.

Dem *Kor(K)* entsprechen: κέρκ-ος männl. Glied, *coles* männl. Gl., *coleus, scro-tum* Hodensack, κυ-έω schwanger sein, κῦ-μα Frucht im Mutterleibe, lat. *scortor* huren von Mannspersonen, *scortator, scortatus, scortes* (pelles testiculorum arietum), χοῖρος weibl. Scham, κόρ-ος Knabe, lat. *laetus* für *hlaetus**). Mit der Labialis anstatt der Gutturalis, also dem Typus *por* entsprechend: πόρ-νος**) Hurer, πόρ-νη, πορ-νεύσθαι, πορνεύα, lat. *parēre*, πηρ-ίν Hodensack, φίλος Freund, φιλέω liebe; mit präfigiertem *s:* σπορά Zeugung, Saat, skr. *pri* lieben, goth. *fri-jon*, ags. *frigu* Liebe, goth. *ga-fri-thôn* versöhnen, gr. πραύνω besänftige, πραυντικός besänftigend, ahd. *fri-du* Friede, eigentlich Liebeszustand, goth. *fri-jônds* Freund, eigentlich Liebender, skr. *pri-yás* lieb, beliebt, ags. *freo* Weib: deutsch: *frei, freien, froh.*

Im Baj. heißt Freund nur der Anverwandte; diese Bedeutung, die das Wort auch im Ahd. noch hat, weist auf dieselbe Begriffsentwicklung aus *por* z e u g e n , wie die lat. Neubildung *parentes* d i e E l t e r n und übertragen d i e V e r w a n d t e n ü b e r h a u p t von *parere* z e u g e n , g e b ä r e n .

Man kann zwar annehmen, dass dasselbe Lautgebilde mancherlei begriffliche Veränderungen, sei es im guten oder im pejorativen Sinne, erfährt; dennoch entrollt sich vor unsern Augen an der Hand der nach ihrem Entstehen betrachteten Wortbilder in klaren Umrissen ein deutliches Bild der Entwicklung des menschlichen Gefühlslebens von dem rohesten physischen Naturzustande bis zu dessen höchster Verfeinerung und Vervollkommnung. Welche Zeiträume liegen zwischen οὐρέω, dem allgemeinen Begriff des thierischen Urogenitalgeschäftes bis zur Entwicklung sittlicher Ideen, die in dem Gegensatze von μοιχεύω, πορ-νεύσθαι und οἰφάω sich abspiegeln! Wie groß ist der Abstand zwischen diesen Begriffen, in denen noch die Sinnlichkeit vorwaltet, und dem hehren Begriff edler, uneigennütziger Liebe, die in dem lautlich am entwickeltsten griechischen φίλος und in deutschem *Freund* liegt. Heutzutage fühlen wir

---

*) Vgl. V a n i č e k , Griech. und Lat. etym. Wörterbuch S. 557.

**) Von anderer Seite wird πόρνος zu πίρνημι v e r k a u f e gestellt? Vgl. die Begriffsentwicklung von *cor (car)* zeugen zu κόρος M ä n n c h e n , K n a b e und goth. *hôrs.*

noch scharf den mächtigen Contrast zwischen dem idealen φιλέω und dem bloß sinnliche Liebe ausdrückenden, lautlich der Urzeit angehörigen ἐρ in ἐράω, wenn wir von Philanthropie, Philosophie und anderseits von erotischen Liedern und Gesängen sprechen.

Interessant für die Sprachvergleichung ist die überraschende Thatsache der 2 und 3 Articulationsarten in den verwandten πορ-, φιλ- und ὀργ, ὀρχ und κερχ-. Der in strenger Observanz Grimm'scher Lautgesetze Erzogene kann bei goth. *fri-jon* höchstens auf gr. πορ-, skr. *pri* hinweisen, nie aber auf φιλέω, und doch schließen *fri-* und φιλ- die letzte und edelste Begriffsentwicklung in sich. Solche Wörter liefern eben ein Beispiel, wie in zwei Sprachen ganz unabhängig von einander die lautliche und die begriffliche Entwicklung aus denselben Grundtypen nach allgemeinen Bildungsgesetzen an derselben Grenze anlangen können.*)

3. Fortsetzung. Weitere Begriffsentwicklung; *er, ich, mich; eigen, wer; ein, gemein; Mann.*

Wer je beobachtet hat, wie das Kind zu sprechen beginnt, dem wird es nicht entgangen sein, dass es jede auch wiederholte Äußerung über eine Person mit dem Namen desjenigen, von dem es spricht, verbindet, ja sogar sich selbst nennt, wenn es über sich eine Mittheilung machen will; später lernt es das Personalpronomen der 3. Person setzen, gebraucht dieses Pronomen in der Rede von sich selbst, ehe es sein eigenes Ich hervorkehren lernt.

Wenn auch die ganze Erlernung der Sprache auf Nachahmung beruht, so zeigt doch der Gang dieses Verfahrens, dass derselbe nach der Natur der menschlichen Anlagen am leichtesten zur Entstehung der betreffenden Vorstellungen und Gedanken führt. Wenn wir diese einfache Beobachtung auf die Uranfänge des sprachlichen Lebens übertragen, so können wir den Menschen in seiner ersten Rede uns nicht anders vorstellen, als dass er einen bestimmten Substantivbegriff als Subject seiner nothwendigen Mittheilungen hinstellte. Da ferner die bisherige Begriffsentwicklung uns den Menschen allein als den Urheber aller ursprünglichen Thätigkeiten gezeigt hat, so konnte dieses Subject nur der Mensch sein. Wie aber z. B. der generelle Begriff Mensch aus dem Masculinum Mann ent-

---

*) Vgl. Lubbock, Die Entstehung der Civilisation, S. 362: „Der Agokin-Sprache, einer der reichsten in Nordamerika, fehlt das Zeitwort lieben. Die Finneh-Indianer jenseits des Felsengebirges besaßen keinen Ausdruck für theuer und geliebt".

stand, so wurde, wie schon oben gesagt wurde, nach dem Kriterium
des Mannes *(or, or K)* der Urmensch benannt. (Vgl. hierzu die
nächsten oben angeführten Ableitungen: *ἄῤῥην, ἄρσην, ἔρσην*
männlich, av. *aršan*, altp. *aršan* Mann, Männchen, ai. *vṛšan*
männlich, Stier, *ἔρ-ως, ἐρ-άω, ὄρχ-ις, κέρκος*, goth. *hôrs*, woraus
erst das Femininum gebildet wurde.) Wenn *or* den Mann charak-
terisierte und bedeutete, so ist deutsches *er* (ahd. *er*, lat. *ille*)
ursprünglich ein Substantiv gewesen und heute noch nach seiner
Entstehung ein würdiger Vertreter des Genus masculinum.*)

Analog dem kindlichen Sprachgebrauch gebrauchte somit der
Urmensch ein Nomen *(ea, er)* als Subject seiner Aussage, und
erst als er Dingen der Außenwelt seine Thätigkeiten beilegte, sie
personificierte, sank das Nomen nach und nach zum Pronomen
herab, wozu die Scheideformen für Mann aus *or* das Ihrige beitragen mochten. (Vgl. ahd. ags. *wer* Mann, lat. *vir*, skr. *vîras*
Mann, *ἥρως* freier Mann, Held.)

Dem *or* (*er*) steht der Urtypus *oaK* (*eaK*), das *ich* (skr.
ah-am, gr. *ἐγώ*, lat. *ego*, goth. *ik*, ahd.*ih*) gegenüber; *ich* ist lautlich, und wenn wir überdies an die Analogie mit der Entwicklung
der Sprache des Kindes verweisen, auch begrifflich jünger. Die
größere Energie, die in dem Lautgebilde *eaK* (*erK*) gegenüber
ea (*er*) liegt, lässt es begreiflich finden, dass *eaK*, welches auch
immer die ursprüngliche Articulationsart der Gutturalis gewesen
sei, geeignet war, den Sprechenden unterscheidend von dem Mitmenschen, dem Besprochenen (*ea, er*), hervortreten zu lassen. Mit
der Bildung des *eaK* verschwindet somit *ea* für die erste Person.

Analog dem *m*-Anlaute zum Behuf der Differenzierung in
den übrigen Begriffssphären haben wir auch hier zu *ich* die Formen
mir, mich, skr. *ma*, lat. *me*, gr. *μέ*, goth. *mik*, wobei die vocalisch anlautenden Formen (*ich* etc.) wieder älter sind als die
m-anlautenden Casus.

Diese überall auf Grund der Begriffsentwicklung gemachte
Beobachtung wird auch hier durch die selbstverständliche Annahme
bestätigt, dass die einfachsten Gedanken mit dem Nominativ in
Verbindung gebracht wurden und ein Bedürfnis der übrigen Casus
erst bei der schon complicierteren Rede eintrat. Der Keim von
mich bedeutete also ebenso den Mann, wie der von *ich*; das *m*-an-

---

*) Diese Darstellung steht bekanntlich im Gegensatz zu der Behauptung,
er sei gleich goth. *is* etc. aus einem Pronominalstamm der dritten Person i-
entstanden, womit weder Form noch Begriff sich erklären lässt.

lautende Wort gehört jedoch einer späteren Periode an und hat
das wahrscheinlich auch für das Accusativverhältnis gebrauchte,
vocalisch anlautende Wort verdrängt. Heutzutage machen wir die
Beobachtung, dass ursprüngliche Accusative (vgl. franz. *moi*,
engl. *me* für *I* in der Vulgärsprache) ins Nominativgebiet
übergreifen. Was sich hier vollzogen hat oder vollzieht, liegt in
den alten Sprachen schon fertig vor uns im Präsens der Verba
auf μι, in der Endung μαι, skr. *mi*, im Imperf.: skr. *abharam*
(gr. ἔφερον), im lat. Imp. *eram, amabam*, in *sum* und *inquiam* etc.,
wo *mi*, *m* den Nominativ der I. Person repräsentiert.*) Auch im
Keltischen *me as guarn* moneo vos (*corn*). Vgl. Z e u s s, S. 324.

Aus der Sippe *ich, mich* (der Mann) entwickelt sich der
Begriff des dem *ich, mich* Gehörigen in *mein, meus*. Diese Begriffsentwicklung des dem Sprechenden Gehörigen führt zur Annahme,
dass auch der Begriff *eigen* nur aus dem des *ich* entstand. Begrifflich liegt diese Erklärung sehr nahe. Die zweifache Articulationsart
in *ich* und *eigen*, die sich durch die ganze Sippe im Idg. hinzieht
(vgl. skr. *ah-am* ich, *iç-* besitzen; goth. *ik, áigan*; ahd. *ih, eigan*),
gestattete nicht, diese beiden Wörter zusammenzustellen. Wenn man
sich jedoch die in allen Begriffssphären zum Behuf der Differenzierung auftretende mehrfache Articulationsart vor Augen hält, so
dürfte man mit dieser so natürlichen, ja anders kaum denkbaren
Erklärung des Begriffes *eigen* nicht fehlgehen.

Wie mit Sicherheit angenommen werden muss, haben die
verschiedenen arischen Sprachen in ihrer Laut- und Begriffsentwicklung nach Maßgabe der mannigfachsten Verhältnisse ein ver-
schiedenes Tempo eingeschlagen. Abgeschlossenheit, reger Verkehr
anderseits, Bevölkerungsdichte, klimatische Verhältnisse, die hiervon
abhängige Lebensweise, das hierdurch bedingte Temperament sind
Factoren, die *eo ipso* als maßgebend für die größere oder geringere
Entwicklungsgeschwindigkeit der Sprache gelten müssen. So kann
es kommen, dass zur Zeit der Entwicklung der Sprache, oder sagen
wir zur Zeit der Wurzelperiode, eine Sprache vor der andern um
Jahrtausende in der Entwicklung zurückblieb, respective voraneilte.
Ja selbst innerhalb derselben Sprache kann ein Wort um Jahrtausende älter sein als das andere, wie in dem schon fertigen

---

*) Denselben Gedanken spricht auch schon B o p p (III., S. 489) aus:
„Was den Ursprung der Endung der I. Person anbelangt, so halte ich *mi*
für eine Schwächung der Silbe *ma*, welche im Skr. und Zend den obliquen
Casus des einfachen Pronomens als Thema zugrunde liegt".

Griechischen an den Wörtern $o\dot{v}\varrho$-$\acute{\epsilon}\omega$ und $\varphi\iota\lambda$-$\acute{\epsilon}\omega$ oben gezeigt wurde. Auf Grund dieser Erwägungen ist es erklärlich, dass wir im deutschen Pronomen *er* die ältere *r*-Form haben, während im lat. *ille* *) schon die *l*-Form vorliegt. Sich bei der Vergleichung zweier Formen aus zwei arischen Sprachen auf den historischen Standpunkt zu stellen und hiernach ältere Formen zu erschließen, führt daher bei dem Umstande, dass ja nirgends Continuität besteht, nur theilweise zu einem richtigen Resultate. Zu sagen, *er* beruhe auf einem Pronominalstamm *i*, ist eine Behauptung, von der ich nicht weiß, ob irgend jemand, der überhaupt Lautübergänge beobachtet hat, sich etwas dabei denken kann.

Wenn *er*, wie dargelegt wurde, ursprünglich ein Substantiv war, so liegt es nahe hinzuweisen, dass auch andere Pronomina ursprünglich Substantiva (oder Fortbildungen derselben) mit der Bedeutung *Mann* waren. Nach meiner Theorie entspricht goth. *is*, lat. *is* dem Typus *ea* + *s*, das zu *ee* + *s*, *ei* + *s* und *î* + *s* fortschritt. Vgl. zum lautlichen Verhältnisse von *er* und *is* unten die Bemerkungen über Erz und Eisen, *er-am* und *es*.

Dem Typus *oaK, KoaK* entsprechen: lat. *hic*, mit der velaren Gutturalis: *qui-s*, deutsches *wer*, ahd. *hwer*, wobei *r* ursprünglich und nicht etwa wegen goth. *hwas* wer, skr. *kas* w e r aus *s* entstanden ist; dies sagen die sämmtlichen schon angeführten Scheideformen mit *r*, die Mann bedeuten und in die Urzeit zurückreichen.

In dasselbe Lautgebiet gehört auch das Numerale *ein*. Während die Zahlen zwei, drei, vier etc., deren hohes Alter außer Zweifel steht, schon durch compliciertere Lautgebilde ausgedrückt werden, finden wir für *ein*, das wir a priori als das erste Zahlwort annehmen können, Lautgebilde aus den nächsten Veränderungen des *oa*. Lautlich interessant ist es, dass nebst den Typen *oa, o'a' (oan), oaK* auch der *m*-anlautende Typus *moa (mo'a')* vertreten ist. Über *o'a'* vgl. oben S. 20; *oa* ist vertreten im gr. $\epsilon\tilde{\iota}$-ς, $o\tilde{\iota}$-$o\varsigma$ allein, *o'a'* in baj. *oãn*, me. *oon*, ags. *ân*, goth. *ains*, alts. *én*, ndl. *een*, altir. *óen*, lit. *venas*, lat. *únus* aus älterem $o\iota\nu\acute{o}\varsigma$. (Vgl. das lautl. Verhältnis von $\mu o\iota\chi\acute{o}\varsigma$ zu $\check{o}\varrho\chi\iota\varsigma$.) Der Typus *oaK* ist vertreten im skr. *éka*. *M*-anlautend sind: gr. $\mu\acute{o}\nu o\varsigma$, $\mu\acute{\iota}a$, com-*munis*,

---

*) Vgl. die ältere Form *ollus* (V a n i č e k , S. 31) „*ab olos dicebant pro ab illis; antiqui enim litteram non geminabant*". *Ol-us* ist auch dem Urlaut noch näher als *ille*.

deutsch *gemein*, lat. *munire* befestigen. Der alte Vocalismus ist in baj. *oān, g'moān* und engl. *mean*.

Wie *ein* zur Bedeutung des Numerale kam, ist ungewiss. Wahrscheinlich ist es jedoch, dass in *o'a'*, ebenso wie in *oa (or, er)* die ursprüngliche Bedeutung *Mann* zu suchen ist, worauf das Pronomen indefinitum *ein*, engl. *one* man noch hinweist. In letzterem Falle sank *o'a'* ebenso zum Pronomen herab wie die oben genannten *er, ich*, oder wie deutsches *man* von *Mann*.

Zur Bedeutung eines Numerale gelangte das Substantiv erst im Gegensatz zu zwei, also erst mit der Entwicklung des folgenden Zahlwortes.

Die Frage der Entstehung des Wortes *Mann* (Mensch) gab Anlass zu mancherlei Erörterungen. Max Müller sagt noch in seinem neuesten Werke: [*] „Diese Frage (der Entstehung des Wortes *Mann*) kann nur durch die Wissenschaft der Sprache beantwortet werden, welche uns zeigt, dass bei der Bildung des Wortes *man-u-s* unsere Voreltern die Wurzel *man* messen, denken, in ihrer secundären Form *manu* mit einem demonstrativen Elemente *s* verbanden und damit nichts weiter bezeichneten als „denken — hier", also *Mann* (Mensch)". Auch Skeat meint: „The sense is „thinking animal; from *man* to think". Mit Recht bemerkt Kluge zu der Auslegung „messendes, denkendes Wesen": „Ursprünglich fühlten die Indogermanen wohl kaum, dass das Denken ein wesentliches Charakteristicum des Menschen sei".

Es wurde schon (unter *hers* oben) hingewiesen, dass die Bezeichnung für den Zeuger die ursprüngliche war, von welcher später erst das Femininum gebildet wurde. Analog dieser Beobachtung dürfen wir auch in *Mann* ursprünglich nicht den Menschen im allgemeinen oder Mann und Weib, sondern nur das Genus masculinum, den Mann vermuthen, welchen Sinn noch das nhd. Mann, *maritus*, im Gegensatze zum Weib enthält. Im Ags. hat *mon, man* auch noch überwiegend die Bedeutung Mann. Auf *Mann* den Zeugenden verfällt man auch, wenn man weiter erwägt, dass *Manu* im Indischen der Stammvater der Menschen und *Mannus* bei Tacitus der Stammvater der Westgermanen genannt wird.

Lautlich ist Folgendes zu merken. Im Zusammenhange mit der früheren Darstellung des Begriffes Zeugender, Zeugungsorgan verweise ich auf die Typen *oa (or)*, *ea (er)*, *oaK (orK)*,

---

[*] Das Denken im Lichte der Sprache. Berlin 1888. Vgl. S. 251.

eaK (erK); davon *οὐρέω, ἐράω, ἔρως, ἥρως, er, ich, ὄρχ-ις* etc.
In den verschiedenen Begriffssphären finden wir aber auch als
nächste Scheidung von *oa χoa* den *m*-anlautenden Typus *moa(K)*;
daher *mur-(murare), mor(-d-eo)* etc., *μοιχός, mich, μόνος, me-o* etc.
Moa führt hier zu lat. *mar (mas, mar-is), maritare, maritus*; dass *r*
in *mar* nicht aus *s* entstand, beweisen die vocalisch anlautenden
Scheideformen: *er, ἄρσην, ἔρσην*, altp. *arśan* Mann, Männchen
u. s. w. Genäseltes *mo'a'* wurde contrahiert zu *mo', ma'*; daher
im Ags. noch *mon* und *man* mit den beiden Lauten *o* und *a* der
Urform *moa*, wovon der zweite Laut *a* durch das *r* im lat. *mar-*
bezeugt wird. Vgl. oben auch *μόνος*, das als Scheideform von *εἷ-ς*
ebenfalls nach meiner Vermuthung ursprünglich den *Mann* bezeichnet hatte, bevor es zur Bedeutung eines Numerale gelangte.

4. Fortsetzung. Weitere Begriffsentwicklung; *or* mit
dem Begriffe des Entstehens, Anfangs. Das Imp. *war.*
Wechsel von *r* und *s(ß)*.

Es wurde gesagt, dass *or* nicht nur die menschlichen Organe
bezeichnete, sondern dass mit der Benennung derselben auch die
Vorstellung ihrer Verrichtungen wachgerufen werden mochte, so
dass *or* allein schon zur Zeit der Einsilbigkeit *orare, ua* allein
vadere, or oder *χor* allein *ὁρ-άω, or* für den Germanen *hören,*
au für den Römer *audire, or (ol)* allein *olere, our* allein *οὐρέω*
heißen konnte. Wir kennen im Englischen eine Reihe von Wörtern,
welche nebst der Bedeutung eines Substantivs noch die eines Verbs
in seiner activen und passiven Bedeutung enthalten. Wenn wir im
Deutschen sagen: „der Koch kocht" — und „das Wasser kocht",
merken wir wohl gleich, dass ein und dasselbe Wort ein Thun,
Erleiden oder einen Zustand bezeichnen kann. Dasselbe gilt auch von
der Urzeit. Wenn der Urmensch, wie man vermuthen kann, unter
gleichzeitigem Ausstoßen des Naturschreies auf das betreffende Organ
des Sehens, Hörens, Redens und Essens, Riechens, Gehens deutete,
so trat aus der Gesammtvorstellung (Organ, Wahrnehmung, Verrichtung, Folge derselben) diejenige in den Vordergrund, welche
das praktische Bedürfnis erheischte.

Or zum Ausdruck sexueller Verhältnisse bezeichnet eine
Summe von verwandten Begriffen: es bedeutet, wie ausgeführt
wurde, nicht nur das Charakteristicum des Mannes, sondern auch
den Mann, es ist der Ruf nach Begattung (vgl. ahd. *rēren*, nhd.
röhren); es bezeichnet in seiner activen und passiven Bedeutung das

Zeugen und Erzeugt werden, das Erleiden, Entstehen, Werden, den Anfang. In diesen Bedeutungen treffen wir es im lat. *or-ior* entstehe, *origo* Anfang, *orsus*, *ortus* Anfang, goth. *urinnan* entstehen, ags. *or* Ursprung, Anfang, in den lat. Flexionssilben *or, ur, ar, er (amor, amatur, amantur, amabar, amabatur, amabantur* etc.), in welchen *or (ur, ar, er)* in der Bedeutung des Entstehens, Werdens dieselbe Function versieht, wie das deutsche Hülfsverbum *werden* im Passivum der Verba; die Bedeutung des Werdens hat *ur* auch in *ur-us: fu-t-urus*; vgl. skr. *bhav-ila* zukünftig. In der *y*-Reihe stehen: lat. *vor-tex, ver-t-ere* wenden, das germ. *werden* (ahd. *uerdan, uuerdan* etc.; daher das Entstehen des Jahres ἔαρ und ἦρ der Frühling,*) lat. *ver*; hiervon Zeitabschnitte überhaupt; vgl. ὥρα Jahreszeit, Frühling, Jahr, *hora* Stunde.

Es liegt auch die Vermuthung nahe, dass zu dem Begriffe des Entstehens, der dem *or* innewohnte, bei weiterer lautlicher Entwicklung noch das Gefühl und Bewusstsein trat, dass *or*, gegenüber den übrigen schon entstandenen oder entstehenden Lauten, der Vergangenheit, den ehemaligen Zeiten angehörte. Es knüpfte sich an *or* naturgemäß dann die Idee des Vergangenen, Ehemaligen, des hohen Alters. Wie wir scherzhaft von *Olim's* Zeiten sprechen, konnte der Mensch in einer gewissen Periode der sprachlichen Entwicklung von *Or's* Zeiten i. e. von *or* mit dem Begriff des Vergangenen sprechen. Daher *ur* in ahd. *uralt* etc., ags. *or-eald, olim*, ahd. *êr, ê* früher, goth. *air* frühe, ags. *aêr*, engl. *ere, or*, mhd. *ê, êr*, nhd. *ehe, erst*, ahd. *ê-wa* Ewigkeit, lat. *aevum, aeternus*. Dem Typus *orK* liegt zugrunde: gr. ἀρχ-αῖος alt, ἄρχ-ω fange an, bin der erste, führe an. Auf einer Ideenassociation zwischen zeitlicher und räumlicher Entfernung beruht lat. *ora* das Äußerste einer Sache, Rand, Saum. vielleicht auch *orcus* die Unterwelt.

---

*) Curtius, S. 44: „Die Namen für den Frühling griech. ἔαρ, skr. *vas-anta-s*, lat. *ver*, altn. *vâr*, ksl. *ves-na*, lit *vas-ara* finden ihre Einheit in dem Stamme *vas*. Ob jenes *vas* dasselbe ist, das wir im Skr. und wenig verändert auch in andern verwandten Sprachen in der Bedeutung kleiden wiederfinden — wonach also der Frühling als der die Erde kleidende und schmückende bezeichnet wäre — oder ein anderes *vas*, das sammt dem kurzem *us* brennen und glänzen bedeutet — das wird nie zu entscheiden sein". Für die Auffassung, dass ἔαρ, *ver* zu *or* mit dem Begriffe des Entstehens gehört, spricht auch engl. *spring* der Frühling, die Quelle aus dem Begriffe des Entstehens, Entspringens.

Nach S k e a t liegt dem engl. *was* w a r die Wz. *was* w o h n e n
zugrunde, nach skr. *vas* w o h n e n, b l e i b e n, l e b e n. B r u g-
m a n n führt für *s-unt, eram, ἦα,* ai. *ás-am* eine Wz. *es-* an.
Diese Wurzelaufstellung geht, insofern im Alat. Formen mit *s(z)*
anstatt *r* vorhanden sind, von der allerdings nicht unbegründeten
Voraussetzung aus, *r* sei aus *s(z)* entstanden. Nach meiner Theorie
von der Ursprünglichkeit des *oa* tritt *s(z)* an *oa,* so dass der
Wechsel von *r* und *s* zu erklären wäre aus *or* und *orz,* contr. zu
oz, os. Wenn die Theorie von der Ursprünglichkeit des *or* gemäß
der ganzen Darstellung richtig ist, so ist dies auch trotz aller auf
historischer Basis gewonnenen Beobachtungen der einzige Erklärungsgrund eines Wechsels von *r* und *s(z).* In diesem Falle gewinnt
aber auch lateinisches *er-am,* gr. hom. *ἦα,* att. *ἦ* und auf der
u-Reihe deutsches *war,* Leben, indem der Begriff des Ehemaligen,
der in *or* (*er*) wie in den oben angeführten *or-eald, ol-im, ėr, ė*
steckt, auch in *war* sich ausspricht, so dass ein *er-am* auf der
Anschauung *einst, ehemals-ich* basierte.

Das Lautgebilde für den Begriff des Ehemaligen erweckt mit
einem bestimmten Subjecte die Vorstellung des Bestehens und Seins
in der Vergangenheit. Mit dem Fortschreiten des Lautgebildes *or*
(*uor*) beziehungsweise *er* (mit dem Begriffe des ehemaligen Seins)
zu *ē-s* sondert sich das *ē-s-se,* das Sein in der Gegenwart. Der
Begriff des Seins gehört also nicht der Urzeit an. Hiermit stimmen
auch anderweitige Beobachtungen. Schon Adam S m i t h weist darauf
hin, dass das Verbum *sein* das allerabstracteste und metaphysischeste
Zeitwort sei und seine Entstehung unmöglich in eine sehr frühe
Zeit fallen könne. L u b b o c k,*) S. 349 meint, der verwickelte
Bau der nordamerikanischen Sprachen sei hauptsächlich durch das
Fehlen dieses Zeitwortes hervorgerufen.

Die Absonderung der Formen für das Präsens von denen
des Prät. stimmt auch mit der Beobachtung der Scheidung dieser
beiden Temporalformen der übrigen Verba. Von *er* ist im Präsens
noch erhalten: ags. *eart* bist (aus dem Westen), Plur. *earon* wir,
ihr, sie sind, im Altn.: *er-t* bist, *er* ist, Plur. *er-um, er-uđ, eru.*
Im Lat. ist *ĕr* (*ĕram*) contrahiert zu *e* in *ēs, ĕst, ēstis, ēssem,*
ēsse. Im Griechischen, welches im Imp. schon den contr. Laut *ἦ* (in
ἦ-α, ἦ) hat, erscheint demgemäß der jüngere Laut *ε* (die Kürze) im
Präsens.**) Vgl. unten weiter über *essem;* ferner über deutsches *bin.*

*) L u b b o c k, Die Entstehung der Civilisation. Jena 1875.

**) Der Begriff des Ehemaligen steckt auch im keltischen *ro,* welches
dem Verbum vorgesetzt wird, um die Vollendung der Handlung auszudrücken:

Über den Wechsel von *r* und *z* (*s*).

Über den von der historischen Sprachforschung aufgestellten
Übergang von *s* (*z*) zu *r* im Auslaute kann ich nicht umhin, meine
Zweifel und Gegengründe vorzubringen. Diese Frage erheischt
wohl eine gründlichere Behandlung, als ich sie hier geben kann;
sie steht jedoch in so innigem Zusammenhang mit der ganzen
Entwicklungstheorie der Sprache, dass ich sie unmöglich ganz
umgehen kann.

Für den Übergang von *z* zu *r* im Lat. werden von B r u g-
m a n n ein paar Beispiele angeführt, nämlich: lat. *ero*, alat. *eso*
conj. fut., *Lares* neben *Lases*, bei Grammatikern auch *asa : ara*,
arbosem : arborem u. s. w. Aus diesen wenigen Beispielen, deren
abweichende Form überdies in der Verschiedenheit der Dialecte
ihren Grund haben mag, könnte man wohl diesen Satz nicht mit
solcher Bestimmtheit aussprechen; die Hauptstütze für die Behauptung eines ursprünglicheren *z* (*s*) liegt wieder im Sanskrit;
darum *mur-em* (nom. *mus*), ai. *mū ṣ*; *aurora*, ai. *uṣ-as* u. s. w.
Im Germanischen wird die angebliche Entstehung des *r* z. B. in
ahd. *chiusu chǒs, churum, choran* als eine Folge der Betonungsverschiedenheit hingestellt; im goth. *kiusa, káus, kusum, kusans*
hat dieses Gesetz wieder nicht gewirkt.

---

ro-chrochsat cr. cucifixerunt Christum; auch im Passivum: *ro-scribad scriptum
est.* Vgl. Z e u s s, S. 412. Auch gr. *ε* in *ἔ-φερον* hat dieselbe Bedeutung.
Infolge der Metathese rettete das Kelt. in *ro* nur eine den ursprünglichen
Laut *or* näher bezeichnende Form, als es *ε* oder skr. *a* ist. Von anderer Seite
(K u h n, Beiträge etc., VIII., S. 12) wird ir. *ro, ru,* cymr. *ro, ry* mit gr. *πρό*
zusammengestellt, welches gleich andern Wörtern *p* im Anlaute verloren
haben soll. Diese Annahme stützt sich bloß auf eine begriffliche Verwandtschaft, doch wird hinzugefügt, dass die keltische Verbalpartikel gleich dem
gr. *πρo* nie als Präposition gebraucht wird. Aus meiner Darstellung geht
hervor, dass von *or* und *por* eine vielseitige Begriffsentwicklung ausgeht, dass
aber die Wörter nach dem Typus *por* im allgemeinen einer späteren Periode
der Sprachentwicklung angehören. Wie also *or* den Begriff des Ehemaligen
erweckte, so war auch *por* (*pro,* d. *vor*) in der Gegenüberstellung zu allen
entwickelteren Formen imstande, die Vorstellung des Einstigen, Ehemaligen
zu erwecken. (Vgl. *πρωί* f r ü h etc.; ferner für die beiden Perioden ne. *erst*
und *first,* d. *ehe* und *vor.*) Dass sich im Keltischen *ro* erhalten hat, ist ebenso
wenig befremdend, als dass wir im Ahd. *ér, é, ur* mit demselben Grundbegriffe
wiederfinden. Gleichwohl können wir auch hier z. B. im Griechischen bemerken,
dass *ε* (in *ἔ-φερον*) die ursprüngliche (i. e. temporale) Bedeutung besser bewahrt hat, als das präpositionale *πρo, prae,* vgl. *πρῶμος, primus.* Vgl. zu dieser
Beobachtung die Bemerkungen unten über die Wörter der *or-* und *cor-por-*Periode.

Auf einer, wenn auch nicht nachweisbaren, Betonungsverschiedenheit beruhe auch goth. *áuso* und ahd. *ōra*, ahd. *haso* und
ags. *haru* H a s e. Über westgerm. *r* sagt B r u g m a n n (§ 583):
„Wo im Westgerm. *r* = *z* auftritt, wie ahd. *ir, er* (goth. *is*), *wir*
(goth. *veis*), *zar-zer-zir* (goth. *tuz-*), war diese Behandlungsweise
des *z* durch den engen Anschluss an folgende Wörter und durch
die verschiedene Tonstärke, welche die Pronomima und Partikeln
im Satze und in der Composition hatten, bedingt. Im Nordischen
wurde urgerm. *-z* verallgemeinert, daraus dann *-r*, z. B. *syr* S a u,
ulfar W ö l f e, *gjafar* G a b e n.“
Selbstverständlich hält auch G r i m m (Gr. I, 65) goth. *z* für
früher als das demselben entsprechende *r* der übrigen Dialecte
und verweist auf die lat. Declination, die einen Umlaut des *s* in *r*
zeige, welcher dem goth. *s* in *z* gänzlich gleiche, selbst in iden-
tischen Wurzeln, als *aes acris*; goth. *áis áizis.**)

Wenn man also von einigen Beispielen im Lateinischen
absieht, beruht die ganze Beweisführung auf der Voraussetzung
einer lautlichen Continuität zwischen Ital. und Altindischem, zwischen Gothischem und den andern deutschen Dialecten. Ein solcher Beweis nimmt zwar mit Recht eine große Wahrscheinlichkeit für sich in Anspruch, führt jedoch zu keinem unumstößlichen
Lautsetz, so lange nicht durch sichere Fälle aus der Gegenwart
die Neigung zum Übergang eines *z* (s) in *r* constatiert wird.

Ich gestehe, dass ich keine ähnlichen Vorgänge aus der
Gegenwart kenne, daher auch keine bestimmte Vorstellung habe,
wie man sich diesen Lautprocess zu denken hätte.

Die entgegengesetzte Ansicht von der Priorität des *r* kann
sich auf lautliche Vorgänge der Gegenwart stützen.

Die Neigung, dem *r* einen Zischlaut folgen zu lassen, zeigt
sich in der Tiroler Mundart. So sagt W e i n h o l d (§ 155): „Recht
mundartlich ist zwischen *r* und *t* euphonisches *s*, das sich meist
zu *sch* trübt und v o r w e l c h e m *r* a u c h s c h w i n d e t u. s. w.“
Im Stubai, um Sterzing und Silian hört man reines *rst*: *Earsd*
E r d e, *kearst, gwearst, Schwearst, orstig, hundarst* u. s. w. Im

---

*) Auch B o p p (§ 22) verweist auf *foederum, meliosem* etc., in welchen
das *s* durch die Sprachgeschichte sich als ursprünglich erweisen lasse. Hingegen meint er: „Befremdend ist der von Festus überlieferte Acc. *arbosem*,
denn hier ist *r* die ursprüngliche Form, wenn *arbor, arbos*, wie ich kaum
zweifle, mit dem im Zend-Avesta vorkommenden *urvara* B a u m verwandt ist.“

Vintschgau tritt das *s* nur leise und in wenigen Wörtern ein: *dorst, Worst,* u. s. w. Vgl. weiter den Ausfall des *r* in: *Baschd, wundaschd* wundert, *Easchdl* Örtlein, *Wischd* Wirt, *Oschd* Ort, *fuschd* fort, u. s. w. Auf einen ähnlichen Vorgang weist čechisches ř hin.

Oben wurde als Vorgänger von *pēs (pedis) per* erschlossen (s. S. 45); daher findet sich im Umbrischen: *pers-i, du-purs-us (bipedipus)*; vgl. B r u g m a n n , § 23 und 399. Wenn nun im Umbrischen für die Schreibung mit *r* die mit *rs* und bloßem *s* sich findet, so ist hierin ebenfalls der Anschluß eines *s* an *r* zu erblicken; dieses *rs* ergibt dann nach der Contraction des *r* mit dem vorhergehenden Vocal als Auslaut bloßes *s*.

Wie *or + s* contrahiert wird, zeigt deutlich heutzutage englisches *or + s*. Englisches *horse* lautet *hos* (nach S w e e t). Würde das Wort *horse* heutzutage erst transcribiert, so möchte man von einem *r*-Laut nichts mehr entdecken. Baj. wird *Hase* gerade so ausgesprochen, wie englisches *horse*. Warum sollte ahd. *haso* nicht gerade so aus *hoa(so)* entstanden sein, so dass im engl. *hare* der *r*-Laut von *or (oa)* sich erhielt, der Hinzutritt eines *s* jedoch nicht erfolgte.

————

S k e a t gibt, auf skr. *ásya* M u n d gestützt, für lat. *os* als wahrscheinliche Wurzel *as* a t h m e n , l e b e n , s e i n an. Für lat. *os* gilt diese Aufstellung sicher nicht. Alle oben angeführten Scheideformen von *os (or-is)*: *orare, uorare, vocare* s. S. 27 sprechen für ein ursprüngliches *or*. Allgemein (vgl. *luc + s, inop-s, pe-s pedis*) tritt das Nominativ -*s* an den aus dem Genetiv ersichtlichen Stamm. Warum sollte *s* in *os* nicht das Nominativ -*s* sein, dass an den Stamm *or* sich anschloss? Lautlich betrachtet, unterliegt dann *or + s* der Contraction in *os*.

So ist es auch am natürlichsten, *mus, mur* — die Maus als die Nagende aufzufassen, von *moa, mua, mur* (siehe oben: *mor, mur* für die Thätigkeit des Mundes, *mur-mur, mor-d-ere* etc.); dafür spricht auch slav. *myši* M a u s , wo *š* aus *ch* hervorging, so dass wir hier denselben Wechsel des *moa, mur* mit dem gutturalen Typus haben, den wir im Wechsel mit *or* an russ. *ucho* O h r kennen gelernt haben.*) Im Nordischen ist es nach dieser Darstellung zum *s*-Ansatz gar nicht gekommen, so dass z. B. *oa* durch *ar* in

————

*) B r u g m a n n verweist bei slav. *ch* auf idg. *s*. Sollte vielleicht *ch* gar aus *s* entstehen? Dies wäre wohl ein ganz undenkbarer lautlicher Vorgang. (Vgl. I., § 588.)

gjafar vertreten ist, während goth. *gibō-s* (aus *gib-oa-s*) dafür langes *ō* hat. Vgl. unten die Etymologie von Schuh, ahd. *scuoch*, altn. *skor*, pl. *skuar*, *skor*.

Nach meiner Theorie weist das Präteritum gegenüber dem Präsens den älteren Vocalismus auf. Hiermit stimmt wieder die Beobachtung, dass *r*, als der nach meiner Darstellung ältere Laut im Präteritum noch vorhanden ist. Es ist aller Grund vorhanden zu behaupten, dass die Betonungsverschiedenheit in einem gerade (i. e. dem von den Gelehrten aufgestellten Gesetze) entgegengesetzten Sinne sich wirksam erwiesen hat, so dass die stammbetonten Formen (*chiu-s-u chó-s*) verändert wurden, hier also die Verstärkung durch *s* (*s*) erlitten, *churúm*, *chorán* aber die ursprünglichen, unveränderten Laute *ur*, *or* aufweisen, welche in den Längen *iu* (*chiu-su*) und *ó* (*chōs*) ihre entwickelteren Vertreter haben. Ein Analogon für diesen Einfluss der Betonung auf die lautliche Entwicklung haben wir in fr. *meurs*, *mourons* etc., wo das stammbetonte *meúrs* (*eu*) dem *o* (in *morior*) lautlich ferner liegt, also entwickelter ist als das *ou* des flexionsbetonten *mouróns*.

In derselben Weise ist auch in dem früher (S. 61) angeführten *ĕr-am ĕr*, beziehungsweise *ea* contrahiert in *ḗ-a* und *ḗ*. Dass die bestimmte Aussage dem Conjunctiv vorausgieng, wird nicht angezweifelt werden; die Bildung des Conjunctivs *ēssem* aus dem Indicativ *ēram* spricht wieder für den Anschluss eines *s* an *ĕr* (*ea*), so dass aus *eas* (*ers*) *essem* wurde, womit die Länge *ë* in *essem* gegenüber dem *ĕ* in *ĕram* erklärt ist. Wenn daher aus dem Altlat. eine Form des Conjunct. fut. *eso* zu *ēro* als beweisend für einen Übergang eines *s* in *r* angeführt wird, so wird dieser Beweis nichtig infolge der Erwägung, dass ein auftretendes *eso* eben nichts weiter sagt, als dass die Neigung bestand, auch für das Futurum eine Scheideform von *ĕr* mit *s*, also *erso*, *eso* zu bilden. Es kann also keineswegs gefolgert werden, dass das *r* (in *ero*) aus dem *s* (in *ēso*) entstand. Vgl. hierzu unten *Erz* und *Eisen*.

Alle diese Momente im Zusammenhang mit der ganzen Darstellung der sprachlichen Entwicklung sprechen dafür, dass der Typus *or* älter ist als *os*, dass *os* aus *oa + s* (*ors*) entstanden ist, wie *oK* aus *oaK*, dass in gewissen Fällen somit die Sanskritformen jünger sind als die entsprechenden der classischen Sprachen, die gothischen jünger als die der anderen germanischen Dialecte, oder mit anderen Worten, dass es Sprachen und Formen gibt, in welchen der Antritt eines *s(s)* an *or* nicht erfolgte.

5. Fortsetzung. Das Suffix *or (ro)*.

Die idg. Suffixe *or* (*ro*) und *orK* gehören demselben Begriffsgebiete an. Historisch reicht der Typus *ol* ebensoweit zurück wie *or*. (Vgl. oben über die Pronomina *er* und *ille*.) Ist der erste Theil eines Wortes, nach seiner begrifflichen Seite betrachtet, unklar, so ist auch das begriffliche Verhältnis des Suffixes zu demselben nicht zu ermitteln. Klar ist *or* (*er, ar, ol, ul, el, il, l*) in der Bedeutung **Mann, Erzeuger** in den nomina agentis, in denen das Suffix nichts anderes als den Urheber der durch den ersten Theil der Composition ausgedrückten Thätigkeit angibt; z. B. *figulus* Töpfer, ahd. *tregil* Träger, *slegil* Schlögel u. s. w. Auch die productive Classe der nomina agentis auf *ter* gehört hieher, wenn die Form *ter*, wie **Brugmann** (II., S. 354) es als wahrscheinlich hinstellt, durch Antritt von *er* an eine mit einem *t*-Suffix gebildete Stammform entstanden ist.

Die active Bedeutung **erzeugend** hat *or* (*ro*) in der Zusammensetzung mit Substantiven. (Vgl. zum Begriff **erzeugen** *or* in obigem οὐρέω in der II. Bed., ἐράω, ὅρχ-ις); φοβε-ρός Furcht erzeugend, mit einer analogen Zusammensetzung wie deutsches **furchtbar**, in welchem der Nachsilbe *bar* ebenfalls noch die ursprüngliche Bedeutung des Zeugens innewohnt. (Vgl. zu *bar* unten *Bär* Zuchteber, *buobe, bauen*); σκιερός (von σκιά) Schatten erzeugend. Ebenfalls active Bedeutung hat der Typus *orK*, mit der Metathese *Kor* im skr. *su-kara-s* Eber, wörtlich **Saumacher**, von *kar* machen, erzeugen.

Passiva Bedeutung hat *or* (Vgl. *orior*, die lat. Flexionssilben *or, ar, ur*) dort, wo es deminuierende Kraft hat; z. B. *porculus*, ahd. *farh-eli*, von *porcus* und *farah*, skr. *vṛṣa-la-s* Männchen, ahd. *eihh-ila* Eichel, von der Eiche entstanden, ahd. *puohhila* Buchelnuss von *puohha* Buche (vgl. weiter **Grimm**, III., S. 667), ahd. *scob-ar* Schober, Getreidehaufen i. e. durch Schieben entstanden, ahd. *wuohh-ar* Zuwachs, durch Gewinnen entstanden. Dass die ursprüngliche Bedeutung des Suffixes oft durch metaphorische Anwendung verwischt wird, zeigen goth. *bar-ilo* Kindlein, *magula* von *magus* Knabe, *bendil* Bändchen, παιδάριον von παῖς, λαγάριον von λόγος, engl. *hillock* von *hill*, ἡδύλος süßlich, μικκύλος klein. Der Typus *orK* ist erhalten in den Eigennamen *Lupercus, Mamercus.* Vgl. weiter die Deminutiva im Germanischen mit *ik, kin, chen* etc. Grimm, Gr., III., S. 676.

Ohne in weitere Details einzugehen, sei noch erwähnt, dass auch andere Nominalsuffixe, die durch vocalische Verbindungen, durch *n- m-* oder *oa + s* ausgedrückt sind, diesem Begriffsgebiete angehören. Deutlich tritt dies hervor, wo sie in derselben Bed. wie *r-* zur Bildung von nomina agentis, instrumenti, von Deminutiva dienten oder überhaupt **gemacht, bestehend, herstammend** oder **erzeugend** bedeuten; z. B. *τίϰτ-ων* Zimmermann, *eʒʒ-o* Fresser, *bot-o* Bote, *γόν-ος* Nachkommenschaft, *ἀλγεινός* (*ἄλγος* Schmerz) Schmerz erregend, ahd. *geiʒ-in* Böcklein, *ὀρνί&-ιον* Vöglein, *fa-ma* durch Reden entstanden, *φέϱ-μα* Leibesfrucht, *νῆ-μα* Garn, durch Spinnen entstanden; *oas* in ai. *ri-rik-vás*, griech. *λελοιπ-ώς* u. s. w.

Dass gewisse Verbindungen, wie *sp, st, s +* Voc. (außer in gr. *συν-*) in Suffixen nicht vorkommen, beweist, dass sie nicht zu den ursprünglichen Lauten oder Lautverbindungen, i. e. zu jenen gehörten, wodurch die ursprünglichsten Begriffe ausgedrückt wurden.*) Vgl. zur Bedeutung des Suffixes *m-* die entwickelten Begriffe: *mich, Mann, mar-* (*mas*), *μόν-ος* (zu *ein* urspr. Mann), *μοιχ-εύω* machen, ahd. *minna* Liebe.

---

*) Da nun einzelne Pronomina und Suffixe behandelt wurden, führe ich zur Charakterisierung des gegenwärtigen Standes über die ursprüngliche Bedeutung derselben eine Stelle von M. Müller (S. 204) an. „Außer diesen Wurzeln jedoch, welche prädicativ oder begrifflich sind, müssen wir noch eine beschränkte Anzahl von sogenannten Demonstrativ- oder Pronominal· wurzeln annehmen, obgleich man sie besser demonstrative Elemente nennen könnte. Einige Gelehrte haben sich bemüht, sie auf begriffliche Wurzeln zurückzuverfolgen. Sie sehen in *aham*, ego z. B. eine Ableitung von *ah* **athmen** oder **sprechen**, ebenso wie sie *di-man*, selbst, aus einer Wurzel, die athmen bedeutet, ableiten. — Wenn irgend eine dieser demonstrativen Wurzeln in befriedigender Weise auf eine begriffliche Wurzel zurückgeführt werden kann, so sehe ich keinen Grund, principiell einen derartigen Process zu verwerfen; im Gegentheil, wir wissen, dass es an Analogien in alten und modernen Sprachen nicht fehlt. Aber bis dies geschehen ist, kann ich nicht sehen, was der Theorie im Wege steht, die diese demonstrativen Elemente als Überreste einer früheren Stufe, wenn auch nicht der Sprache, so doch der Mittheilung ansieht, ebenso wie wir in den Schnalzlauten die Überbleibsel der Gefühlssprache sehen, die in die Schichten der begrifflichen Rede eingelagert sind.“ „Diese demonstrativen Elemente erscheinen nicht nur als Bildungsmaterial

6. Fortsetzung. Weitere Begriffsentwicklung; *wachsen, vermehren, hoch, viel, voll, tragen, Werk, machen, Herr.*

Auch die Begriffe des Wachsens, Vermehrens liegen in dem behandelten Lautgebiete. Es dürfte kein zu großes Wagnis sein, diese Begriffe jenen anzureihen, welche dem Fortpflanzungstriebe ihre Entstehung verdanken. Die Ideenverbindung mit den schon entwickelten Begriffen ist nach einem natürlichen Causalnexus: zeugen, trächtig sein, zunehmen, wachsen, vermehren. Während der Begriff des Wachsens sich auf die quantitative Zunahme bezieht, schließt der Begriff vermehren die Zunahme an Zahl in sich. Da die bisherigen Erläuterungen alle ursprünglichen Thätigkeitsbegriffe mit dem Menschen in Verbindung bringen, ihn als den Mittelpunkt jedes Thuns und Leidens hinstellen, so dürfte auch der Begriff wachsen der Nothwendigkeit einer Mittheilung über seinen Zustand entsprungen sein. Nebstbei mag jedoch bemerkt werden, dass die Idee der Vermehrung auch aus der Beobachtung der Fortpflanzung durch das Ei, dessen Begriffs- und Lautentstehung (*or, or K*) ebenfalls in die Urzeit fällt, entstanden sein mag. Bei *augere*, αὔξ-άνω (i. e. *org*, I. Stufe), dem Collectivum *grex, grego* mag neben *or* + Gutt. begatten (vgl. mit derselben Articulationsart: *ego*, ἔργειν, *gravis* trächtig, schwer) auch *or*, *org* das Ei (vgl. oben ὠρ-ειδῆς, neulokrisch αἰγόν, lat. *ov-um* etc.) als lautlicher und begrifflicher Ausgangspunkt in Betracht gezogen werden. Begründeter ist nach den folgenden Ausführungen die erstgenannte Ideenverbindung. Einem *cre-vi, crescere* geht *cor(c)* (*cer[c], car[c]*) voraus, das in dem obgenannten skr. *su-kar-as* Zuchteber, also *kar* zeugen, in *cre-are*, dem begrifflich schon sehr

für Präpositionen, Pronomina und Adverbien, sondern auch in der Gestalt von Suffixen, Präfixen und Infixen, welche eine Wurzel zu einem Stamme erweitern etc". Vgl. auch den bei Delbrück, S. 56 (Einleitung in das Sprachstudium, 1884) angeführten Ausspruch J. Schmidts: „Den begrifflichen Wert der an die sogenannten Wurzeln gefügten formativen Elemente zu erklären, sind wir in den allermeisten Fällen unfähig. — Auf diesem Gebiete schreitet, wie es einer gesunden Wissenschaft geziemt, die Erkenntnis des Nichtwissens von Jahr zu Jahr fort". Gerade dieses Fortschreiten im Erkennen des Nichtwissens sollte zur Erkenntnis führen, dass man sich im Aufstellen von Lautgesetzen auf einer ganz falschen Fährte befinde. Paul (Principien der Sprachgeschichte. Halle, 1880), der die Entstehung eines Pronomens aus einem Nomen als mehrfach nachweisbar erklärt, stellt daher z. B. lit. *pats* selbst zu den Substantiven: skr. *patis*, gr. πόσις Gatte, Geliebter etc.

entwickelten *car-us*, weiter zurückgehend in *κέρκος* etc. (s. oben
S. 51 und 52) steckt, so dass *crescere* i. e. der Begriff **wachsen** aus dem des Begattens hervorgieng.

Analog dieser Begriffsentwicklung lässt sich dann, von *or*,
dem Paarungsrufe, **begatten** ausgehend, erklären: goth. *al-an*
aufwachsen, altn. *ala* hervorbringen, wovon die Etymologen deutsches
alt herleiten.*) Die Ideenverbindung **trächtig**, **vermehren** finden
wir im ags. *eác-en* trächtig und der wegen der Contraction späteren
Form *écan* vermehren. In der *χ*-Reihe zu goth. *alan* und ags·
écan liegen skr. *rahš*, goth. *wahsjan* wachsen. Im deutschen **alt**,
wachsen erkennen wir also noch den Typus *or*(*K*), während
dem deutschen **hoch** (lat. *cre-vi*) schon der Typus *KorK* zugrunde liegt.

Dem Typus *por* für *cor* (vgl. *ποϱ-νεύω*, lat. *par-ere* zeugen,
gebären) entsprechen die Begriffe des Vermehrens: gr. *πολ-ύς*, lat.
plus, skr. *purú*,**) altp. *paru* viel, skr. *pûrna* voll, lat. *im-ple-re*,
gr. *πλή-ϑω*, *πλμ-πλη-μι*, nhd. *viel*, *voll*, *füllen*, lat. *ple-nus*, *mani-
pulus* eine Handvoll. Sämmtliche Wörter sind folgerichtig durch
entwickeltere Lautgebilde aus *por* ausgedrückt. Wie die Ableitungen
zeigen, war *por* im Idg. in der Bedeutung **zeugen** überhaupt verbreitet, ist jedoch nur mehr in diesem Sinne im lat. *par-ere* und
im gr. *ποϱ-νεύω* (wenn auch schon im pejorativen Sinne) erhalten.

Analog dem *m*-Anlaute in den Wörtern anderer Begriffssphären gehört hieher die germ. Sippe **mehr** (ahd. *mêr*, Adj.
mêro, me. *more*, contr. *mo*, ags. *má*, goth. *maiza*; ferner lat.

---

*) Diese Derivation ist deshalb interessant, weil sie zu der analogen
des deutschen **hoch** führt. Hoch (ahd. *hôh*, goth. *hauhs*) ist unter Berücksichtigung meiner vocalischen Verschiebungstheorie vorgerm. *coac*. Diese Form
erklärt nicht nur ags. *heah* und mit der *r*-Bildung altn. *hâr*, sondern
führt auch zur Entwicklung des Begriffes **hoch** aus **emporgewachsen**,
da dem lat. *crescere*, *crevi* derselbe Typus mit der *r*-Bildung zugrunde liegt.
So wird auch lit. *áukštas* **hoch** mit *aὔξω*, lat. *auxilium* zusammengestellt.
Für den Freund der baj. Mundart ist es wieder von Interesse, dass südbaj.
hoach gegenüber ahd. *hôh* noch die nicht contrahierte Form enthält. In derselben Weise entspricht baj. *hoaß* heiß, engl. *heat* heizen einem vorgerm.
coad, *cord*. das wir im lat. *caldus*, *calidus* **warm** wiederfinden.

**) Für die Wz. *pel*-füllen und *purú* wird (s. Brugmann § 290) eine
Grundform *pḷ̥lú* angenommen. Also aus *ḷ* sollte *e* werden, aber auch *u*; *l* sollte
(in *purú*) zu *r* werden! Wie groß ist der Kreis derjenigen, die das aufrichtig
glauben? Der ursprüngliche Vocal ist wohl im gr. *πολ-ύς*, das ursprüngliche
zweite Element von *or* im skr. *purú* zu suchen.

mul-tus und mit der Gutturalis: lat. *mag-is, mag-nus,* gr. μέγ-ας, goth. *mik-ils* etc. Dass *r* im ahd. *mêr* wegen goth. *s* nicht aus *s* entstand, sondern zum Stamme gehört, beweisen lat. *mul-tus,* osk. *moltam* == *multam* und die Scheideformen mit der Gutturalis. Dass das Wort m e h r überhaupt keiner Comparativflexion bedarf, geht aus ags. *má* hervor.

An einer früheren Stelle wurde φιλ-έω als letztes Glied der lautlichen und begrifflichen Entwicklung aus *por-* hingestellt. Hieraus ergibt sich implicite für die Lautentwicklung der wichtige Satz, dass φ jünger ist als π. Wenn wir anderseits die 3 Formen πορ- φορ- (in φοράς trächtig) und φυ in φύ-ω h e r v o r b r i n g e n, w a c h - s e n, (vgl. φῦμα Gewächs, φύσις Natur) zusammenstellen, so haben wir wieder die eingangs erwähnte Ideenverbindung: zeugen, trächtig sein, hervorbringen auch von der Außenwelt, wachsen, Begriffe, die sich wie Ursache und Wirkung zu einander verhalten, die also in demselben ursächlichen Zusammenhange stehen wie oben ags. *eácen* und *écan* vermehren, skr. *kar* zeugen, lat. *crescere* oder wie *por* z e u g e n und die angeführten Begriffe des Vermehrens: *plenus,* πλή-θω, πολ-ύς, skr. *puru, pûrna* u. s. w. Die auch sonst beobachtete Verallgemeinerung der Begriffe, die wir bei der An- nahme einer successiven Entwicklung der 3 Formen πορ, φορ, φυ hier wahrnehmen, ist bemerkenswert. Während πορ- den Zeugungs- act des Menschen bezeichnet, heißt das (mit π zu φ verschobene) φοράς trächtig auch von Thieren, das (wegen *v* aus *or* einer späteren Periode angehörige) φύ-ω hervorbringen, wachsen mit Beziehung auch auf leblose Wesen.

In lautlicher Beziehung ist weiter Folgendes zu bemerken: Der Übergang von *or* (πορ-) zu *v* (φύ-ω) fand mit der Zwischenstufe οι statt. E. E n g e l*) führt aus, dass οι schon vor dem 4. Jahrh. v. Chr. wie *ü* lautete, in den ersten Jahrhunderten n. Chr. aber bestimmt schon die heutige Aussprache wie *i* hatte. Dies berech- tigt zur Annahme, dass auch bereits vorhandenes und geschriebenes *v* aus οι entstand, dass also der Übergang von ορ zu *v(ι)* über οι

---

*) Ed. E n g e l, die Aussprache des Griechischen, S. 126: „Der ursprüng- liche Laut (d. i. der vor dem 4. J.) des οι == ü findet vielleicht eine Unter- stützung in seiner dialectischen Vertretung durch *v* und umgekehrt. H e s i o d gebraucht χροισος statt χρυσος.“ — „Die Verwechslung des οι mit *v* kommt auch in den Papyrus-Handschriften vor. Fälle wie ἀνύγω für ανοίγω sind dort nichts Seltenes. Aus den ersten christl. Jahrhunderten haben wir einen Überfluss an bestimmten Angaben über die Aussprache des οι == *i*“.

eintrat. Dieser lautliche Vorgang wird auch durch die etymologischen Unternehmungen bestätigt. Den Grundbegriff zu einer Reihe von Begriffen bildet *por-* (*parēre*); davon *φορ(-άς)*, *φύ-ω* für früheres *φοι-ω*; *φοι-ω* ist zwar nicht vorhanden, aber *οι* wird bezeugt durch *ποι-έω* m a c h e n, einen Begriff, der ebenfalls aus dem des Zeugens, aus *por-* hervorgieng. Gr. *ποι-έω* und lat. *fac-io* entstanden getrennt aus demselben Typus *por(K)* zeugen. In *fac* trat der Fortschritt zur Aspirata und die Contraction aus *oa*, beziehungsweise wegen *fe(ci)* aus *ea* ein, in *ποι-* hingegen der Übergang von *ορ* zu *οι*. Vgl. zu diesem Übergang von *perK* zu *fac-* unten unter *quercus* und *fagus*. In *φύ-ω, fio* ist die Aspirata in beiden Sprachen. Vgl. zu *οι(ι)* oben: *ὄρχ-ις* und *μοιχός* und bereits *ι* unter dem Accente in *ὀ-μίχειν*.

Von der Vorstellung des Trächtigseins entstand der weitere Begriff des Tragens überhaupt; *φέρειν*, welches nach meiner Theorie den jüngeren Laut *er* (aus *ορ* in *φορ-εῖν*) hat, hat die prägnantere Bedeutung t r ä c h t i g nicht mehr. Es entsteht der Begriff t r a g e n somit mittelbar aus dem Begriffe z e u g e n. Im lat. ist *por* (lat. *par- pe-per-i* für urspr. *por po-por-i*, wie *mord-eo, momord-i*) erhalten in dem mit dentaler Ableitung gebildeten *p o r - t - a r e* *) das, da es in den romanischen Sprachen sich allgemeiner erhalten hat als *fero*, auch der volksthümlichere Ausdruck für t r a g e n gewesen zu sein scheint. Dem alten Vocalismus begegnen wir auch noch in *for-d-us* trächtig und *hordus* (zu *cor* zeugen). Jünger sind die Formen: *fero, fertilis* und mit der Gutturalis (wie das in dasselbe Gebiet gehörige *fac-ere*): *fec-undus*. Die Zusammengehörigkeit der früher entwickelten Begriffe *πολύς, πλήθω* und *φέρω* tritt auch zutage im skr. *bhṛi*, welches die beiden Begriffe t r a g e n und f ü l l e n in sich schließt. Im ahd. *beran*, mhd. *bern* Frucht tragen, hervorbringen, gebären, ags. *beran*, ne. *bear* tragen, ahd. *bára* Bahre u. s. w. ist die ursprüngliche Bedeutung z e u g e n, b e g a t t e n nicht mehr deutlich vorhanden; sie ist uns jedoch klar überliefert in dem ahd. Substantiv *ber* Zuchteber, ags. *bár*, ne. *boar*; goth. *gebairan* zeugen, gebären; ferner mit der Grundbedeutung M ä n n c h e n auch in ahd. *baro* Mann, mhd.

---

*) Bopp nimmt als hypothetisch einen Übergang von der Aspirata zur Tenuis an: „*porto fortasse e forte*" — *pario, nisi pertinet ad k a r, huc trahi posset, mutata aspirata in tenuem.* (Vgl. V a n i č e k, S. 510.) Diese Annahme hat wohl gar keine Berechtigung.

buobe Knabe. Auch in *ber-* ist somit die Begriffsentwicklung: zeugen, Frucht tragen, tragen überhaupt. Wenn daher *beran* mit *fero*, φέϱω, skr. *bhar* nach dem Grimm'schen Gesetze stimmt, so ist dies nur in dem Umstand zu suchen, dass germ. *ber-* zeugen nicht wie πoϱ, *por* zeugen in der abgeleiteten Bedeutung tragen eine consonantische Verschiebung erlitt; mit anderen Wörtern, wie *parere*, *portare*, *puer*, deren Verwandtschaft ebenso über jeden Zweifel erhaben ist, stimmt es nicht.

Nahe verwandt mit dem Begriffe zeugen sind die Begriffe erzeugen, machen, schaffen, arbeiten. Die Wörter hierfür liegen daher auch in lautlicher Nähe. Dem *or* (germ. *bor*) entsprechend vergleiche unten unter *arare*. Dem *orK* entsprechend sind: ἔϱγ-ω, ἔ-οϱγ-α, ἔϱγ-ον, ὄϱγ-ανον, -ουϱγός vielleicht auch *agere*, *egi*, ἄγειν; in der u-Reihe: ags. *worc*, ahd. *werch* etc. Dem *Kor(K)* entsprechend: *cre-are*; dem *por(K)* entsprechend: ποι-έω, lat. *facere*, *fi-o*; dem *morK* entsprechend: deutsches *machen* ahd. *mahhôn*, ags. *macian*, skr. *maya*, das mit *vaya* und *yaya* wechselt. Vgl. zu machen oben die Ausdrücke derselben Begriffssphäre: μοιχεύω *Mann*, *mich*, *mas*, *mehr*, *magis* etc.

Aus den Wörtern dieses bis nun entwickelten Begriffsgebietes ist zur Genüge ersichtlich, auf welchem Wege die Differenzierung in den verschiedenen Sprachen zustande kam. Hält man sich nur den einen Typus *porK* vor Augen, so bemerkt man überall die consonantische oder voc. Lautverschiebung, den Ausfall des Vocals*) als Mittel, neue Wörter und Begriffe entstehen zu lassen. Selbstverständlich darf man nur von *or* (*oa*) und *er* (*ea*), nicht aber von *u* oder *i*, *o*, *e*, *a*, *ṛ*, *ḷ* ausgehen, wenn man zu greifbaren Resultaten gelangen will. In dem Lautgebilde *por* für die alten Sprachen, dem germ. *bor* und *for* (vorgerm. *por*) liegt der Begriff des Zeugens: gr. πoϱ schreitet zu φοϱ-, φεϱ-, φυ-, im abstractesten Sinne zu φιλ, behält aber π in den Begriffen des Vermehrens πολ-ύς, πλή-ϑω etc. und in ποι-έω bei. Im Lateinischen behält der Typus *por(K)* (*par-ĕre*) *p* in *por-t-are*, *plus*, *plenus*, *implere*, *p* schreitet zu *f* in *fordus* trächtig, *fero*, *fecundus*, *fio* und, im Gegensatze zu ποιέω, in *fac-io*, behält aber trotz der vorgeschrittenen Begriffs-

---

*) Die Zusammenstellung von πολ-ύς und *pl-us* weist mit Rücksicht auf urspr. *por* bin, dass *pl* nur durch den Ausfall des *o* entstand. Der Ausdruck Metathese des *l* bei *plus* wäre also nicht gerechtfertigt.

entwicklung nicht nur *c* in dem Abstractum *carus*, sondern auch *p* in *pacare, pax* bei. Vgl. zur Begriffsentwicklung von *pac-* aus *por(K)* begatten die Entstehung der Begriffe *car-us, φιλ-έω, Frieden, ehren* etc.

Der Germane hat für die concreten Begriffe die Media *b* im Anlaute; daher: *bèr, buobe, beran, bohren, bauen* (vgl. unten); das vorgermanische *p*, das aus den Lautverbindungen *sp* (so auch *c* aus *sc*) allein schon erwiesen ist, verschwand in echt altgermanischen Wörtern infolge der Verschiebung zur Aspirata fast ganz. Alle abstracteren Begriffe dieser Begriffssphäre nach dem Typus *por* lauten daher mit der jüngeren Aspirata (anstatt der Tenuis) an; daher *voll, viel, füllen, Freund, Friede, frei, freien, froh, Freude*. Wie diese Abstracta, so charakterisieren gegenüber den schon besprochenen Lautgebilden für Mann (*er, ich, mich, ein, Mann* etc.) die lautlich einer späteren Periode angehörigen *κύρ-ιος* Herr, ahd. *hèro* Herr, ahd. *frô* o Herr, ags. *frea* Herr folgerichtig eine Zeit gesitteterer Lebensanschauungen und entwickelterer cultureller Verhältnisse.

7. Fortsetzung. Weitere Begriffsentwicklung; *bauen, eggen, rudern, Ehre, Art, Bauer*, ne. *oar* etc.

In demselben Lautgebiete liegt auch die vielfach erörterte Wurzel *ar* pflügen. Unter Zugrundelegung meiner aufgestellten Urtypen schließt sich im Lateinischen an *arare* erweitert *occare* eggen an. Lat. *ar-are* ist gr. *άρ-όω*, ir. *ar*, lit. *ar-ti*, russ. *orati*, aksl. *orja* pflüge, goth. *ar-jan*, ags. *er-ian, erigan*, ne. *ear*. Dieselbe Wurzel mit der Gutturalis heißt eggen: lat. *occare, occa* Egge, ahd. *egida* Egge, *ecken*, mhd. *egen*, lit. *aketi*; dem Typus *Kor* entsprechend: ags. *hearge*, ne. *harrow* Egge, dän. *harv* Egge.

Diese Lautgebilde sprechen dafür, dass die Wörter und Begriffe des Durchfurchens des Bodens mit den Anfängen der sprachlichen Entwicklung zusammenhängen. Sucht man irgend einen Connex mit den erörterten Begriffen, so geräth man wieder auf das sexuelle Gebiet. Nicht die schon abstractere Idee des Befruchtens des Bodens, die sich allerdings dann von selbst ergibt und die sich im deutschen *urbar* wohl zunächst aufdrängt, scheint dem *arare*, dem Durchfurchen des Bodens zunächst zugrunde zu liegen, sondern die metaphorische Verwendung des lautlichen Ausdrucks für den Vorgang des Zeugungsactes. Dass dem *arare* nicht die Idee des

Befruchtens zunächst zugrunde liegt, geht daraus hervor, dass *or*
(*er, ar*) auch r u d e r n bedeutet, also nur die zweitgenannte Grund-
anschauung, die des Durchfurchens mit dem *arare* gemeinsam hat.
R u d e r n (ahd. *ruodar*, lat. *remus*, gr. *ἐρετμός, ἐρέσσειν*, skr.
ar-itras Ruder, ags. *ar*, ne. *oar*, altn. *róa*) ist von dem Typus *or*
(*ro*) in den verglichenen Sprachen nicht gewichen.

Diese Anschauung, nämlich die der Übertragung eines rein
sinnlichen Actes des Menschen auf die analoge Bearbeitung des
Bodens durch spitze Werkzeuge, damit derselbe dem Menschen
Frucht trage, entspricht der allgemeinen Beobachtung, dass der
Urmensch die Begriffe der Thätigkeiten seiner Organe auf die
Außenwelt übertrug. Dass aber die Idee des Erzeugens, Befruchtens,
die Folge des Zeugens, namentlich von den dem *or* folgenden Typen
or K und *Kor* nicht getrennt werden kann, ist nach dem über
diese beiden Typen (für das sexuelle Gebiet) Gesagten selbstverständlich. Diesen Typen entsprechend heißt der Bebauer des Bodens
im Griechischen *γε-ωργ-ός*, im Lat. *agri-cola*. Doch wird niemand
die Verallgemeinerung des Begriffes beim Übergange vom *ἀρ-όω*
zum *γε-ωργ-εῖν*, einen Fortschritt zum Abstracteren von *arare* zu
colere verkennen, der auch nur unsere deutschen Fremdwörter
Agricultur, Cultur, Cultus sich gegenwärtigt hält. Stellt man sich
das *colere agrum* mit dem abstracten *colere amicitiam, colere
aliquem donis, colere deum* zusammen, so wird man dieselbe
parallele Begriffsentwicklung 1. p f l ü g e n und 2. l i e b e v o l l
b e h a n d e l n aus *kor* mit dem Grundbegriffe b e g a t t e n, z e u g e n
nicht verkennen, wie nach demselben Typus im skr. *kar-* zeugen,
kárṣ-ami furche. pflüge, lat. *carus*, fr. *caresser*.

Diese Ideenverbindung leitet uns auch zu einer Erklärung
der Entstehung des Wortes E h r e (ahd. *éra*). Im Ags. bedeutet
ar Gnade, Hilfe, Ehre, *arian* schonen, begnadigen; im Baj. heißt
er-n liebevoll behandeln, zureden; z. B. Lass dich nicht so lange
er-n i. e. in einladender oder schmeichelnder Weise zureden, z. B.
zu essen. Die doppelte Begriffsentwicklung, die man aus *Kor* z e u -
g e n wahrnimmt, können wir auch von *or* z e u g e n, b e g a t t e n
ausgehend voraussetzen, so dass wir gr. *ἀρόω* pflüge, *ἐράω* l i e b e
im Germanischen in *erian* (ags.) pflügen und *arian* (ags.) begnadigen, schonen, also mit einer Nuancierung der Bedeutung wiederfinden. *Ehre* und *Cultus* sind also zwei nach demselben Ideengang entstandene Wörter, wobei wir in E h r e eine seltene
begriffliche Veredelung eines *or*-Wortes constatieren können.

Der ursprüngliche Zusammenhang des Begriffes **pflügen**
mit dem des Zeugens ist noch aus folgenden gr. Wörtern ersichtlich: ἀρότης Erzeuger, Pflüger, ἄροτος Kinderzeugen, Pflügen,
ἄρουρα Mutterschoß und Acker, ἄρ-μα Beischlaf. (Vgl.
weiter die bereits angeführten Wörter οὐρέω, ἐράω u. s. w.)

Das ahd. *art* Ackerung, Pfügung wird (nach Kluge)
als nicht verwandt mit mhd. *art* angeborne Eigenthüm-
lichkeit, Natur, Art hingestellt; wenn man jedoch die
angeführten Gründe für die ursprüngliche Bedeutung (zeugen)
des *or (ar, er)* in Rechnung zieht, so sind die beiden Begriffe
Pflügung und Art in *art* erklärlich, wobei zwischen einem *ar*
(in der Bed. zeugen) und dem Derivatum *art* dasselbe begriffliche Verhältnis obwaltet, wie zwischen *gignere* und *genus*, *art*
Ackerung aber auf der genannten Begriffsübertragung beruht.
Dieses Wort bildet gerade wieder einen Beleg für die Zusammengehörigkeit der Begriffe zeugen und pflügen.

Von dem Begriffe des Zeugens stammt auch der des Erzeugens,
Machens, Bauens (vgl. oben: ἔργειν, ποιέω, *facere, creare, machen*);
daher ferner ags. *eard* Wohnung, d. h. das Gebaute, Gebäude,
alts. *ard* Wohnort u. s. w. Wahrscheinlich ist es auch, dass
infolge gegenseitiger Beeinflussung der Begriffe machen, bauen
und zweitens bebauen, welches die Ansiedelung bedingte, der
Begriff wohnen, Wohnort entstand, sowie das *colere agrum*,
das *colere urbem*, das *incolere,* die Ansiedelung zur nothwendigen
Folge hatte; daher heißt auch ahd. *bûan* nicht bloß bebauen,
sondern auch wie goth. *bauan* wohnen, bewohnen. Wie aber
gr. φύ-ω, mit welchem *bûan* zusammengestellt wird, als Vorgänger πορ-, ποι- oder φορ-, *φοι hat, so geht dem *bû* ein *bor*
(boa) mit dem allgemeinen Begriffe des Zeugens voraus. Dieses
germ. *boa* wird noch bezeugt durch: mhd. *buo-be* (in der Bed.
Männchen) und aus der Umlautreihe durch: ahd. *bêr*, ne. *boar*
der Zuchteber ahd. *beran* in d. Bed. hervorbringen. Da man
wegen skr. *bhû*, gr. φύω auf einen früheren Laut des *û* nicht
zurückzugehen wagte, blieb auch das Etymon von *bêr, beran,*
buobe (vgl. weiter unten auch *bohren, borgen, Burg, bürgen*)
unbekannt. *Bauer* ist somit ebenfalls auf den Begriff zeugen
zurückzuführen. Aus dieser Darstellung geht hervor,
dass der *ar-ator*, der gr. γε-ωργός, der lat. *agri-cola*

und der deutsche *Bauer**) in letzter Linie dieselben sind: die Durchfurcher, Befruchter oder Urbarmacher des Bodens.

An einer früheren Stelle wurde angeführt, dass *or* (*er*, *ar*) das Characteristicum des Mannes und den Mann selbst bedeutete. (Vgl. die Stelle über οὐϱ-έω, ἐϱ-άω, ἔϱ-ως, ὄϱχ-ις, *er*, *ich* etc.) Es ist selbstverständlich, dass, wenn *arare* und *remigare* auf einer Metapher aus einem rein sinnlichen Vorgange beruhten, dieselbe sich auch auf das Werkzeug erstreckte, so dass *or* (*er*, *ar*) auch das Werkzeug des Pflügens, Ruderns bezeichnete. Die einfachste Form hierfür bietet sich uns im ags. *ar*, ne. *oar* Ruder, im altn. *arl* Pflug; daran schließen sich die Composita: *aratrum*, *remus*, *ruodar*, ἐϱετμός u. s. w. Eigenthümlich ist es, dass es eine Reihe von Wörtern gibt, die ein Werkzeug zum Stecken, Stechen bezeichnen und denselben Stamm enthalten, wie die schon behandelten Wörter für das sexuelle Gebiet. Ich weiß sie nach ihrem Zweck oder ihrer Bestimmung auf Grund einer Metapher keiner anderen Begriffssphäre einzureihen als dieser. Immer hat man sich vor Augen zu halten, dass man es mit dem rohen, sinnlichen Naturmenschen zu thun hat, der in seiner Unbeholfenheit bei der Bildung neuer Begriffe an ein *prius* anknüpfen muss, das er in der Urzeit in den vorhandenen Lautgebilden zur Bezeichnung seiner Organe und deren Thätigkeiten findet. Trotz dieser Erwägung ist es selbstverständlich, dass solche Behauptungen immer den Charakter des Hypothetischen an sich tragen und nur am Platze sind, so lange gar keine Erklärungen des Verhältnisses zwischen Laut und Begriff vorliegen. Solche Beispiele sind: κέϱx-ις Pflock, Nagel, κέϱx-ος d. männl. Glied; γάϱ-αξ Weinpfahl, γάϱ-ις, Χάϱιτες Huldgöttinen, χαίϱω sich freuen; ahd. *ger* Speer, ahd. *ger* begehrend, davon gerne, *Gaul* urspr. Hengst; ne. *bore* Bohrer, ags. *borian*, ahd. *borôn*, ahd. *bêr*, *beran*; *colis*, *caulis* Stengel, *coles* d.. männl. Glied: σταυϱός Pfahl, ταῦϱος Stier; *Steuer*, *Stier*; und zu *or* (*ar*, *er*) noch: ahd. *âl-a* Ahle, skr. *ârâ*. Dass aber besonders Waffen auch nach dem Stoffe, aus dem sie verfertigt waren, benannt wurden, zeigen: δόϱυ Speer (Eiche), ὀξύη Lanze (Buche), μελίη Lanze (Esche), altn. ýr Bogen (Eibe) u. s. w.

---

*) Auch der ahd. *gibûro*, der sich des Bebauens wegen angesiedelt hat.

8. Fortsetzung. Weitere Begriffsentwicklung; bohren, bilden, graben, Bulle, Buhle, Burg, borgen, pflügen, pflegen.

Andeutungsweise soll noch auf den Zusammenhang anderer Wörter auf Grund der Ursprünglichkeit des *or* hingewiesen werden. Die Aufstellung unrichtiger Lautgesetze hat dahin geführt, dass eine Menge von Wörtern dieser Begriffssphäre wegen des differierenden Vocalismus oder wegen einer in der Vorzeit erfolgten *r(l)*-Bildung unerklärt blieb. Dass zwischen *borên*, *beran*, *bêr*, *bûan*, mhd. *buole* Liebhaber, altn. *boli* Bulle, altn. *bol* Wohnung, *bua* wohnen, me. *bulden*, ne. *build*, nhd. *bilden* u. s. w. eine Verwandtschaft besteht, kann der Etymologe der heutigen Schule nicht zugeben; noch weniger hat man an einen Zusammenhang der *b*-anlautenden Wörter mit den *f(p)*-anlautenden im Germanischen gedacht.

Was früher über die Begriffsentwicklung aus *or (er, ar)*, über die neuerdings eingetretene lautliche und begriffliche Fortbildung aus den einer späteren Periode angehörigen Typen *cor* und *por* zeugen, Männchen gesagt wurde, gilt im Germanischen auch von dem Typus *boa*, *bor*. Der Begriff des Zeugens, der dem *bor* (vgl. *bêr*, ne. *boar*; goth. *gabairan* zeugen, gebären, ahd. *beran*, mhd. *buole*, *buobe*) innewohnt, führt in seiner metaphorischen Anwendung (vgl. oben beim Typus *or*, ἐρ-άω, ἀρ-όω oder zu *Kor* skr. *kar*- zeugen und *kár-ṣ-ami* pflüge etc.) zu einer dem Pflügen verwandten Thätigkeit, dem Bohren (*borên*); vgl. hierzu περάω durchbohre, durchsteche und φαράω pflüge.

Germ. *bor*- bohren hat zwar nicht geradezu die Bedeutung pflügen; aus der Gegenüberstellung von *colere agrum* bebauen und *ar-are* pflügen, ὀρ-ύσσειν bohren, graben wissen wir jedoch, dass dem Bebauen die Begriffe pflügen, bohren vorausgehen. Germ. *bû-an* bebauen, pflanzen ist daher kein ursprünglicher Begriff: ihm geht voraus *bor*- bohren, das Bearbeiten des Bodens mit einem spitzen Werkzeuge und weiter das Zeugen; *û* in *bûan* entstand demnach aus *or* von *bor*- bohren (pflügen), zeugen; s. S. 75. Der Laut *bor*- zeugen, gebären ist noch in Formen der Vergangenheit germ. Dialecte vorhanden; vgl. ahd. *poran* (Part.), ne. *bore* (Prät.) etc.

Dem germ. *bor*- liegen somit nach dem Gesagten die Begriffe zeugen, bohren (pflügen) zugrunde. Aus ihnen entstehen:

1. die Begriffe erzeugen, machen, bauen (wie ποιέω aus πορ-, parēre ete.), 2. der Begriff bebauen. Da das Bebauen die Ansiedelung bedingte, das *colere* zum *incolere* führte, der Begriff **wohnen** (goth. *bauan*), somit aus dem Begriffe bebauen und vielleicht auch unter der Beeinflussung der zweiten Bedeutung von **bor**-**machen, bauen** entstand, so können wir vermuthen, dass jene germ. Wörter nach *bor,* welche den Begriff **wohnen** enthalten, nur andere Weiterbildungen (nicht zu *u, au*) sind aus urspr. *bor:* daher: ahd. *bûr* Haus, Kammer, ags. *bûr* Wohnung, altn. *bol* Wohnung; mit dentaler Ableitung: ags. *bold,* me. *bulden,* ne. *build.*

———————

Wie der Typus *por(K)* **zeugen** im Lateinischen nicht bloß zu *portare, ferre, facere,* sondern auch zu *for-are,* zu *for-ma* durch **Bohren, Eingraben entstanden** und zu *formare* **bilden** führt, so gelangt germ. *bor* **zeugen, bohren** zur höchsten Begriffsentwicklung in deutschem **bilden**. Schon ahd. *bil-idi* hat die abstracte Bedeutung Bild, Gleichnis, Gestalt. **Bilden** hat zwar wie sonst die Abstracta dieses Begriffsgebietes im Germanischen nicht anlautendes *f;* da es aber das zweite Mittel der Differenzierung, die vocalische Verschiebung aus *bor* im vollsten Maße erfahren hat, ist die abstracte i. e. einer verhältnismäßig späten Periode angehörige Bedeutung erklärlich und die Vermuthung der begrifflichen Entwicklung aus *bor-* **zeugen, bohren** analog der des *for-ma* aus *for-are* gerechtfertigt.

An *or* und häufiger an die contrahierte oder invertierte Form *o* (*e, a* u. s. w.), *ro* schloss sich, wie gesagt wurde, die dentale Media an; daher: *edo, rodo, vado, video, audio, odor;* s. S. 40 u. 45. Denselben Zusammenhang finden wir auch zwischen *por* und *pod;* vgl. oben πόρ-ος und ποδ-, *per-itus* und *ped-* **Fuß** etc. Unter Berücksichtigung dieses lautlichen Vorganges liegt es nahe, *forare* mit *fodere* zusammenzustellen. Der allgemeine Begriff *forare* **bohren** wird in dem Derivatum *fodere* eingeschränkt auf das Bohren in der Erde, das Graben. Vielleicht ist auch germ. *graben* aus einem dem *bor-* parallelen *°gor* **bohren** entstanden; vgl. hierzu ahd. *gêr* **Spieß**, *nabegêr* (ahd.) und *negeber* (mhd.) **der Bohrer**. Auch im Griechischen hängen die Begriffe bohren und graben zusammen; ὀρ-ύσσω heißt bohren, graben, ὄρυξ Spitzeisen zum Bohren, Graben, ὀρύκτης spitziges Eisen zum Graben, Furche, Pflugschar, οὐρός Graben, Furche. Die Begriffe **bohren, pflügen,**

graben hängen also überall zusammen. Vgl. unten die Hypothese
über die Entwicklung des Begriffes brennen *urere* aus dem Begriffe bohren, reiben.

Nach dem Gesagten liegt es nahe, auch deutsches Pflug,
pflügen in den Kreis dieser Erörterungen zu ziehen. M. Müller
stellt Pflug mit skr. *plava*, gr. *πλοῖον* Boot zusammen (vgl. hierzu
oben meine Darstellung über *arare* und *rudern*) und meint: „As
the Aryans spoke of a ship ploughing the sea, they also spoke
of a plough sailing across the field". Grimm bezweifelt, dass es
germanisch sei. Skeat meint, es sei vielleicht keltischen Ursprungs.
Hehn (S. 482) führt eine Stelle aus Plinius an, wonach der Pflug
in Raetia Galliae *plaumorati* genannt wurde und bemerkt, dass
wir in der gegebenen Benennung, obgleich die Lesart nicht sicher
und die Wortform dunkel ist, die älteste Erwähnung des späteren
Pfluges finden dürften. In der Mitte des 7. Jahrh. steht bereits im
longobardischen Gesetz: „Si quis *plovum* (plobum) aut *aratrum* etc."
Kluge meint, slav. *plugu* (aks.) sei aus dem Germanischen entlehnt, welches seinerseits das Wort wohl von seinen Wanderungen
(woher?) mitgebracht habe. Nimmt man Pflug (ahd. *pfluog*, ags.
plôh, ne. *plough*, altn. *plógr*) als germanisch an, so ist es allerdings nicht ausgeschlossen, dass vorgerm. *p* die Verschiebung zur
Aspirata aus irgend einem uns unbekannten Grunde nicht erlitt.
Im allgemeinen pflegen wir jedoch die *pf-p*-anlautenden Wörter
mit scheelem Auge zu betrachten, sollten wir sie als urgermanisch
agnoscieren. Mancher Umstand spricht dafür, dass man es mit
einem Lehnworte zu thun hat. Ist jedoch Pflug überhaupt arisch,
so liegt es nahe, dass, wie oben den Wörtern *arare, colere, bauen*
(bebauen), *γε-ωργεῖν* Typen mit dem primitivsten Begriffe zeugen,
begatten zugrunde lagen, auch bei Pflug, pflügen an denselben Grundbegriff gedacht wird. Die longob. Form *plovum* zeigt
uns, dass das auslautende *g* in Pflug eine Neubildung ist. In *pl-*
aber treffen wir dieselbe Verbindung, wie im lat. *plenus, plus*,
die unter Berücksichtigung des urspr. *por-, pol-* durch den Ausfall
des *o* (daher das Accentverhältnis in *πολ-ύς* und *pl-us*) entstand.
Por- zeugen führte aber nach der obigen Darstellung im Deutschen
zu den Wörtern *voll, viel, Freund, Friede, frei* etc. sämmtlich
mit der Aspirata. Aber auch die concreten Begriffe bohren,
pflügen, graben, die an zeugen sonst sich knüpfen, finden
wir nach *por(K)* zeugen im Germanischen mit der Aspirata in
ahd. *furuh* Furche und *bi-fel-ahan*, goth. *filh-an* begraben, bergen.

Pl- Pflug, pflügen ist demnach, wenn auch vielleicht nicht als germanisch, so doch als arisch der Wörtergruppe nach dem Typus *por* zeugen einzuverleiben. Mit pflügen scheint auch pflegen zusammenzuhängen. Ahd. *pflegan,* alts. *plegan* heißt behüten, wofür sorgen; vielleicht beruht pflegen, behüten auf dem Begriffe graben, durch Begraben in Sicherheit bringen (wie mit der Verschiebung *bi-fel-ahan* begraben); es lässt sich jedoch auch wegen ags. *plegian* spielen etc. d. *pflegen* an ein früheres liebevoll behandeln etc. (vgl. skr. *kar* zeugen, *kárṣami* pflüge, lat. *carus, colere agrum, colere aliquem*) anknüpfen.

Hervorzuheben sind die zwei Articulationsarten in *augere* und *crescere,* d. *groß* und *hoch.* Dieselbe Bemerkung machen wir auch an dem labialen Anlaute. Die germanischen Abstracta dieser Begriffssphäre mit dem *f* (vorgerm. *p*) -Anlaute: *Freund, Frieden, frei, freien, froh, freuen* charakterisieren die letzte Periode der Sprachentwicklung. Parallel mit diesen, wenn ich so sagen darf, höheren Begriffen läuft eine Reihe niederer Begriffe mit dem *b*-Anlaute: *borôn, ber, beran, buo-be, bar* (Suffix in furchtbar, Furcht erzeugend), mhd. *buole* naher Verwandter, Geliebter, Liebhaber, altn. *boli* Stier, Bulle, *buan* und *bauan.* Einem ahd. *hero,* einem goth. *hôrs* steht mit medialem Anlaut ahd. *ger* begehrend, gerne, mhd. *geil* Hode, einem *frô,* ags. *frea* Herr steht der niedere Begriff *ber.* ne. *boar* (mit dem ursprünglichen Begriff Zeuger, Männchen) gegenüber.

Sucht man nun zu *pl-* pflügen, pflegen die parallelen *b*-anlautenden Wörter, so gelangt man zu *borgen* und *bergen.* Ahd. *borgên* worauf achthaben, ihm die Zahlung erlassen, borgen, Bürge sein, ags. *borgian* behüten, borgen, ahd. *burige* Bürge gelangen, wie ahd. *pflegan* zur Bedeutung behüten oder, wie alts. *plegan* zur Bedeutung verbürgen, während in dem einfacheren Stamme ohne Gutturalis *bor-, ber-* noch die Bedeutung des Zeugens, Pflügens, Bohrens steckt. Ein germ. *borg* mit der gutturalen Erweiterung aus *bor* bohren erinnert an den Begriff pflügen in Burg (ahd. *burug* Burg, Schloß, Stadt), wenn wir erwägen, dass Burg wie *urbs* aus *urbare* pflügen infolge der Gepflogenheit, den zu bebauenden Raum mit dem Pfluge zu umziehen, entstanden sein konnte. Die dem Pflügen verwandten Begriffe graben, einscharren liegen auch noch dem ags. *byrgan,* ne. *bury* begraben und dem ags. *byrgels* ne. *burials* Beerdigung zugrunde. Zu germ. *bor-* und vorg. *por-* gehören dann in weiterer begrifflicher Entwicklung d. *Bürge* und *Pflicht*, ne. *plight* Pfand etc.

9. Fortsetzung. Weitere Begriffsentwicklung; *Vater*, *Fohlen*; **Die Aspirata aus der Tenuis.**

Es ist bekannt, dass in *parentes* (*parere* zeugen, gebären) der ursprüngliche Begriff (Eltern) sich verallgemeinerte und auch auf Großväter, Urgroßväter, Vorfahren, dann auf Vettern, Muhmen und überhaupt auf Verwandte sich erstreckte. Es gehen also von *por* zeugen zwei Begriffe aus: 1. Liebender, lieben, wie oben dargestellt wurde. 2. Der derselben Familie, demselben Geschlechte Angehörige, der Anverwandte im allgemeinen. Im ahd. *friund*, sowie im mhd. *buole* sind die beiden Begriffe Liebender, Verwandter vereint. Im Baj. bedeutet Freund nur den Anverwandten, im Nhd. den Liebenden oder Geliebten im edlen Sinne. Ganz analog bezeichnet dasselbe Lautgebilde *fil-* in *filius* mit einer Specialisierung des Anverwandten den Sohn, im griechischen $\varphi\iota\lambda$-$o\varsigma$ aber den Freund. Wie hier *filius, filia, filialis* (kindlich) nach meiner voc. Lautverschiebungstheorie und auf Grund des oben an einzelnen Beispielen dargelegten Satzes der Verschiebung des *p* zu *f* in den alten Sprachen aus *por* zeugen und dem nächsten Begriff gebären hergeleitet erscheint, so wird auch von den Etymologen deutsches Sohn skr. *sûnu*, gr. $\upsilon\iota\acute{o}\varsigma$ mit einer Wurzel *su*, skr. *sû* gebären zusammengestellt. Deutsches Kind beruht ebenfalls auf einer Wurzel, welche zeugen, gebären heißt; auch skr. *jantú* Kind, *jâtá* Sohn hängt mit der skr. Wz. *jan* zeugen zusammen; ebenso goth. *barn* Kind von *bairan*. Es widerspräche also ganz der Auffassung unserer Vorfahren, den *filius* nach der speciellen Thätigkeit des Saugens (*fellare*) so zu benennen.*) In gleicher Weise lässt sich auch für die idg. männlichen Verwandtschaftsnamen *pater, frater* keine natürlichere Erklärung als eine Scheidung aus der idg. Wz. *por* zeugen denken, wobei das *a* in *pater* wieder auf einer Contraction aus *oa* (*or*) beruht. Vater von einer Wz. *pa* hüten,

---

*) Als Curiosum sei hier angeführt die Zusammenstellung von *fellare* mit skr. *dháyami* sauge, trinke. In gleicher Weise muss (vgl. Brugmann I, § 370), wo es an ai. *bh* gebricht, irgend ein Wort mit *dh* herhalten: *facere* soll nach dieser Darstellung aus einer Wz. *dhe* setzen, legen, thun herstammen und mit *do* in *condo* identisch sein!!

schützen, ernähren zu erklären, stimmt nicht zur vermuthlichen Denkweise des rohen Naturmenschen.

Lautlich steht dem Hinweis (in *frater*) auf *por* (*parere*) im Lateinischen nichts im Wege, da aus andern Beispielen das Fortschreiten zur Aspirata festgestellt wurde. Ebenso wurde für die dem deutschen B r u d e r, skr. *bhrâ-tar* zugrunde liegende Wz. *bor* (beziehungsweise *ɥor*, *or* vgl. unten) die ursprüngliche Bedeutung z e u g e n, g e b ä r e n, e n t s t e h e n erschlossen. B r u d e r beruht demgemäß auf der Vorstellung des Erzeugten oder im activen Sinn auf der des Z e u g e r s, M ä n n c h e n s. C u r t i u s stellt skr. *bhrâ-tar* mit φερ- in der erzwungenen Bedeutung *nutrire, sustentare* zusammen. Abgesehen von der Pflicht, die hier einem Bruder in der Urzeit zugemuthet wird, geht aus andern Wörtern hervor, dass der Sanskritwurzel ebenfalls die im Germ. und in den alten Sprachen erschlossene dem t r a g e n vorausgehende Bedeutung z e u g e n, g e b ä r e n zugrunde liegt. Für diese Anschauung sprechen skr. *bhartṛ* m a r i t u s und noch deutlicher *urà-bhra-s* W i d d e r. C u r t i u s (496) sieht in *urà-bhra-s* W i d d e r den Wollträger. Diese Bedeutung wäre wohl nicht unterscheidend für das Masculinum. Ahd. *bér* und skr. *su-kar-as* Z u c h t e b e r geben uns einen Fingerzeig für die Bezeichnung des Masculinums: beide bedeuten die Z e u g e r. Wir müssen daher, wie in *sukaras* den Saumacher, so in *urà-bhras* wörtlich den Schafmacher erkennen, aus *urâ S c h a f und *bhra-* mit der dem t r a g e n vorhergehenden Urbedeutung z e u g e n, dies umsomehr, da nicht *urâ*, sondern erst *urṇâ* das von dem Schafe Herrührende, die Wolle bezeichnet. Diese Umstände sprechen dafür, dass also die in skr. *bhrâtar* B r u d e r steckende Wurzel zunächst zeugen und in der Folge verwandtschaftliche Beziehungen überhaupt ausdrückte.

Wie nach dem früher Gesagten *filius* nach dem Typus *por* z e u g e n, g e b ä r e n den Erzeugten, das Junge bedeutet, so heißt auch πῶλ-ος nach demselben Typus F o h l e n oder überhaupt j u n g e s T h i e r, lat. *pullus* J u n g e s, h a u p t s ä c h l i c h v o n H ü h n e r n, goth. *fula*, ahd. *fola*, ags. *fola*, ne. *foal* F o h l e n. Wie in der Sippe *pater* erscheint keine *r(l)*-Bildung in skr. *pota* das J u n g e e i n e s T h i e r e s, *putra* S o h n. Wir haben also in den Wörtern *Freund, Fohlen,* φίλος, *filius, frater*, die in letzter Linie auf dasselbe Lautbild und denselben Begriff zurückzuführen sind, dieselbe Articulationsart, die Aspirata im Germanischen und in den alten Sprachen.

Die etymologischen Untersuchungen von φοράς, φέρω, φύω, φίλος, *forare, formare, fodere, fero, facio, fio, filius* haben die sprachlich wichtige Thatsache ergeben, dass φ und lat. *f* aus *p* hervorgiengen. Diese Darstellung steht bekanntlich im Widerspruch mit den Ergebnissen der gelehrten Forschung, die zur theilweisen Aufstellung eines indogermanischen *bh* für φ und für *f* geführt hat. Dieses *bh* soll gewissermaßen ein lautliches Bindeglied zwischen gr. φ, lat. *f* und germ. *b* sein und hat für den Anhänger der bloß historischen Forschungsmethode das Bestechende, an einigen an den Fingern herabzuzählenden Beispielen auf eine entsprechende Sanskritform mit *bh* hinweisen zu können.

Der aus einer falschen Prämisse gezogene Fehlschluss liegt in der Behauptung, die Media aspirata wurde im Urgriechischen zur Tenuis aspirata, also *bh* zu *ph (φ)*. (Vgl. Brugmann, I., § 495.) Gegen diese Behauptung spricht Folgendes: zwischen Griechischem, Lat. und Germ. einerseits und Altindischem anderseits besteht keine Continuität; nur auf Grund einer solchen könnte der Satz von einer ursprünglichen Media aspirata so apodiktisch hingestellt werden. Weder im Germanischen noch in den alten Sprachen lässt sich ein *bh* als Antecedens von *f* erweisen. Für das Entstehen eines *f* aus einem *p* in den alten Sprachen gibt es kein evidenteres Vorbild als den Übergang eines germanischen *p* zu *f*. Dass ein solcher Übergang von der Tenuis zur Aspirata nicht sprungweise erfolgte, liegt auf der Hand. Zwischen beiden lag die Tenuis aspirata. Daher war das goth. *f* noch bilabial, ebenso das ahd. *f* in den ältesten Denkmälern. (Vgl. Brugmann, § 342.) Eine frühere Entwicklungssphase von *f* im Lateinischen wird auch von Brugmann (§ 338) angedeutet. „Dass *f* im Oskischen bilabial war, scheint aus dem *m* von *amfr-* zu entnehmen"; und § 495 über gr. φ. „Wohl in den meisten Dialecten, sicher z. B. im Jon., Att. blieb diese (die Tenuis aspirata *ph*) dann (i. e. nach der angeblichen Media aspirata) bis in die historische Zeit hinein unverändert". Aus diesem Satze geht hervor, dass man φ *(f)* nur bis *ph*, also nur bis zur Tenuis aspirata im Griechischen zurück verfolgen konnte, dass also die Aufstellung eines ursprünglicheren *bh* im Griechischen bloß auf der falschen Voraussetzung der Continuität mit altindischem *bh* beruhte.

Positiv sprechen für die Entstehung des griech. φ und lat. *f* aus π, *p* die oben entwickelten Derivata aus einem ursprünglicheren *por* zeugen. Sie liefern auch ein Capitel zur Erhärtung des Satzes, dass die Sprachgesetze überall in derselben Weise sich geltend machen.

Geistige Thätigkeiten.

Die Untersuchung über *or* und dessen Fortentwicklung hat nun ergeben, dass der Fortpflanzungstrieb eine erkleckliche Reihe von Wortgruppen geschaffen hat. Sie enthalten nicht nur die sinnlichen Begriffe des Zeugens, Pflügens, Bohrens, Befruchtens, Machens, Entstehens, Bauens, Wachsens, Tragens, Vermehrens, sondern auch die Namen jener Begriffe, die sich auf die Verwandtschaftsverhältnisse oder auf d a s G e f ü h l s l e b e n beziehen.

In ähnlicher Weise finden sich Anknüpfungspunkte, dass in der großen Gruppe für L a u t ä u ß e r u n g e n der Ausgangspunkt zur Bezeichnung geistiger Thätigkeiten zu suchen sei. Bekannt ist das auf Grund dieser Anschauung oft citierte λόγος, welches von dem Begriff W o r t zu dem Abstractum V e r n u n f t sich erhebt. Ags. *maenan* (ne. *moan, mean*) heißt nicht nur m e i n e n, sondern auch k l a g e n, ä c h z e n. Vielleicht ist diese letztere Bedeutung ein Überrest einer ursprünglichen Bedeutung der Lautäußerung, so dass *mo'o'* nur die genäselte Scheideform ist von *moa, mor* zum Ausdruck einer Lautäußerung oder der Thätigkeit des Mundes überhaupt (Vgl. oben μοϱ-μύϱ-ειν, skr. *mar-a, murmurôn, mordere, molere* u. s. w.), mit dem Wechsel des *r* und *n* wie oben in lat. *mar-* (*mas, maris*) und ags. *mon* und *man* etc. aus ursprünglichem *moa, mo'a'*, den Nachfolgern von *oa* (in *er* u. s. w.) und *o'a'* (in *ein* u. s. w.). Daher auch skr. *man* denken, *man-as* Sinn, *mn-á* erinnern, gr. μέν-ος Geist, μέ-μνη-μαι erinnern, μνή-μον, *mens, monere*, goth. *ga-mun-an* denken. Infolge einer Contraction aus *oa* und *ea: ma-ti* Geist, Gedanke, gr. μῆ-τις Gedanke, *me-mi-ni, meditari*; μάϱ-τυς der Gedenkende, Zeuge, μέϱ-μεϱος sorgenvoll. Dasselbe Wort ahd. *minna* E r i n n e r u n g und L i e b e gehört zwei verschiedenen Begriffssphären an. In der Bedeutung e r i n n e r n denkt man an die eben angeführten Wörter für geistige Thätigkeiten, die mit irgend einer Thätigkeit des Mundes in Verbindung gebracht wurden, wie wir solche Begriffsentwicklungen noch im it. *muso* Schnauze, Gesicht und *musare* nachdenken, fr. *amuser* von *morsus*, engl. *muzzle* und *muse*, engl. *chew* k a u e n und übertragen n a c h d e n k e n bemerken können. In der Bedeutung Liebe hingegen denkt man analog mit der Begriffsentwicklung von ἐϱ-άω,

carus folgerichtig an einen Begriff des Zeugens, der in der Sippe
M a n n vorhanden ist.

Ags. *reord, reard, gereord* heißt R e d e , M a h l und V e r -
n u n f t.   ln R e d e und M a h l treten die beiden Hauptthätigkeiten
des Mundes, r e d e n und m a l m e n , vor uns; aus dem ersteren
dieser Begriffe erhebt sich der abstractere V e r n u n f t. Dasselbe
Lautgebilde, welches in einer Sprache eine Lautäußerung bezeichnet,
kann daher in einer andern eine geistige Thätigkeit ausdrücken;
z. B. skr. *ra-s* brüllen, ags. *rarian* und lat. *re-or* denken, *ra-t-us,
ratio* Vernunft. Dass auch in anderen Begriffsgebieten solche Ab-
stractionen aus dem rein Sinnlichen stattfinden, zeigt z. B. die
Sippe w i s s e n von s e h e n. (Vgl. oben „das Auge und dessen
Thätigkeit".)

10. D a s U r o g e n i t a l o r g a n. W e i t e r e B e g r i f f s e n t w i c k - l u n g; *m i n g e r e , h a r n e n , W o l k e , R e g e n , f l i e ß e n.*

Von dem Begriffe *mingere* entstehen die Begriffe: Regen,
Wolke, feucht, fließen u. s. w. Mit *oῦρ-ον*, das aus dem Naturschrei entstand, stellt S k e a t skr. *vari* W a s s e r ,*) Zend *vara*
R e g e n , isl. *úr* t r ö p f e l n d e r R e g e n , ags. *wer* S e e zusammen.
Im Ai. hat die Wz. *mih* nicht nur die Bedeutung h a r n e n , sondern
auch r e g n e n. K l u g e verbindet hiermit ags. *mígan*, altn. *miga*
harnen. *ομίχειν, ὁμίχλη* Nebel, engl. *mist* Nebel, skr. *meghá* Wolke.
Auch diese Zusammenstellung lässt schließen, dass der Naturschrei, der zunächst einem nothwendigem Bedürfnisse entsprang,
zum sprachlichen Ausdruck verwandter Vorstellungen der Außenwelt wurde. Auf dieser Anschauung basierend entspricht dem
Typus *orK* deutsches W o l k e , ahd. *wolcha*, aksl. *vlaga* Feuchtigkeit, *vluguku* feucht, *vilgyti* feucht machen; d. *Regen*, lat. *rigare*;
m-b-anlautend: *μύρω* fließe, lat. *mare*, gr. *βλέχειν* benetzen, *βροχή*
Anfeuchtung, *βροχετός* Regen, Benetzung; dem *por* entspricht *pluere.*
Wie *oῦρέω* die beiden Thätigkeiten des Urogenitalorgans umfasst, so bemerken wir durch die ganze Sprachgeschichte nach
den entwickelten phonetischen Typen einen Parallelismus in den
Lautgebilden für beide Thätigkeiten, respective deren Übertragung.

---

*) Skr. *var, vari* W a s s e r hängt nach meiner Darstellung unten nicht
mit *oῦρον* zusammen, sondern beruht, da es ein zur Erhaltung des Urmenschen absolut nothwendiges Ding, sein Getränke bedeutet, auf einer directen
Anwendung des Naturlautes.

Stellt man die schon entwickelten Formen aus dem sexuellen Gebiete denjenigen für *mingere* und den aus demselben entstandenen
Begriffen **Regen**, **Wolke**, **Feuchtigkeit**, **Wasser** etc. gegenüber, so ist der ursprüngliche Zusammenhang nicht zu verkennen.
Daher *οὐρέω* für beide Thätigkeiten; *ῥέω* fließe, *ῥοή*, *ῥόος* Fluss,
rivus, *rinnen* — anderseits: *ἐράω*, *ἄρσην*, ai. *vṛšan,**) *ra-ti*, lat.
urigo u. s. w.; *Regen*, *rigare* — *Rogen*; *Wolke* — *ὀργάω*, *ὄρχ-ις*;
mingere, *ὀμίχειν*, *ὀμίχλη*, ai. *mêgha* Wolke — *μοιχεύω*, *mich*, *Mann*;
μύρω fließe, *mare* — *μύλλω*, *mar* (*mas*), *mehr*; *βρέχειν* benetzen
— *βρέφος* Frucht im Mutterleibe; *colare* seihen — *carus*, ai. *kar*,
colere, *coles*; *harnen* — *huren*; *pluere* — *plus*, *πλέος*, *plenus*, *πολύς*.

Da nun *φορεῖν*, *φέρειν*, *φύω*, *φίλος*, *forare*, *fodere*, *formare*,
ferre, *facere*, *fieri*, *filius* nach ihrer Begriffsentwicklung die Verschiebung aus der Tenuis zur Aspirata aufweisen, so kann man
auch in *fluere* i. e. in *fl-* eine Scheideform von *pluere* i. e. *pol*, *pl-*
vermuthen, so dass lat. *fluere* an derselben Articulationsart an-
gelangt sei, wie deutsches **fließen**, gleich dem *φίλος*, *filius* etc.
und deutschem **Freund** und **Fohlen**.

**11. Fortsetzung. Germanisches *bor* und *for* (vorgerm.
por); deutsches *bin*. Gegensatz der Bedeutung der
or-Wörter und *cor*- *por*-Wörter.**

Diese Untersuchung gelangte zu der Beobachtung. dass den
niederen Begriffen *borôn*, *bêr*, *beran*, *buobe*, *bar* (Suff.), *boli* (altn.).
buole, *buan*, *bauan* eine Reihe höherer Begriffe *Freund*, *Frieden*,
frei, *freien*, *froh*, *frô* (ahd.), *frea* (ags.) gegenübersteht. Die
ersteren wurden auf einen Typus *bor* **zeugen**, **bohren**, die
letzteren auf den Typus *por* **zeugen**, **bohren** (in *furuh*, *filhan*)
zurückgeführt. Bei dieser Grundbedeutung des *bor* und *por* liegt
die Versuchung nahe, für *bor* und *por* eine ursprünglich einheit-
liche Articulationsart zu vermuthen. Man könnte vielleicht sagen,
ein vorgermanisches *p* erschlaffte in einer Reihe volksthümlicher
Wörter zu *b* und erhob sich in einer andern Reihe von Wörtern
zur Aspirata. Dieser Annahme steht jedoch außer dem Hinweis

---

*) Von den Gelehrten wird *ἄρσην* mit ai. *árṣati* **fließt**, **strömt** und
ai. *vṛšan* **Mann**, **Stier** mit *várṣati* **regnet** zusammengestellt. In *ἄρσην*,
vṛšan liegt jedoch der Begriff des Zeugens, der **einen** Bedeutung des *or*
(*οὐρέω*), während den genannten Verben die zweite Thätigkeit des Urogenitalgeschäftes zugrunde liegt.

auf die Beziehung des vorgerin. *p* zu dem *p* der alten Sprachen und zu den Lauten *k*, *ku* eine andere Erklärungsweise der Entstehung des *b* gegenüber, welche den Gegensatz der *bor-* und *por-* Wörter in ein noch grelleres Licht stellt, ohne an deren Zusammenhang zu rütteln.

Wenn im Germanischen ein begrifflicher Connex zwischen diesen beiden Reihen von Wörtern besteht, so ist es im allgemeinen der, welcher in den alten Sprachen zwischen den Wörtern nach dem Typus *or* (vereinzelt *bor*) und denen nach dem Typus *por* (*for*) besteht. In den alten Sprachen ist die Zahl der Wörter nach dem Typus *or* größer, als im Germanischen. Es hat somit nach einer aprioristischen Annahme eine Zeit gegeben, wo der idg. Typus *or* der Urzeit in *or* und *bor* derart sich schied, dass dem *bor* im Germanischen größtentheils die Rolle des *or* der alten Sprachen zufiel. Den Weg zu dieser lautlichen Scheidung zeigt uns lat. *uor* aus *or*: *or-o*, *vor-o*, *voco*; oder lat. *or-ior*, *ver*, *verto*, d. *werden*; *eram*, *war* u. s. w. Der Weg von *uor* zu *bor* wird unter den besprochenen Wörtern markiert durch βορός *vorus*, βα-τός *va-do*, *ve-nio*, βόλομαι, βούλομαι *volo*, wobei zu bemerken ist, dass lat. *v* nach der Ansicht der Gelehrten wie engl. *w* ausgesprochen wurde. Die Neigung eines Überganges von *u* zu *b* ist, da beide Laute im Lippengebiete liegen, eine natürliche; sie wird auch im Germanischen illustriert durch die Thatsache, dass in bair. Denkmälern vom 13. bis zum 16. Jahrh. fast allgemein *b* für gemeindeutsches *w* geschrieben wurde; also: *bann* wann, *erbarb* erwarb, *gebald* Gewalt, *barnen* warnen, *berden* werden u. s. w. Vgl. Weinhold, § 124.

Engel führt Gründe an, nach welchen gr. β, das heutzutage wie *w* ausgesprochen wird, schon in der ältesten Zeit ähnlich gelautet haben muss; auch lat. *b* sei sehr weich ausgesprochen worden. *) Bekanntlich wurde nebst ϝ auch β und υ im Griechi-

*) Engel, die Aussprache des Neugriechischen; S. 154. „Für die älteste Zeit, bis zu den Römern, genügt schon die Hervorhebung, dass niemals, auch in Dialecten nicht, β und π auf Inschriften verwechselt wurden. Selbst die hellenisierten Egypter haben nicht β mit π verwechselt, obwohl ihre egyptische Schrift gar kein *b* kannte, eine Verwechslung also mit *p* das Natürlichste von der Welt gewesen wäre." — „Die Griechen übersetzten zwar lat. *b* durch ihr *b*; aber — und das ist beweisend: — sie übersetzten auch *v* durch *b*. Wohl muss ein Unterschied zwischen lat. *v* und gr. β gefühlt worden sein, denn die Griechen begnügten sich nicht mit *b* zur Wiedergabe von *v*;

schen geschrieben; der Laut des *f* muss dem des *u̯* ungemein nahe gekommen sein (C u r t i u s). Diese Beobachtungen zeigen, dass auch lat. und gr. *b* sehr nahe an *u̯* grenzten, und dass dort, wo eine lautliche Scheidung des *b* von einem anderen Laute erwiesen werden soll, man eher an vocalisch anlautende Wörter denken müsse als an solche mit dem *p*-Anlaute.

Lautlich betrachtet, steht also der Annahme nichts im Wege, dass germ. *bor* aus *u̯or*, *or* entstanden sein könne. Es entsteht nun die Frage, ob diese Annahme durch Gründe der Sprachvergleichung gestützt werden kann.

Die Gelehrten haben gefunden, dass das anlautende (nach dem Anlaute lässt sich am sichersten eine Norm für consonantische Lautübergänge bestimmen) germ. *b* in einigen Wörtern, nämlich in *beran, brawa, buan, bruodar, bı33an* einem *bh* im Altindischen entspricht und demgemäß als Sprachgesetz proclamiert, germ. *b* lautete vorgerm. *bh*.

Die Etymologie von *brawa* A u g e n b r a u e ist nicht bekannt; ein Verwandtschaftsname nach dem Typus *or* im Lat. und Gr., der dem germ. *bruodar* entspräche, ist allerdings nicht nachzuweisen; *beran, buan* und andere, die oben lautlich und begrifflich aus *bor* z e u g e n , b o h r e n abgeleitet wurden, entsprechen hingegen einem *or* in den alten Sprachen mit denselben Grundbegriffen. Die Begriffe dieser Begriffssphäre, die an dem *or (ar, er, ur)* der alten Sprachen haften, sind z e u g e n , w e r d e n , b o h r e n , p f l ü g e n , r u d e r n , l i e b e n , b r e n n e n (vgl. unten die Hypothese über die Entstehung des Begriffes b r e n n e n aus b o h r e n , r e i b e n) in: οὐρέω, orior, ὀρ-ύσσω, aro, ἐρέσσω, ἐράω, ἔρως, uro, urbo. Hierher gehörig ist im germa_ nischen: *er, art, arl* Pflug, *ár* (ags.), *oar* Ruder u. s. w.; hingegen mit dem *b*-Anlaute dieselben aus *bor* entwickelten Begriffe *beran, gebären, bohren, bauen (bebauen), bér, baro, Bulle, Buhle, brennen.* (Vgl. auch skr. *bharu*, lat. *aurum.*) Selbst wenn man auf Grund der Vergleichung mit dem Altindischen vorgerm. *bh* an-

aber groß kann jener Unterschied nicht gewesen sein. So schreibt P l u t a r c h für *Verres Βέρρης; Ravenna* wird *Ραβέννα; Varro Βάρρων; Virgilius Βιργίλιος.*" „Am deutlichsten wird der ganz weiche Laut des gr. *β* durch Abwechseln mit ου und υ. Die Griechen schrieben nicht bloß *Βάρρων*, sondern auch *Οὐάρρων.* Für Aventinus finden sich die drei Formen *᾽Αουεντῖνος, ᾽Αυεντῖνος* und *᾽Αβεντῖνος*, u. s. w. Auch *Βιργίλιος* und *Οὐιεργίλιος.* Ein *β*, welches mit ου und υ abwechselt, kann kein hartes deutsches *b* gewesen sein." „Abwechslungen zwischen *v* und *b*, wie *ferbui* aus *ferveo* zeugen, welch ein weicher Lippenlaut *b* im Latein gewesen."

nähme. das ja ähnlich wie ϙ gelautet haben mag. so wäre dies
doch für das nach meiner Meinung letzte Ziel der vergleichenden
Sprachwissenschaft von geringem Belang. Der beobachtete Laut-
veränderungsprocess *(or, uor, bor)* sowohl, als auch die angeführte
Vergleichung mit den alten Sprachen sprechen für die Annahme.
dass in der Urzeit schon eine Scheidung in *or* und *ϙor, bor* mit
dem Grundbegriffe z e u g e n, b o h r e n eintrat. woraus die lautliche und begriffliche Entwicklung naturgemäß in den einzelnen
Sprachen unabhängig von einander erfolgte. Diese Behauptung hat
um so mehr Berechtigung, wenn man in Betracht zieht, dass, wie
oben gezeigt wurde, die Wahrnehmung, dass germ. *b* lateinischem *f*,
gr. *φ* entspricht, nur dem Umstande zuzuschreiben ist, dass an einer
Anzahl von Wörtern, nach der Begriffsentwicklung zu schließen,
eine Verschiebung von der Tenuis (nicht aber aus *bh*) zur Aspirata
in den alten Sprachen platzgriff. Man vergleiche weiter zu dem
Übergang von *or (oa)* zu *bor (boa)* unten die Darstellung von der
Übertragung des Namens der Eiche auf die Buche (also auch die
lautliche Veränderung von *oac* zu *boac*). Deutsches *Bart* und lat.
barba haben dieselbe Articulationsart. Bei den beiden wichtigen
Thiernamen der Urzeit, B ä r und O c h s, bemerken wir ein ver-
kehrtes Verhältnis im Anlaut im Germanischen und Griechischen.
Dem Typus *orK* entspricht d. *Ochs* und gr. *ἄρχος*, dem *bor* d.
Bär und gr. *βοῦς*.

Unter den Wörtern, die zum Beweis eines vorgerm. *bh* angeführt werden. ist auch b e i ß e n, ai. *bhëdami* spalte, breche.
lat. *findo* spalte. Nach meiner Darstellung über die Mundthätigkeit
ist b e i ß e n einer der ersten Begriffe. Der allgemeine diesbezüg-
liche Begriff *vorare* ist specialisiert in den entwickelteren Lautgebilden *mordeo* beiße und *molo* malme. Der Begriff *findere* i. e.
fid s p a l t e n hängt zwar mit dem Begriffe b e i ß e n zusammen,
ist jedoch, da der Spalter nicht mehr bloß der Mund zu sein
braucht, schon übertragen, allgemeiner und deshalb jünger als
mordere b e i ß e n. Dem lat. *mord-* liegt ein *ϙord (vor-o)* zugrunde.
Nach meiner Vocaltheorie ist auch b e i ß e n auf ein einstiges *bord*
(vgl. noch me. Prät. *bôt, boot*, ags. *bát*) zurückzuführen; *bord* begegnet
hier dem lat. *mord-*, beziehungsweise dem *ϙord (vor-us)*, so dass
auch die Zusammenstellung: germ. **bord-*, lat. *mord-*, gr. *βοϱ-óς*
auf das lautliche Centrum *ϙor* hinweist. Man kann also sagen.
b e i ß e n beruht auf einem vorgerm. *ϙord; ϙord*, eine Hauptthätig-
keit des Mundes trifft lautlich zusammen mit einer zweiten, dem

Sprechen, in Wort*); vorgerm. *ɥord* beißen selbst ist eine Weiterbildung von *ord, *oad, *edo* essen, so dass wir in essen und
beißen zwei Scheideformen haben, wovon die erstere noch das
ursprüngliche, vocalisch anlautende Lautgebilde repräsentiert.

Der Übergang von *or* zu *ɥor* und *bor* erklärt auch den Anlaut der Scheideformen *war*, *i-st* und *bi-n* im Deutschen, wofür
gegenwärtig drei verschiedene Stämme aufgestellt werden. Aus *or*
(*er*, *e*, *i*) und *or + s* sind: ags. *com*, *eart* bist, goth. *i-m*, *i-s*, *i-st*,
skr. *a-s-mi* bin, lat. *e-s* u. s. w. Vgl. über die Entstehung der
Bedeutung sein und über den Wechsel von *r* und *s* oben S. 61
und 65.

Aus *ɥor* ist das germanische Imperfectum; aus *bor* (*ber*, *bea*)
das ags. *beô* bin etc., ahd. *bi-m*, *bi-s*, im Plural mit dem aus
dem *a* entstandenen *r* in: *bir-u-mês*, *bir-ut*. Bopp glaubt mit Rücksicht auf eine Sanskritform schließen zu können, *r* (*l*) sei in europäischen Sprachen zuweilen aus *v* entstanden. „Auf den Wechsel
zwischen *v* und *r* gründet sich, wie ich glaube, das Verhältnis
des ahd. *pir-u-mês* wir sind (sing. *pim*) zu *bhav-â-mas*." Gegen
diese Zusammenstellung lässt sich nach meiner Entwicklungstheorie
folgender Einwand erheben. Zunächst ist zu berücksichtigen, was
oben über die Entstehung von der skr. Wz. *bhu*, gr. *φύω* der
Bedeutung und Form nach gesagt worden ist; *φύω* beruht auf
einem früheren *por* zeugen, bohren und *bhu* = germ. *bû*- auf
früherem *ɥor*, *bor* zeugen, bohren, während der Begriff des
Seins aus dem des Seins in der Vergangenheit entstand. Aber
selbst lautlich wäre *bhav-â-mas* mit *pir-u-mês* nur in dem Sinne
zusammenzustellen, dass *av* und *ir* aus einem centralen *or* (*er*) hervorgiengen, nicht aber, dass *av* in (durch sichere Beobachtungen aus
der Gegenwart) gar nicht zu rechtfertigender Weise in *ir* übergieng.**)

*) Wort selbst ist vorgerm. *uor*; daher lat. *ver-bum* mit einer anderen
als dentalen Ableitung. Wort aus vorgerm. *uor* wie d. Haut (s. unten)
aus vorgerm. *cor* (lat. *cor-ium*). Vgl. zur Dentalis in *Wort* und *beißen*: *warte*,
weiß; *Furt*, *Fuß* S. 43 und 46.

**) Auch J. Schmidt (Kuhn, Zeitschr. XXV., S. 593) meint, an einen
Übergang des *w* in *r* glaube schon längst niemand mehr. Um die nord. Formen
zu erklären, werden daselbst zwei fictive Formen *isum, *isuđ* angenommen, und
dann in der bekannten Weise der Übergang des *s* zu *r* dargestellt, „der aus
dem Sing. übernommene Vocal, urgerm. *i* (goth., ahd. *ist*, ags. *as*, *is*) ward
zu *e* gewandelt: *erum*, *eruđ*. Eine dritte pl. *eru* gesellte sich hinzu, welche
das sind aller übrigen germ. Sprachen verdrängte. Nachdem so der ganze

Bin ist daher eine bloß innerhalb des Germanischen entstandene Form; die *b*-anlautenden Formen des Zeitwortes sein
stehen hier zu den vocalisch oder *u*-anlautenden Formen (goth. *i-m*,
ags. *eom*, hd. *war*, *ist* etc) in demselben lautlichen Verhältnis, wie
die im Verlaufe dieser Untersuchung besprochenen Scheideformen
Eiche und *Buche*, *warm* und *brennen*; *essen*, *Wort* und *beißen*
(vgl. auch engl. *wear* und *bear*) oder wie die oben angeführten Wörter
der alten Sprachen nach dem Typus *or* und die germanischen
nach dem Typus *bor*, auch wie gr. οὖρος und βοῦς, ὦρ-ύω und
βο-άω, oder wie im Griech. die vocalisch anlautenden Wörter und
die mit dem als Übergangsstufe zu β mit ϝ-anlautenden Formen.

Aus dieser Darstellung geht hervor, dass im Germanischen,
und wenn man aus den wenigen hier besprochenen Beispielen im
Griechischen, Italischen und im Sanskrit weiter folgern darf, auch
in diesen Sprachen die labiale Media einst fehlte, während die
Tenuis (*k* und vielleicht auch *p*) schon functionierte. Dass es
schon ausgebildete idg. Sprachen ohne Media geben könne, zeigen
etruskische Alphabete. Vgl. Pauli, Etruskische Studien; ferner
Corssen, Die Sprache der Etrusker, S. 12.

Diese Verschiebung des *or* zu *uor*, *bor*, *mor* wirft daher ein
deutliches Licht auf die bis nun unbeachtete und unerklärte Erscheinung, dass dem *cor*, *cuor*, *por* nebst *or* ein *uor*, *bor* oder
mor entweder in derselben Bedeutung oder bei differierendem Sinne
mit dem primitiveren Begriffe derselben Begriffssphäre gegenübersteht. Was im Germanischen von dem Verhältnisse zwischen *bor*
und *por* in den oben angeführten Wortreihen gesagt wurde, gilt
auch in den alten Sprachen von den Wörtern nach *or* (*mor*, *bor*)

Plur. perfectisches Aussehen genommen hat, ward auch der Singular allmählich perfectisch flectiert;" daher schließlich: *er*, *ert*, *er*; pl. *erum*, *erud̃*, *eru*.
Niemand wird dies für eine zufriedenstellende Erklärung halten. Nach meiner
Darstellung enthalten nord. *er* etc., lat. *er-am* etc. und überhaupt die *r*-Formen
die älteste Gestalt. Wenn dem *or-*, *er-* der Begriff des ehemaligen Seins innewohnte, so ist es nur folgerichtig, dass auch die Flexion des Imperfectums
die ursprünglichere ist, die auch mit der Scheidung der Zeitformen (Präs.
und Imp.) ins Präsens vordrang oder vielmehr auch für das Präs. sich
behauptete. Über den Plur. *birum* etc. heißt es daselbst: „Beachtet man die
Proportion *bim*, *bist*: an. *im*, *est* = *birum*: an. *erum*, *erud̃*, so ist nicht mehr
zweifelhaft, dass die alten urg. *sum*, *sud̃* zunächst wie im Nord. zu *isum*,
isud̃ ergänzt und diese dann durch *bizum*, *bizud̃* = *birum*, *birud̃* ersetzt sind,
wie der Sing. *im*, *ist*, an. = *em*, *est* durch *bim*, *bist*." Man sieht, was für
eine Verwirrung überall die Sucht, auf einen sog. lautgesetzlichen Übergang
des *r* zu *s* hinweisen zu wollen, erzeugt.

und *cor*, *por*. Dem *forare*, *fodere* steht das ὀϱ-ύσσειν **bohren**, **graben**, dem φιλέω das ἐϱ-άω (sinnl. **Liebe**), dem *colere* mit seinen auch abstracten Begriffen das *arare*, dem πόϱος, dem *Fahren* das *vado*, *βαίνω*, *waten*, dem *ferveo* **brennen**, **glühen** (auch im abstractoren Sinne) das *urere*, *comburere*, dem weiteren Begriffe *scid-* (*scindere*), *fid-* (*findere*) der engere *mordere*, dem *crescere* das *olescere*, dem *fari*, der *facundia* das *orare* gegenüber. Gr. ῥέω **fließen** schließt zwar den Begriff *fluere* in sich, es erinnert aber noch an seinen begrifflichen Ausgangspunkt von einer Thätigkeit oder einem Zustand des Körpers in den Derivationen: ῥευματισμός **Fluss** (Krankheit), ῥευματικός, ῥευματίζομαι. Da in dieser primitiveren Bedeutung das *or*-Wort dem Lateiner fehlt, wendet er das **Lehnwort rheumatismus** an. Bis heutzutage können wir diesen auf Grund der Entwicklung bestehenden begrifflichen Antagonismus verfolgen, wenn wir bedenken, dass die *or*-Wörter **rinnen**, **reden** so volksthümlich sind, dass die Ausdrücke **fließen**, **Fluss**, **sprechen** wenigstens dem baj. Bauern fast wie Fremdwörter klingen; ebenso fremd ist ihm das Wort **Kuss**, das gleich gr. *κυνέω* einer späten Periode angehört: die volksthümlichen Wörter sind nur **bussen**, **Bussel**, engl. *buss*, das ebenso wie *osculum*, *osculari* der *or-*, *por*-Periode angehört. Vgl. hierzu unten die Namen der Hausthiere.

Wenn daher lat. *f* oder gr. *φ* mit germ. *b* in einigen Wörtern zusammentrifft, so liegt der Grund einerseits in der Verschiebung eines *or* zu *bor* im Germanischen, anderseits in dem Umstande, dass auch von *por* (*for*) mit der dem *or* gleichen Grundbedeutung in den alten Sprachen eine Begriffsentwicklung platzgegriffen hat, die nebst den höheren, i. e. einer späteren Culturepoche angehörigen Begriffen auch einige niedere, dem germ. *bor* entsprechenden Begriffe umfasst. In einigen Wörtern, wie *φίλος*, *femur*, *floccus*, *fluere*, *χόϱιον*, *filius*, *Freund*, *ne*, *ham*, *Flocke*, *fließen*, *Haut*, *Fohlen* treffen wir dieselbe lautliche Grenze, die Aspirata, in den verglichenen Sprachen. Die Beobachtung von Lautübergängen sowohl, als auch die Sprachvergleichung rechtfertigt somit die Annahme eines dem germ. *bor* vorhergehenden *por* und *or*. Diese Untersuchung erklärt den Gegensatz der zwei Perioden angehörigen Begriffe und zugleich wieder, dass die griechische und lateinische Sprache in den *or*-Formen ältere Lautgebilde bewahren als das Sanskrit.

III.

Die Außenwelt.

I. Die Namen der Thiere.

„Unter allen großen Festen der Republik
hätte man das Fest der Thiere beibehalten
können, damit der rohe undankbare Sinnen-
mensch stets anschaulich erinnert werde, wie
viel die menschliche Gesellschaft dem Ochsen
und der Kuh, dem Schaf, der Ziege und dem
Schwein, dem Pferd, Hund und Geflügel ver-
danke, um ihn dadurch zum Dank gegen den
Schöpfer und zur menschlichen Behandlung
des Thieres aufzufordern."

Karl J. Weber.

1. Thiernamen im allgemeinen.

Es folgt eine Anzahl von Thiernamen in jener Reihenfolge,
die nach dem Anlaute ungefähr meiner Entwicklungstheorie ent-
spricht. Gr. *ὀρεύς, οὐρεύς,*[1] *οἶρ-ος,* ahd. *ûr,* lat. *ûrus, οὐρία,*[2] *οὖραξ,*
(mhd. *orhan, ûrhan*) ahd. *aro* A a r , ahd. *âl,* lat. *aries,* skr. *°urâ
cres,*[3] ags. *râ,*[4]) lat. *ovis,* ags. *ear-n,*[5] gr. *ὄρ-νις, ursus, ῥήν, rana,*
altn. *ormr,* ahd. *wurm,* lat. *vermis; orca,*[6] *ὄρχυνος,*[7] *ἔρχ-ιλος,*[8]
ἄρκτος, ǫacca, agnus, aquila, equus, ahd. *ochso,* gr. *ὄνος, βόαξ,*[9]
βοῦς, lat. *barrus,*[10] *gallus;* d. *Bär, Geiß.*

Lat. *cornix, corvus, cervus, κριός,*[11] *crocodilus, canis; porcus,
pecus, piscis;* d. *Kuh, Ross,* (altn. *hross) Hirsch, Hund, Huhn,
Vieh, Schaf, Ferkel, Fisch* u. s. w.

Die Namen von Thieren werden von den Etymologen Wurzeln
verschiedener Begriffssphären zugewiesen. Bei *Hahn, Hund, canis,
Krähe, rana* wird an einen Ausdruck der Lautäußerung gedacht

---

[1]) Maulesel, [2]) ein Wasservogel, [3]) Igel, [4]) Reh, [5]) Adler, [6]) Art Wall-
fisch, [7]) Art Thunfisch, [8]) Zaunkönig, [9]) ein Fisch, [10]) ein Elephant, [11]) Widder.

(*cancre, krähen,* skr. *ras*); das *Ross* wird als Läufer hingestellt (altn.
hress schnell); der Adler soll nach Skeat seiner Dunkelfärbigkeit
den Namen *aquila* verdanken; der Wolf (skr. *vrika,* gr. *Ϝλύκος,*
lat. *lupus,* goth. *vulfs*) soll der Zerfleischer, Zerreißer von einer Wz.
wark sein. Den Namen *Bär* (Zuchteber), *aries, porcus, Bull* liegt
der Begriff Männchen, zeugen zugrunde: Vögel, wie z. B.
ear-n, gr. ὄρνις, ὄρχιλος, vielleicht auch οὔραξ sind die aus dem
Ei Entstandenen; der *Kuckuck* verdankt seinen Namen seinem
Geschrei u. s. w. Der Mensch benannte also, nach der Ansicht
der Etymologen und theilweise auch nach meinen Ausführungen,
in einer gewissen sprachlichen Entwicklungsperiode die Thiere auf
Grund der ihm schon bekannten primitiven Begriffe.

Wir müssen jedoch annehmen, dass der Urmensch, so lange
ihm die Erstlingsbegriffe und die ihnen entsprechenden Lautgebilde
fehlten, die Thiere mit dem Naturlaute oder dessen nächsten lautlichen Nachbarn bezeichnete. Vielleicht stehen mit diesem auch in
directer Verbindung die Namen: *aro,* ὀρ-εύς, *âl, ver-mis, wur-m,*
altn. *eitr-orm, (serpens), ursus,* ἄρκτος, *ovis,* ἔχις u. s. w. Unter
allen diesen Thiernamen ragt der Name *Ur* (οὖρος, *urus*) hervor,
den wir als die allgemeinste Bezeichnung des noch ungezähmten
Rindes betrachten können.[*) Es ist gewiss kein bloßer Zufall,
dass dieses in grauer Vorzeit schon so wichtige Thier gerade mit
diesem Laute bezeichnet wird. Wie mächtig das Rind und das
Schaf (skr. *urá*) in die Lebensverhältnisse unserer Vorfahren ein-
griffen, soll aus der folgenden reichlichen Begriffsentwicklung aus
or Rind, Schaf erhellen. Vgl. hierzu unten unter „Prähisto-
risches“ die ausgesprochene Vermuthung, dass die Namen von
vorweltlichen Nutzthieren auf spätere übertragen werden konnten,
wonach die folgende Begriffsentwicklung überhaupt aus *or* das
Nutzthier anzunehmen wäre.

2. Der *Ur;* davon *Ochs Kuh;* Namen von Körpertheilen: *Haut, Horn, Hirn, Herz, Haar, Haupt.*

Es wird wohl seinen guten Grund haben, dass der Körper
und Theile desselben, wie: *cor, corium, caro, cornu, cruor, cerebrum,*

*) Es liegt dieser sprachlichen Studie ganz ferne, auf den naturwissen-
schaftlichen Streit einzugehen, ob das Rind vom *bos primigenius, bos etruscus*
u. s. w. abstamme. Der Urarier dürfte in der Benennung dieser Thiere keinen
Unterschied gemacht haben; in *ur* hat sich eben die Bezeichnung des noch
ungezähmten Rindes gerettet.

corpus, caput, capillus, καρδία, κέαρ, κράνιον, κάρα, κόρυς, κάρηνον, κρέας, κέρας (d. *Herz, Haut, Horn, Hirn, Haar, Haupt*) mit der gutturalen Tenuis anlauten und ein *r* oder *rp* (*p*) enthalten. Diese Erscheinung legt den Gedanken nahe, dass diese Ausdrücke infolge einer sich als nothwendig herausstellenden Differenzierung aus einem Grundwort, welches ein Thier bedeutete, entstanden seien, dass dieses Thier, dessen Theile nach und nach speciell zu benennen der Mensch sich gezwungen sah, schon zur Zeit der Entwicklung der Sprache ihm von größten Nutzen gewesen sein musste.

Dass nach dem Thiere und nicht nach dem Menschen diese Begriffe und Wörter entstanden sind, geht aus mehrfachen Erwägungen hervor. 1. Kommt unter diesen Ausdrücken mit dem *k*-Anlaut kein weiter verbreitetes Wort für Hand vor; der Lateiner nennt sie *manus,* wahrscheinlich gerade deshalb so, weil sie den Menschen charakterisiert; *manus* erinnert nämlich an das idg. *man* für Mensch; gr. χείρ und deutsches *Hand* enthalten zwar eine Gutturalis; dass aber diese Wörter mit den obigen nicht zusammenhängen, lässt sich auf andere Weise ermitteln.

Deutsches H a n d , das nach der Ansicht der Etymologen aus einem Worte mit dem Begriffe f a n g e n , w i n k e n entstanden sein soll, gehört einer späten Periode an. Nach meiner Theorie kann *ha-nd* als ein einzelsprachliches *cor*-Wort (mit dem im Germ. vorkommenden Compositionsglied *-nd;* vgl. *hr-ind* etc.) zu *ar-m* aufgefasst werden. Dasjenige Wort, welches auf die ursprüngliche Bezeichnung der Hand hindeutet, ist Arm, ahd. *aram,* ags. *earm,* lat. *armus* oberster Theil des Oberarms, aksl. *rame* Schulter, Arm, skr. *irmas* Vorderbug. Arm. Den Begriff Vorderarm hingegen enthält ahd. *elina, elin* Elle, lat. *ulna* Ellenbogen, Arm, ὠλ-ένη Ellenbogen, Arm, skr. *aratni* Ellenbogen. Dieses Wort, das einen wesentlichen Bestandtheil des Menschen, nicht des Nutzthieres bedeutet, enthält noch den Urtypus *or* gleich den aus der Urzeit stammenden, zunächst zur Bezeichnung der m e n s c h l i c h e n O r g a n e bestimmten Wörtern: *or-* (*-os*), *Ohr, Auge,* (ὁρ-άω), ὄρχ-ις, (οὐρ-έω), *ars* (ahd.)*). Anderseits sind unter den obigen Lautgebilden mit

---

*) Zu dem Typus *cor-, ha-nd* stimmt für die vorzüglichste Thätigkeit der Hand speciell germanisches *halten,* ags. *healdan* bewachen, leiten, innehaben, alts. *haldan* bewachen, gefangen halten, (die Herde) hüten, ne. *hold,* goth. *haldan* Vieh halten. Mit Rücksicht auf die Urzustände ist die Grundbedeutung das V i e h e i n f a n g e n , mit der Hand halten, zähmen, hüten. Will man also die lautliche Verwandtschaft von *hand* und *halten* sich vergegen-

dem c-Anlaute Wörter, die nur auf Thiere Bezug haben, wie *corium* die schwere Thierhaut, *cornu* das Horn. Es liegt übrigens nach einer natürlichen Auffassung cultureller und geistiger Entwicklung nichts näher als der Gedanke, dass der Urmensch wohl kein Interesse an einer anatomischen Untersuchung seines Körpers hatte, um vielleicht Theile desselben. wie das Herz, Hirn kennen zu lernen; er erkannte einfach die Brauchbarkeit der Theile des Thierkörpers, der Haut, des Fleisches, des Haares u. s. w. und benannte sie: das Mittel hierzu bestand in der inneren und äußeren lautlichen Veränderung des Namens des Thieres, das nach meiner Entwicklungstheorie *coa, cor* heißen musste. 2. Bestehen wirklich Thiernamen, als deren lautlicher Ausgangspunkt *oac, coa* betrachtet werden muss. Es sind die Thiernamen: lat. *uacca* K u h, ἄρχος, ἄρχτος, ahd. *kuo* aus *koa* und ein paar Namen von Vögeln und Fischen. Unter den Thieren ist aber keines, welches insgesammt die oben angeführten Theile, insbesondere die Haut, das Horn, das Fleisch dem Menschen lieferte, außer das Rind.

Nach meiner Entwicklungstheorie ist der *Ur* (οὖρος, *urus*) dem Laute nach der Ahne der germanischen Wörter *Ochs* und *Kuh*. Aus dem Urlaut *or* erfolgte die Benennung *ur*; *oṛ-* bezeichnet das Übergangsstadium aus *or*; *ṇor* ist vertreten im aksl. *vol-u* O c h s; *orK* i. e. ursprüngl. *oa + K* ist uns erhalten im lat. *vacca*, ein Femininum von *uac d e r O c h s; vgl. nach B e n f e y: „*vaçâ* das ved. Femininum zu skr. *ukṣan* Ochs, Stier“; aus dem dem *uac* vorangehenden *oac* stammt germ. *Ochs* (goth. *auhsa*, ahd. *ohso*,

wärtigen, so hat man ins Auge zu fassen, dass vorgerm. c- mit Rücksicht auf *or* A r m *coa, cor* lautete, welches mit folgendem *nd, hoa-nd* (daher ags. *hand* und *hond*, baj. *hond*), mit der r-Bildung aber und dentaler Ableitung **hoard, heald* bildete. Vgl. hierzu unten die Namen der Hausthiere und deren *or*-Wörter. Zu *cor* d i e H a n d gehört auch χείρ; als simplex behält χείρ wie *hal-ten* den vollen Typus; so hieß es auch oben *voll, viel*, πολ-ύς, hingegen mit Ausfall des Stammvocals in Zusammensetzungen *pl-enus pl-us*. Vgl. hierzu auch die behandelten Wörter: *hr-ind, hund, Pflug, fliegen*. Gr. χείρ, aber mit der Tenuis die zu demselben Stamme gehörigen καρ-πός Unterarm und κρα-τεῖν festhalten. Vgl. hierzu die Wörter mit der Aspirata im Germanischen und in den alten Sprachen. Verfolgt man den Typus *Kor* weiter zurück gegen *or* d e r A r m, so gelangt man (nach *orK*) zu ὀχ-υρός haltbar, κατ-οχ-εύς Halter, ἔχ-ειν halten und weiter zu dem oben angeführten ὠλ-ένη Arm, Ellenbogen. Wie in A r m die ursprüngliche Bezeichnung der Hand zu erkennen ist, so lässt sich auch aus *ol-eo, odor*, ὄζ-ειν, ῥίν N a s e noch die urspr. Benennung nach *or,* der Nase und ihrer Function erkennen, ein Begriffsgebiet, das hier nicht weiter behandelt wurde.

ags. *oxa*). Der Typus *coa, cor* ist erhalten in abd. *kua, kuo* aus *koa*, mit der *r*-Bildung in altn. *kýr*. Im Skr., Griech. und Lat. ist *cor* für Rind nicht erhalten; es ist aber ersichtlich aus den nächsten Ableitungen: *cor-ium* Thierhaut, *cor-nu* *), *car-n*, (*caro* gen. *carnis*), wobei *n-* (vgl. *natus*) in *cornu, crinis* das Entstehen auf dem Thiere oder, wie in *car-n* und deutschem **Hirn**, überhaupt das Herrühren von demselben bezeichnet.**)

Von den angeführten Derivationen aus *cor*, dem Rind, wird nun zunächst *corium* herausgehoben und sammt den nach meiner Lauttheorie entstandenen Scheideformen einer genaueren Besprechung unterzogen.

3. Fortsetzung. Weitere Begriffsentwicklung; *corium*; davon Wörter für Gegenstände aus Leder; *Kleider, Gefäße, Waffen: hüllen, schützen, Scheuer, Haus, heim, Schatten, Schuh.*

So divergierend auch die Ansichten über die Stammsitze der Arier sind, das Eine steht fest, dass dieselben, unter den ungünstigsten klimatischen Verhältnissen lebend, vor Kälte und Regen durch eine Art der Bekleidung sich schützen mussten. Die natürlichste Bekleidung bestand in Fellen und Thierhäuten und zwar bei der Unzulänglichkeit der Mittel zur Erlegung wilder Thiere in der Regel in Häuten solcher Thiere, die sich am leichtesten zähmen ließen. Da aus dem Lautgebilde *ur* hervorgeht, dass der οὖρος und das Schaf (skr. **urá*) schon in frühester Zeit dem Arier bekannt waren, so muss man a priori annehmen, dass er sich der Haut dieser Thiere zur Bedeckung bediente, dass somit die Wörter und Begriffe für Haut, Leder, Kleid, Schutz in engster Verbindung mit jenen Namen stehen, die *or*, οὖρ- für das wilde, und in lautlicher Weiterbildung *ore* und *cor* für das gezähmte Thier lauteten.

Ein ursprüngliches *ou* oder *o* mit voc. *r* erklärt in den Ableitungen wieder die ursprüngliche Identität derjenigen Wurzeln, die heutzutage als solche mit und ohne *r* geschieden werden: nach **Skeat**: Wz. *ska, skad, sku, skar, kar, kal, ku, kudh*.

---

*) Im Baj. finden sich Tenuis und Aspirata in *kirndling* und *herndling* **Hirschkäfer** von *cornu*.

) Vgl. **Kuhns Zschr., XXX., S. 348: „Im allgemeinen kommen viele Wörter, die Horn, Scheitel, Kopf oder sonst etwas Hervorstehendes bedeuten, von einer Base, wie **kara*, her". Dass dies nicht die zugrunde liegende Bedeutung sein kann, zeigen andere Wörter, wie *caro, cerebrum, cor*. Außerdem entstünde abermals die Frage: Woher *kara*?

Zunächst heißt *cor-*, sich absondernd von anderen Bezeichnungen der Theile des Rindes, H a u t , L e d e r: lat. *corium* starke
Thierhaut, Leder, übertragen dann Rinde, Schale der Früchte,
corigia Peitsche, Schuhriemen, *scortum* Leder, Fell, *scorteus* aus
Leder oder Fell, κώρ-νκος lederner Sack, *cutis* Haut der Menschen
und Thiere, σκύλος abgezogene Haut, Beute von Feinden. σκυλεύω
die Haut oder Bekleidung abziehen, besonders die getödteten Feinde
der Waffen berauben, σκυλάω plündern, σκυλεύμα Rüstung, κουλεός
lederner Sack, κύτος Haut, Hülle, jeder hohle Körper, Korb, Becher,
σκντεύς Schuster, σκυφίον Becher, *scutica* Peitsche, *scutra* Schüssel,
Schale, *scutum* der Schild. Man sieht im allgemeinen, dass in den
Formen mit *u* gegenüber denen mit *or* die Begriffe verallgemeinert
werden, dass sogar der ursprüngliche Begriff H a u t , L e d e r i. e.
der Begriff des S t o f f e s , aus welchem ursprünglich Gegenstände,
Kleider, Rüstungen verfertigt wurden, mehr in den Hindergrund tritt.

Um zwei Substantiva mit demselben zweiten Compositionsglied zu vergleichen, in welchen also einzig und allein durch den
Wurzelvocal die begriffliche Scheidung erfolgte, stelle man *scortum*
mit *scutum* zusammen: das erstere bedeutet nur die Haut, das Fell,
während *scutum* den aus der Haut verfertigten Schild bezeichnet.
Abgesehen von der Derivation der Wörter *scortum*, *corium*,
cornu etc. von *cor* R i n d , welche allein schon auf ursprüngliches
or verweist, zeigt diese Zusammenstellung, dass *scortum* gegenüber *scutum* als das begrifflich ältere auch den ursprünglicheren
Vocalismus noch in sich schließen muss. Hieraus ergibt sich auch,
dass mit skr. *sku* b e d e c k e n nicht mehr der ursprüngliche Laut
gegeben ist, sondern jener Laut, der folgerichtig in dem ebenfalls
schon entwickelteren skr. *ukšan* O c h s vorhanden ist.*)

Die folgenden Beispiele mit *e, o, i, u, eu* liegen ebenfalls
in größerer begrifflicher Ferne von *cor-* d a s L e d e r , die H a u t:
σκηνή Zelt, bedeckter Ort, σκότος Schatten, Finsternis, σκοτόω finster
machen, σκυπός finster, dunkel, *ob-scur-us* dunkel, *oc-cul-ere* verbergen, σκίρον Sonnenschirm.

Die Begriffe der Wörter: σκευή Kleidung, σκευάζω kleiden,
ausrüsten, σκεύος Gefäß, Geräth, κεύθειν v e r b e r g e n zeigen auch,
dass *eu* kein ursprünglicher Laut, sondern weit jünger ist als *or*.

*) Die Gutturalis von *sku* stimmt in Bezug auf die Articulationsart
mit *ukšan*, nicht aber mit *gâus* Stier, Rind, Kuh. Skr. *gâus*, gr. βούς haben
eine andere Entstehungsart. Nach meiner Darstellung macht *bov-es* aus ursprünglichem *or* das T h i e r den Weg über *uoa* und ist somit eine *u̯*-Form
zu der vocal. Form *ov-es*.

Ohne in Details einzugehen, die in ein Wörterbuch gehören, wirft diese ganze Begriffsentwicklung ein interessantes Streiflicht auf die Lebensweise unserer Vorfahren. Mit der Thierhaut bedeckte der Urmensch seinen Körper (σκευή, σκευάζω), mit derselben oder, da wir eine frühzeitige Übertragung des Begriffes Haut auf die Rinde der Bäume annehmen können, aus Baumrinde baute er sich Hütten (vgl. ahd. *skiura* Scheuer, Hütte, *scûr* Obdach, *hûs* Haus), verbarg und schützte sich mit den Häuten oder in den Hütten (vgl. *celare*, *occulere*, engl. *hide*, goth. *huljan* hüllen, ags. *flaesc-homa* oder *flaesc-hord* fleischliche Hülle, Körper, ahd. *huot*, *helm*, *helan*), verfertigte sich die Gefäße (vgl. κύτος, *scutra*, d. *Schale* und *Schüssel*) und Vertheidigungsmittel (vgl. *scutum*, ahd *scilt* Schild, σκυλεύμα Rüstung). Hiermit stehen überhaupt die Begriffe des Schützens in letzter Linie in Verbindung, wenn auch schon in den alten Sprachen die Ideenverbindung mit *cor* Haut oder noch älterem *cor* Thier nicht mehr lebendig war. Nhd. *schützen* und *schirmen* (ahd. *scerm* Schutzwehr) sind nur Scheideformen, wobei es bei letzterem zur *r*-Bildung kam. Aus dem Begriff der Heimat (gr. κώμη Dorf) entsteht überhaupt nach Skeat der Begriff der Ruhe in gr. κεῖμαι sich niederlegen, lat. *quies*, goth. *hweile*; Vgl. weiter zu Schutz vor den Strahlen der Sonne: σκίρον Sonnenschirm, d. *Schatten*, engl. *shade*; in der Auffassung Hülle: *coelum*, ne. *sky*. Von dem Begriffe Haut, bedecken entsteht der der Farbe: daher skr. *varna* Farbe (*vri* bedecken), lat. *color* (*occulere*), χρῶμα Farbe, (χρώς Haut). Vgl. Müller, S. 281.

Hierher gehört auch das Wort Schuh, dessen Wz. ebenfalls von Kluge als unbekannt angegeben wird. Skeat verweist auf eine Wz. *ska* oder *sku* bedecken, woraus *shade* und *sky* entsanden seien. Im Germanischen lauten die Formen: ahd. *scoh*, *scuoh* früher *scoah*, altmerc. *scoas* (wie *koa*), goth. *skohs*, ags. *sceó*, pl. *sceós*, auch *gescy* (wie pl. *cy* Kühe), altn. *skor*, pl. *skuar*, *skor* (mit *r* wie *kyr* Kuh). Auch diesem Worte liegt idg. *cor* das Leder zugrunde, daher derselbe Vocalismus mit *koa* die Kuh. Dass die Fußbekleidung schon in alten Zeiten aus Leder verfertigt wurde, bezeugen auch lat. *calceus* Schuh nach dem volleren aus der Metathese von *orc* entstandenen Typus *corc* (Vgl. zum lautlichen Verhältnis oben südbaj. *hoach*, ags. *heáh* und lat. *crescere*; baj. *hoaß*, engl. *heat* und lat. *caldus*, *calidus*); gr. κρηπίς Art Schuhe, κρηπιδόω beschuhe, σκυτεύς Lederarbeiter, Schuster, (κύτος Haut).

In fünffacher Gestalt erscheint uns der aus *oac* durch Reduplication entstandene volle Typus *coac* für Vieh und dessen Derivata. 1. In der vollen Form in lat. *calc-eus*, ahd. *scuoh*. 2. Ohne gutturalen Auslaut in ahd. *kuo* u. s. w. 3. Auslautende Gutturalis erscheint labialisiert; z. B. *caput*, ags. *ceáp* Vieh, gr. *κρηπ-ίς*. 4. Der Anlaut ist labialisiert, auslautende Gutturalis bleibt stehen; z. B. *pecus*. 5. Der Auslaut fällt ab; z. B. *πόρ-τις* junges Rind, *πόρ-ταξ* junge Kuh, *σπολ-άς* Fell, Leder.

4. Warum erscheint im Germanischen das Wort *Kuh* mit der Tenuis?

Kuh wurde oben als aus *oac (uacca)* entstanden hingestellt. An eine Verschiebung des *k* aus *g* (wegen skr. *gâus*) ist nicht zu denken, da *gâus* mit lautlich parallelem *βοῦς* eine andere Entwicklungsart aus *or* hat. Vgl. S. 98.

Wenn wir skr. *sku* bedecken mit *ukṣan* Ochs, lat. *vacca* mit *pecus* u. s. w. vergleichen, so erscheint überall in- und auslautend die Tenuis. Dieselbe entspricht in der Regel im Germanischen der Aspirata; daher goth. *auhsa* Ochs, *skohs* Schuh (anlautendes *k* in *sk* wird durch das *s* gerettet); lat. *pecus*, goth. *faíhu* Vieh; deutsches *Rind* erscheint in alten Dialecten regelrecht mit der Aspirata. (Vgl. ahd. *hr-ind*, ags. *hryther*.) Man sollte also meinen, das germ. Wort für Kuh müsste mit der Aspirata anlauten, die ja auch in dem Derivatum *skohs, scuoh* auslautend vorhanden ist, während anlautendes *k* nur infolge des präfigierten *s* der Verschiebung entgieng.

Es muss daher ein Grund vorhanden sein, der die Tenuis in *Kuh*, der Scheideform von *Ochs* (mit der Aspirata), rettete. (Vgl. unten kaufen). Darüber lassen sich nur Vermuthungen anstellen. Eine solche besteht darin, dass durch die Verschiebung der Tenuis das Wort mit einem anderen zusammengefallen wäre. Nach dem bereits Vorgebrachten musste es im Vorgermanischen gleichlautend mit *coa* oder *cor* Kuh ein *cor-* hören, *cor + s* (goth. *hôrs*) und *cor + s* (ags. *hors*) etc. gegeben haben. Es ist nun nicht unwahrscheinlich, dass zur nothwendigen Scheidung von einem dieser Wörter namentlich von dem letzteren, dem *Rosse*, einst und zwar vor dem Anschluss des *s* an *cor* (in *hors*), die differierende Articulationsart entstand, so dass *koa* Kuh die Tenuis behielt, während bei den frühzeitigen Ableitungen und bei dem Compositum *hr-ind*, wo diese Gründe entfielen, die regelrechte Verschiebung zur Aspirata erfolgte. Man kann demnach sagen, dass im Germanischen, wenn auch in einem andern Theilungsverhältnisse als in den alten Sprachen, ebenfalls eine Scheidung der Tenues in Tenues und Aspiratae einst platzgegriffen hat.

5. Fortsetzung. Weitere Begriffsentwicklung; *Fell, Fass, Gefäße, Hammer, Schale, schinden, Preis, feil, kaufen.*

Nachdem nun eine Reihe von Begriffen aus *cor* d a s V i e h entwickelt wurde, liegt es nahe, an *por(K)* und dessen lautlichen Abkömmlingen dieselbe Ideenverbindung zu verfolgen.

Pecus bedeutet Schaf, das kleine Vieh überhaupt und auch das Rindvieh. Von dem volleren *por(K)* ist *por* vorhanden in πόρ-ταξ Kalb, junge Kuh, πόρ-τις junges Rind, πορτάζω kälbern. *Por(K)* scheint überhaupt Verallgemeinerung und bei verschiedenen Völkern wieder Specialisierung erlitten zu haben. So heißt skr. *paçu* besonders V i e h h e r d e ; ags. *fearh* Ferkel, *furr* Eber, *fear* Stier, Ochs: hier besteht vielleicht auch eine Berührung mit dem Typus *por(K)* für das sexuelle Gebiet, da auch ursprüngl. *porcus* das männliche Schwein bloß hieß.

Diese Wörter sind ebenso deutliche Belege für ein paralleles *cor* d a s T h i e r im Lat. und Griechischen, wie die früher angeführten Derivata. Dass die Begriffe H a u t, L e d e r, H a a r, F l e i s c h u. s. w. aus *cor(K)* entstanden sind, wird auch durch eine parallele Entwicklung derselben Begriffe aus *porK* bestätigt. Im Gegensatz aber zu *corium*, der schweren Thierhaut, wird man durch lat. *pellis* Fell, στολάς Fell, L e d e r. K l e i d u n g d a v o n an *pecus* i. e. früheres *por(K)* d a s k l e i n e V i e h erinnert.

Wie σκύλος die abgezogene Haut bedeutete, so entwickelte sich auch von *por(K)* lat. *spolium* die abgezogene Haut oder abgelegte Haut eines Thieres. Wie σκυλεύω, σκυλεύμα, so besagt auch *spolium* e r b e u t e t e R ü s t u n g und *spoliare* e n t k l e i d e n, b e r a u b e n, dass die den erschlagenen Feinden abgenommene Beute ursprünglich vornehmlich aus Häuten, Fellen und später aus der aus denselben verfertigten Rüstung bestand. Treffend ist auch noch die Bezeichnung *spoliarium* für jenen Ort im römischen Amphitheater, wo den erstochenen Gladiatoren die Kleider ausgezogen wurden. Worin die abgenommene Beute ursprünglich bestand, sagt auch d. *Raub*, da ahd. *roub*, ags. *reaf* nicht bloß B e u t e. sondern auch R ü s t u n g, K l e i d bedeutete. Es entsteht also der Begriff *spoliare* successive aus den Begriffen **Kleid**, **Fell** und in letzter Linie aus dem Begriffe **Thier**. Vgl. auch franz. *robe, dérober,* it. *roba, ruba, rubare* rauben.

Den oben angeführten Wörtern σκυφίον, *scutra* oder den deutschen Wörtern **Schale**, **Schüssel** stehen mit dem *p*-Anlaute gegenüber πέλ-ις Becken, πέλλα Trinkgefäß, πο-τήρ Becher; vielleicht entstand aus der Bezeichnung des Trinkgefäßes im Gr. der Begriff πί-νω trinke, πέ-πω-κα, πό-της Trinker; ferner σπύρ-ις geflochtener Korb, *sportula, sporta, poc-ulum* Trinkgeschirr, *poc-ulentus* trinkbar. In gleicher Weise gehören hierher die folgenden mit *f (v)* anlautenden germ. Wörter, für die sich sonst keine genügende Erklärung findet: mhd. *vazzan* kleiden, altn. *föt* Vlies, **Kleider**, **Fass**, ags. *faet* Gefäß, Behälter, Kasten, ahd. *fazzôn* sich kleiden, rüsten, aufladen, ergreifen, nhd. *fassen.* Deutsches **Fass** erinnert seiner Abstammung nach in letzter Linie an die bei den Alten gebräuchlichen Lederschläuche und Beutel zur Aufbewahrung von Wein*). So z. B. *δορός* lederner Schlauch von *δορά* abgezogenes Fell. Auch deutsches **Fessel**, ahd. *fezzil* weist in seiner alten Bedeutung **Band** zum **Befestigen** und **Festhalten** des **Schwertes** auf einen ursprünglich aus Leder verfertigten Gegenstand hin.

Selbst wo von offenbar irdenen Gefäßen die Rede ist, mag der Begriff Gefäß von dem der Haut, Horn ausgegangen sein. Wenn im Griechischen κέραμor, κέραμος ein irdenes Geschirr ist, wenn sogar nach den Gefäßen das Material den Namen erhält (κεραμικός irden, thönern, κέραμος Thonerde), so mag wohl die Erinnerung an die ursprüngliche Benützung des Horns *(κέρας)* als Trinkgefäß verloren gegangen sein. Niemand wird heutzutage (um ein naheliegendes Beispiel zu wählen) bei dem Namen Flügelhorn an das ursprüngliche Material mehr denken. Bei lat. *urna* **Topf**, **Wassergeschirr** wird man ebenfalls an ein Derivatum von einem Thiernamen, an skr. *ûrṇa* **Wolle** erinnert. Skr. *ûrṇa* heißt zwar nicht die Haut, das Horn, aber wie z. B. πέκος den Begriff **Wolle**, **Haut** in sich schließt, kann auch *ûrṇa* von *ur-* das **Thier** nicht bloß Wolle, sondern auch corium geheißen haben, aus welchem das lat. Wort *urna* entstand.

---

*) Denselben Gedanken spricht **Schrader** (Kuhns Zeitschr., XXX., S. 480) unter πέλ-λα **Milcheimer** aus; er verweist ferner auf πίλτη **Schild**, πάλ-μη, bei Polybius πάρμη; „hier lautet die echte und alte, nur dunkle Form *parma*, nicht *palma*". In *parma* ist noch der ursprüngliche Typus zu erkennen.

Es ist wohl selbstverständlich, dass der Mensch, bevor er zur Fabrication von Gefäßen schritt, sich jener Naturproducte bediente, die ihm als Gefäße dienen konnten. In dem Klima jener Gegenden, die der Arier bewohnte, gediehen keine Bäume mit großen Früchten, deren Schalen ihm als Gefäße dienen konnten. Er war auf das Thierreich angewiesen: das Horn des *Urs* bot ihm ein natürliches Gefäß, und als er zur Verfertigung seiner primitivsten Utensilien schritt, bot ihm die Thierhaut bei der Unzulänglichkeit von Werkzeugen wieder den biegsamsten und haltbarsten Stoff. Wenn nun die Sprachwissenschaft in ihren Untersuchungen zu denselben Resultaten über die Urzustände gelangt, so stehen wir eben vor der interessanten Thatsache, dass die Entwicklung der Sprache, beziehungsweise des Begriffes G e f ä ß (*urna, vas, κέραμος, δορός* u. s. w.) in eine Zeit zurückreicht, wo der Mensch seine Geräthe nicht aus Erde, Thon, Holz, Stein, geschweige denn aus Metall verfertigte, sondern mit dem, was ihm zunächst lag, dem Horn, den Knochen (*os*), der Haut der Thiere sich behalf*).

Nach derselben Auffassung scheint auch das Wort H a m m e r nicht auf ein ursprünglich steinernes Werkzeug hinzuweisen, worauf altn. *hammar* Hammer, Fels, Klippe oder aksl. *kamy* S t e i n hindeutet, sondern auf den Knochen des hinteren Oberschenkels des Thieres, der dem Urmenschen noch als der von der Natur ihm gebotene Hammer dienen konnte, so dass die älteste Bedeutung im engl. *ham*, ahd. *hamma* O b e r s c h e n k e l e i n e s T h i e r e s zu suchen wäre. (Vgl. für andere Theile des Thieres *coma, κόμη* H a a r und oben die Begriffsentwicklung von *κώμη* und ahd. *°hamo* H ü l l e, K l e i d in *lihhamo* und d. *Hemd*.) Wenn

---

*) Weniger an der Hand sprachlicher Entwicklung, als auf Grund von in die historische Zeit hereinreichenden Daten gelangt H e h n (S. 15) im allgemeinen zu demselben Ergebnis bezugs der Wichtigkeit des Thieres für den Urmenschen. „Das Jagdthier und das Thier der Herde gab alles Nöthige, sein Fell zur Kleidung, seine Hörner zu Trinkgefäßen, seine Darme und Sehnen zu Bogensträngen, sein Geweih und seine Knochen zu Werkzeugen und den Handgriffen derselben; rohes Leder war der vorherrschende Stoff, die steinerne und hörnerne Nadel diente zum Nähen und Befestigen desselben (*suere* ist das uralte Wort für solche Lederarbeit, man vgl. *sutor* Schuster etc.). Mit Leder war der auf dem Wasser schwimmende geflochtene Kahn überzogen, mit Stiersehnen das Lederkleid zusammengenäht (Hesiod: Nähe dir Häute zusammen mit Stierdraht), mit Riemen die Spitze am Pfeil und am Speer befestigt, das Zugthier vor dem Wagen angeschirrt und die Peitsche, die zum Antreiben diente, bewaffnet."

man in Betracht zieht, dass auch lat. *p* zur Aspirata verschoben
wurde (s. oben unter *filius, fero, facio* etc.), so gehört hierher
auch nach *por* lat. *femur* der Oberschenkel. also mit derselben Articulationsart wie ahd. *hamma*.

Zur germ. Wz. *hem, ham* bedecken (wobei *m-* ebenso wie
n- herrührend (i. c. von dem Thiere) bezeichnet, eine ursprünglichere Bedeutung also in ahd. *hamo* Hülle, Kleid, das einst
aus der Thierhaut bestand, zu suchen ist) werden auch gestellt:
ahd. *himil, scama* Schamgefühl, ags. *sceama*, ahd. *scamén* schämen
(*sik skaman*, eig. sich bedecken). *μέλαθρον* und *κμέλαθρον*. Vgl.
Kuhns Zeitschr., XXX., S. 429.

Deutsches Schale weist seiner doppelten Bedeutung Hülse,
Gefäß nach auf den doppelten Ursprung, auf Haut, Rinde,
Hülse und dem aus Häuten, Leder, Horn verfertigten Gefäße.
Vgl. ags. *scealu* Hülse, Schüssel, ne. *shell* und *scale* Wagschale,
russ. *skala* Rinde u. s. w.

Eigenthümlich ist die Ideenverbindung, die aus deutschem
Schale und schälen (vgl. fr. *peler* zu lat. *pellis*) erhellt. *Schälen*
die Schale wegnehmen leitet uns zum Begriffe *die Haut,*
Rinde wegnehmen, schinden. Ahd. *scintan, scindan* steht
daher in Verbindung mit dem Begriffe Haut, engl. *skin* Haut,
Rinde, wie ital. *scorticare* mit *corium*, engl. *flay* früher *flea*, ags.
fl-eán schinden mit *pellis*.

Auf den ersten Tauschhandel verweist bekanntlich *pecunia*,
ne. *fee* von *pecus*. Dieser Handel wird sich nicht bloß auf das
Vieh, sondern auch auf Theile desselben, namentlich auf Häute
und Felle erstreckt haben. Der Typus *por(K)* Vieh, Haut,
Fell enthält daher den allgemeineren Begriff Wert. Geld; daher *pre-tium* Preis, lit. *prekia, prekius* Preis, *perku* ich verkaufe;
daher überhaupt Begriffe des Kaufens, Verkaufens, Handelns:
πέρ-νημι verkaufe, *πρίαμαι* kaufe, lit. *pirkti* kaufen; *ἐμ-πόρ-εια*
Handel, *ἐμ-πόρ-ευμα* Kaufmannsware, *ἐμ-πόρ-ιον* Handelsplatz,
ἐμ-πολ-ή Kaufmannsware. *πωλ-έομαι* verkaufen.

Hierzu stimmt ahd. *feili, fali* käuflich, nhd. *feil*, mhd. *veil-*
schen feilschen. Wieder enthält baj. *foal* den ursprünglichen Vocalismus (*poa[r], πωλ-έομαι*). Nicht stimmt hingegen der Anlaut in
ahd. *choufôn*, goth. *kaupôn* Handel treiben, ags. *cypan* kaufen,

ags. *ccap* Vieh, Handel (ne. *cheap, chapman*) zu der Articulationsart von d. *hrind, Vieh*, sondern zu der in dem germanischen
Ausdrucke für Kuh. Vgl. K u h mit der Tenuis S. 100.

6. F o r t s e t z u n g. W e i t e r e B e g r i f f s e n t w i c k l u n g;
Fleisch, Haar, Wolle, Rinde; Noirés Entwicklungs-
theorie dieser Begriffe.

Als Scheideformen von *cor (por)* V i e h, R i n d sind außer
corium auch lat. *caro* und gr. *κρέας* Fleisch anzusehen. Es hat
sich offenbar bei der begrifflichen Scheidung der Theile des
Körpers von dem Thiernamen in der Urzeit im großen derselbe
Denkprocess vollzogen, wie wir ihn in der Neuzeit vereinzelt vollziehen sehen. Wie der Engländer bei den Wörtern *beef, pork*
nicht mehr an den Ochsen, das Schwein, sondern an das Fleisch,
den wertvollsten Theil dieser Thiere, denkt, so wurde einst der
Begriff *caro* von *cor* V i e h abstrahiert, wobei die Flexionssilben
im Verlaufe der Zeit zur Verdeutlichung das Ihrige noch beitragen
mussten. Dem *por(K)* entsprechen gr. *πέρνα* Schinken, aksl. *polti*,
lit. *paltis* Fleisch, altn. *fl-esk* Schweinefleisch, ahd. *fl-eisk* Fleisch.
Die urgermanische Bedeutung von Fleisch scheint nur S c h w e i n e-
f l e i s c h gewesen zu sein: lat. *pulpa* das Fleischige an thierischen
Körpern.

Ohne in eine weitere Untersuchung über die Bezeichnung
der Körpertheile einzugehen, sei noch kurz erwähnt, dass auch
die Bezeichnungen für Haar, Wolle nach den Typen *cor, por*,
aber auch nach dem noch nicht invertierten *or(K)* im Idg. vorhanden sind. Daher lat. *crinis* Haar, ahd. *hâr*; ohne *r*-Bildung:
lat. *coma*, gr. *κόμη*, aksl. *kosa*, lit. *kasa* Haar, wobei *m*- als Suff.
dieselbe Bedeutung h e r r ü h r e n d hat wie *n*-. Dem *por(K)* entspricht *pilus* Haar, *πέκος* Wolle, Haut, Fell, ags. *feax* Kopfhaar,
ahd. *fl-ahs* Flachs (vgl. zu *hâr* und *fl-ahs* das lautliche Verhältnis
von *caro* und *fl-eisk*) altn. *flock* Flocke von Haar und Wolle. Im
engl. *flock* V i e h h e r d e (ags. *flocc*) erscheint noch eine ursprünglichere Bedeutung.

Die Wichtigkeit der Wolle und der Thierhaut lässt es begreiflich finden, dass für diese beiden Begriffe noch Lautgebilde nach
dem Typus *or* vorhanden sind (d. h., dass der Begriff Wolle,
Fell schon abstrahiert wurde, als das Thier oder speciell das
Schaf noch ausschließlich *or (cr)* hieß), was man meines Wissens
von dem Herzen, Hirn, Kopfe, wenigstens in den hier verglichenen

Sprachen nicht nachweisen kann; daher: gr. ἔριον, εἶρος Wolle, skr. *árṇa* Wolle*) (ebenfalls mit *n* wie *car-n-, cor-nu, cr-inis,* d. *Hirn*), goth. *wulla*, ags. *wull;* skr. *úrṇomi* ich verhülle enthält ebenfalls den Begriff Haut oder Wolle als erstes Mittel des Einhüllens; δορά, δέρος, δέρας Fell, Leder, ursprüngl. voc. anlautend und Scheideformen von ἔρ-ιον Wolle.

Die manigfache Begriffsentwicklung von demselben lautlichen Ausgangspunkt erklärt die Beobachtung, dass das, was z. B. in einer der idg. Sprachen das Thier bedeutet, in einer andern, gleich oder ähnlich lautend, Fleisch, Haar, Wolle, Gefäß etc. bezeichnet. Wenn der Čeche den Ochsen *wul* nennt, so erinnert dieses Lautgebilde im Germanischen an ags. *wull* Wolle, einen Theil des Thieres. Gr. ἔρ-ιον ist auf der Umlautreihe ebenso eine Fortbildung von *or das Schaf, wie auf der *u*-Reihe čechisches *wlna* Wolle. In *wlna* verschwand der Wurzelvocal gerade so, wie im deutschen *hr-ind* das Rind zwischen *h* und *r*; in Rinde (nach der Analogie mit *corium* Haut, Rinde), da es eine begrifflich jüngere Form als *hrind* ist, ist selbst das anlautende *h* nicht mehr nachzuweisen.

Nach den bisherigen Erläuterungen kann man nun schon bei irgend einem Vocal auf ursprüngliches *or (oa)* und *er (ea)* verweisen. So wurde z. B. oben bei der Behandlung der Wörter für die Thätigkeit des Fußes ein früheres ποῤ für πούς, ποδerschlossen. Auf gleiche Weise lässt sich auch für βοῦς Rind ein früheres βοῤ- (als Übergang von οῤ, οῤ-ος Ur zu βοῦς) voraussetzen. An eine solche Form wird man auch erinnert durch βῦρ-σα abgezogene Haut, Fell. Dagegen sind βοεία, βοή Rindshaut, Schild, βοεῖς Riemen aus Rindsleder Neubildungen. Wie englisches *beef* das Rindfleisch, so heißt βοῦς nebst Rind auch die Rindshaut und bietet zugleich den augenscheinlichsten Beleg für die dargelegte Auffassung, dass die Begriffe und Wörter der einzelnen für den Urmenschen wichtigen Theile des Thierkörpers von dem Thiernamen abstrahiert wurden. So ließe auch gr. ἔρ-ιον Wolle, auch wenn uns skr. *urá* in *urá-bhras* Schafmacher nicht vorläge, noch auf ein dem ὄις, lat. *ovis* vorangehendes οῤ-, *or-* das Schaf schließen. Die *r*-Form ist auch erhalten in ἐήν**).

---

*) *árṇa* Wolle aus *ur-á das Schaf (in *ur-á-bhras* Widder) und *n* von dem Schafe herrührend. Vgl. S. 82.

**) Bopp erklärt die *r*-Formen aus der Verwandlung des *v* in *r*; ein ganz undenkbarer Vorgang.

gen. *ἀϱ-νός*, d. *ἀϱ-νί* Schaf, Widder, Lamm, *ἀϱνίον* Schaffell; skr.
ur-ana; diese Formen sind schon Derivata mit *n-* in seiner activen
und passiven Bedeutung (wie oben das Suffix *or* etc.), daher die
Bedeutung **W i d d e r**, der das Schaf Zeugende und **L a m m**, aus
dem Schaf geboren. Die Grundform ist also *or (ar, er)* ohne *n-*,
wozu das nach dem zweiten Typus *orK* gebildete *ag-nus* **L a m m**
stimmt. Wie mit *οἶς* **S c h a f** (zu *or*), verhält es sich auch mit *οι-*
(in *δι-ωνός* einsam fliegenden Vogel) lat. *avis;* auch hier ist
ursprüngliches *οϱ* vorauszusetzen, das in ahd. *ara* **A a r**, in den
Ableitungen *al-a* und *vol-are* **f l i e g e n** erhalten ist.

Um zu ersehen, wie die Begriffe **H a u t**, **F l e i s c h** etc. von
anderer Seite bis jetzt entwickelt wurden, erinnere ich an eine
Stelle **N o i r é s***). **N o i r é** behauptet, dass alle Dinge nach einer
menschlichen Thätigkeit ihren Namen erhalten. „Das Thier ist
Fleisch, es ist Jagdbeute, es ist das Geschundene. Die Wurzel
für schinden und abziehen bezeichnet zugleich die Haut oder das
Fell und auch das Fleisch: denn beides entsteht erst gleichsam
durch die Thätigkeit, es ist also eine genetische oder auch phäno-
menale Bezeichnung. So entsteht für den Menschen die Schuppe
des Fisches durch das Schaben, die Schale der Frucht durch das
Zerschlagen (*skar, skal*).“ Vgl. auch die Anm. S. 97.

Hier wird auf den begrifflichen und lautlichen Zusammenhang von Fleisch, Haut, Thier hingewiesen. Indem **N o i r é** jedoch
die aufgestellten Wurzeln mit ursprünglichen Thätigkeitsbegriffen
als ausgemachte Thatsache hinnahm, gelangte er zu so verkehrten
Folgerungen. Aber selbst wenn der Urmensch im Sinne gelehrter
Denkungsart von **s c h i n d e n** zum Begriffe **H a u t** und, weil unter
der Haut das Fleisch steckt, zu **F l e i s c h** und dann auf das Ganze,
das Geschundene angewendet, zu dem Begriffe **T h i e r** gelangt
wäre und dies nur darum, weil er die Haut abziehen musste, so
bleibt die Hauptfrage noch immer ungelöst: Wie gelangte er zu
den Lautgebilden *ska, skar, skal* mit den Begriffen **s c h i n d e n**,
z e r s c h l a g e n? An einer andern Stelle (S. 93) wird lat. *pecus*
als **d a s A n g e b u n d e n e** (skr. *paç, paça* Fessel) hingestellt. Dass
die Begriffsentwicklung umgekehrt erfolgte, geht aus obiger Darstellung hervor. Der Begriff **R i n d** in *βοῦς* geht dem der Rindshaut in *βοῦς* voraus. Die aus der Rindshaut (*corium*) verfertigten

---

corigiae Schuhriemen, Peitschen zeigen, dass die Riemen
zum Binden (vgl. oben *Fass, fassen, Fessel*) dem Laute und Begriffe nach aus dem Wort für Leder und in letzter Linie aus
dem Begriffe Vieh entstanden sind. Skr. *paçu* Vieh, Vieh-
herde als das Angebundene (von *paça, paç* Fessel) zu erklären, hieße ebenso viel, als βοῦς das Rind entstanden zu
erklären auf Grund der Anschauung des „in die Thierhaut (βοῦς)
Eingewickelten". Solche und ähnliche Begriffsentwicklungen sind
das Ergebnis der übergroßen Würdigung der nach dem gegenwärtigen Stand der Sprachwissenschaft aufgestellten Wurzeln.
Mancher, dem es an common sense nicht gebricht, wird sich des
Gefühls nicht erwehren können, dass diese oder jene Begriffsentwicklung aus einem Thätigkeitsbegriffe bei den Haaren herbei-
gezogen ist; aber unter dem Zwange der von den Gelehrten auf
bloß historischer Basis gewonnenen Gesetze über den Vocalismus
und die Lautverschiebung muss manche eine gesunde und natürliche Erklärung fördernde Vergleichung bei Seite bleiben.

7. Fortsetzung. Weitere Begriffsentwicklung;
scheren, falten, flechten, spinnen, Darm; andere
Thiernamen.

Aus den Wörtern für Haut, Wolle entstehen solche, welche
irgend eine Manipulation mit der Haut, Wolle bezeichnen. Wie
schälen, schinden (ohne Vorsilbe, nicht wie *excorio*) die Haut,
Schale wegnehmen bedeuten, so finden wir auch: δέρος, δέρας
Haut, Leder, δέρμα Fell, Haut, Leder, Schale und δέρειν schinden,
schälen, gärben; πέκος Wolle, Haut, Fell und πέκω schere, zupfe,
kämme, krämple. Die begriffliche Reihe ist: *pecus* — πέκος —
πέκειν. In der ältesten Zeit wurde die Wolle nur gerupft (Plinius:
„durat quibusdam in locis vellendi mos"). wofür im Griechischen
πέκειν gebraucht wurde: der Begriff rupfen führte zu kämmen
(*pectere*), krempeln und mit der Änderung der Art der Wegnahme
der Wolle zu scheren. Diese Begriffsentwicklung gestattet die
Vermuthung, dass auch dem gr. κείρω schere, κουρά Schur, ahd.
sceran, mhd. *scār* Schur irgend ein Wort für Wolle, Haut, Thier
zugrunde liegt. (Vgl. hierzu *cor-ium*, ahd. *hār*.)

Auch die Wörter falten und flechten bedeuten für die
Urzeit eine Manipulation mit der Haut, dem Fell, der ersten
Kleidung des Menschen, und der Wolle. Lautlich betrachtet ent-
spricht gr. πέκος Fell, Wolle einem früheren 'peuK, ʾperK

(in dem or-Wort ἔρ-ιον ist das *r* noch enthalten), aus welchem einerseits *πέκω*, *πεκτέω* zupfe, kämme, kremple, schere, anderseits *περ-κ-*, *πλέκ-ειν*, *plectere*, goth. *flahta* Flechten des Haares, *plicare* falten (i. e. ein K l e i d) und ohne Gutt. goth. *falthan* f a l t e n sich ergeben. In *pl* (*fl*) lässt sich noch der Typus *por*, *pol* (Thier, *pellis*, *pilus*) vermuthen, der infolge der Betonung der folgenden ableitenden Silbe den Vocal einbüßte, welcher in *falten* i. e. bei dem bloßen Anschluss der Dentalis sich erhielt. Vgl. hierzu oben *h-and* (ohne *r*-Bildung) und *halten*; πολύς und *pl-ere*; *koa* R i n d , K u h , aber in der Zusammensetzung *hrind*; *Pflug*.

In dieselbe Begriffssphäre gehört auch: goth. *fana* Tuch, Zeug, Lappen (nhd. *Fahne*), lat. *pannus*, gr. πῆνος Gewand, πήνη der auf die Spule gezogene Faden des Einschlags (mit *n-*, wie *cornu*, *carn-*, *urna*, d. *Hirn*); vielleicht ließe sich hiermit ein Zusammenhang des deutschen s p i n n e n , dessen Herkunft unbekannt ist, herstellen. Spinnen ist ebenso als eine Manipulation mit der Wolle anzusehen, wie scheren, flechten oder wie die Begriffe schinden, schälen als solche mit der Haut, der Schale. Nach einer natürlichen Auffassung culturellen Fortschrittes gehört spinnen einer späteren Epoche an als scheren, falten, flechten und setzt die Begriffe F e l l , W o l l e voraus. Man kann also für s p i n n e n ein schon entwickelteres Lautgebilde voraussetzen. Am ersichtlichsten ist dies im lat. *filum* d e r F a d e n , *filare* s p i n n e n . *Fil-* ist eine directe Fortbildung von *por* T h i e r , und hat als lautliche und begriffliche Vorderstufen lat. *pil-us* H a a r und weiter *pellis* F e l l . *Filare* steht daher ebenso an der äußersten Grenze lautlicher Entwicklung von *por* d a s T h i e r , wie oben *filius*, φίλος von *por* z e u g e n .

Auch gegenüber *corium*, κώρυκος, *corigia*, κύτος u. s. w. finden wir die Verschiebung zur Aspirata mit Beibehaltung des ursprünglichen *or*, aber größtentheils mit einer Verallgemeinerung oder Übertragung des Begriffes in: χόριον Haut, Leder, Hülle, Frucht im Mutterleibe, χρῶμα Haut, Farbe, Schminke, χρόα Haut, Oberfläche, χλαμύς Oberkleid. Dem *por* entsprechend gegenüber πέλλις u. s. w.: φορίνη Schweinsschwarte, φολίς Schuppe der Schlangen und Eidechsen, φιαλίς, φιάλη Trinkschale, φάρος Kleid, Hülle, lat. *floccus* Flocke der Wolle.

Als Theil des Thieres heißt der Darm im Griechischen χορδή noch mit *or*. Aus dem Begriffe D a r m entsteht der des aus demselben Verfertigten, der S a i t e ; χορδή heißt daher D a r m und

Saite; das (nach *por*) entwickeltere (weil *i* für *or*) σφίδη, lat. *fides*
Saite hat die Bedeutung Darm nicht mehr. Vgl. zu lat. *chorda*
Darm, Darmsaite, Strick ohne dentale Ableitung *haru-spex* „der
die Eingeweide besieht"; *haru* also noch nach dem einfachen
Typus *cor*.

In der Urgeschichte der Arier spielt auch der Bär eine
gewichtige Rolle. Dies sagen die in das ursprüngliche Lautgebiet
(nach *or, orK*) gehörigen Formen: skr. *ŗkĵas*, gr. ἄρκος, ἄρκτος
und (nach *or + s*) lat. *ursus*; auch skr. *bhalla* Bär, germ. *Bär*
(ahd. *bero*) enthält noch den Keim *(cr)* und lautet mit der Media
an, entspricht also dem Lautgebilde *bor* (vorgerm. *ŷor, or*), das
im Germanischen, nach den Begriffen zu schließen (*borôn, bêr,
bûan, bauan, bar* [Suff.], *buobc, buolc, boli*) als älter gelten muss,
als das mit der Aspirata anlautende *for (por)* derselben Begriffssphäre, wie oben dargelegt wurde. Von andern Thieren, die dem
Typus *or(K)* entsprechen, sind zu erwähnen: gr. ὀρεύς, οὐρεύς
Maulthier (nach Curtius [504] von ὄρος Berg), skr. *rá* Kuh,
bhári Löwe, germ. das *Reh*, ahd. *rêh*, ags. *ráh*, ne. *roe*, altn. *rá*,
südbaj. *reach*. Wenn man ferner in Erwägung zieht, dass manche
Anzeichen vorhanden sind, dass die vocalisch anlautenden Wörter
durch dentalen Vorschlag vermindert wurden*), so kann man
hierher auch ziehen gr. δορκάς, δόρκη Reh, δόρκος Rehbock**),
wobei einem ο_ρx- ahd. *rêh*, ags. *ráh* etc. entspricht. Zu *or* gehört
auch Elen, Elch, ahd. *elaho*, ags. *eolh*, ne. *elk*, altn. *elgr*, lat. *alces*,
gr. ἄλκη Elch, lit. *el-nis* Elen. Vgl. unten über die Hausthiere.

Lautliche Ergebnisse.

In lautlicher Beziehung zeigt diese auf einer begrifflichen
Entwicklung basierende Untersuchung innerhalb des behandelten
Lautgebietes folgende Ergebnisse:

---

*) Auch auf diesen lautlichen Vorgang weist das Baj. hin in der Vor-
silbe *da (dalerna* erlernen etc.) für *er*.

**) δορκάς (Vgl. Brugmann, II., S. 249), vielleicht um der schönen
Augen willen, mit δέρκομαι sehe zusammen zu stellen, beruht wohl nur auf
der Gleichheit der Lautbilder. Vgl. unten über Homonymie etc. Dasselbe gilt
auch von ἄρκος, der nach einigen als der Verletzende, nach Kuhn als der
Glänzende (von seinem Felle) hingestellt wird. Höchst seltsam ist auch die
Herleitung von Ochs aus einer Wz. *ukš* ausspritzen, heranwachsen
(Kluge), als ob diese Begriffe unterscheidende Kennzeichen, die beim Anblick
des Ochsen unwillkürlich dem Menschen der Vorzeit sich aufdrängten, enthielten.

1. Es bestehen in der Lautentwicklung zwei Hauptabschnitte: a) *or*, *orK*, der vocalische Anlaut, wozu der *u-*, *b-*, *m-* (der hier weniger behandelte *g-* und vielleicht der *d-*) Anlaut sich gesellt; b) die dem *orK*, *uorK* entsprechenden Typen *cor*, *por*, die den Ausgangspunkt einer neuen Begriffsentwicklung bilden.

2. Alle Vocallaute sind jünger als *or*, beziehungsweise *oa*. Die auf Grund der Vergleichung der baj. Mundart mit dem Englischen aufgestellte These von der Ursprünglichkeit des *oa* ist somit durch diese weiter ausholende Vergleichung bekräftigt. Jedes *u* ist Zeuge des ersten Elementes von *oa*, jedes *r (l)* entstand aus oder nach dem zweiten.

3. *S* tritt vor den Anlaut; *su*, *sm*, *sc*, *sp* sind jünger als *u*, *m*, *c*, *p*.

4. Die lateinische und griechische Aspirata ist, wie im Germaschen, jünger als die Tenuis; im Germanischen erhielt sich, wie in den alten Sprachen, in einigen Sippen die Tenuis.

5. *R*, der erste postvocalische Laut, geht dem *s (z)* zur Zeit der Entwicklung der Sprache voran.

6. Die dentale Media bei den Verben, die eine Thätigkeit der menschl. Organe bezeichnen, ist in den alten Sprachen ursprünglich; also in *edo*, *mordeo*, *rideo*, *video*, *audio*, *vado* u. s. w. Zu erwägen wäre, ob nicht das dem hochd. *t* entsprechende *d* der übrigen Dialecte ebenfalls ursprünglich ist, i. e. nicht erst auf einer Verschiebung beruht. Anhaltspunkte hierzu bietet eine Anzahl von germ. Wörtern, denen es an Entsprechungen außerhalb des Germanischen fehlt. Die Wörter: *leiten*, *reiten*, *braten*, *sputen*, *Braut*, *Brut*, *Blut*, *Brot*, *breit* u. s. w. können innerhalb des Germanischen mit dentaler Ableitung (*d*) entstanden sein. Entsprechungen außerhalb des Germanischen haben mit dieser Stellung der Dentalis überhaupt nur: goth. *bindan*, ai. *bándhanam* Band, goth. *hairda* Herde, ai. *çárdhas* Herde, Schar und goth. *anabiudan* entbieten, befehlen, welches trotz seiner ganz verschiedenen Bedeutung mit ai. *bódhami* erwache, merke, werde inne zusammengestellt wird. In den alten Sprachen fehlt es an Entsprechungen für diese Wörter. In Wort (*ver-bum*) und Bart (*bar-ba*) ist die Dentalis (*d*) ebenfalls ableitend.

Ein Beispiel für die Ursprünglichkeit des postvocalischen *d* liefert auch germ. *Haut*, ahd. *hût*, ags. *hýd*, ne. *hide*. Wie Wort, Bart hat auch Haut noch kein weiterbildendes *d* im lat. *cor-ium*. Nicht lat. *cutis*, gr. κύτος etc. ist mit Haut zunächst zusammenzustellen, da diese Wörter selbst von *cor-ium* abgeleitet sind, sondern *cor-ium*; zwischen *cor-ium* und *hýd* ist dasselbe lautliche Verhältnis wie typisch zwischen *or* und *od* innerhalb derselben Sprache, s. S. 40 und 45. Vgl. auch ags. *weard*, ne. *ward*, ahd. *wart* etc. und ὁϱ-άω; *Wart* hat eine innerhalb des Germ. entstandene dentale Weiterbildung, welche gr. οὐϱ-εύς, οὐϱ-ος Wächter, Aufseher nicht aufweist. In *Oxenford* und Βόσποϱος zeigt sich dasselbe lautliche Verhältnis.

Mit *Wart* und *Furt* stehen *weiß* und *Fuß* in einer Urverwandtschaft, s. S. 43 und 46. Aus diesen zwei Wortpaaren geht das Altersverhältnis der beiden Laute *d* und *t* im germ. (*t* und *ß, ss, tʒ* im Nhd.) hervor. Der älteste Anschluss an *ṷor* (ὁϱ-άω, germ. *wor) ist idg. in οἶδα, *wait* etc.; ursprüngliches *ṷor* gieng aber deshalb nicht überall verloren; es erlitt später einzelsprachlich, i. e. im Germ. neuerdings eine Weiterbildung in *weard* (ags.) etc.; vielleicht bewirkte gerade dieser neuerdings erfolgte dentale Anschluss die Verschiebung des vorgerm. *d* zu *t* in der ersten Gruppe *wait**). In den alten Sprachen (vgl. *videre*, it. *vedere*) hat wenigstens eine Verschiebung nicht stattgefunden.

Dasselbe lautliche Verhältnis besteht auch zwischen Furt und Fuß: πόϱ-ος, ποδ etc. ist idg., *ford* ist nur germ. aus *for* (ahd. *faran*, *ṷuor*). Deutlich illustriert diesen ganzen Entwicklungsgang bis zu hochd. *ß, ss* (nebst *wissen* aus *ṷor* und Fuß aus *por*) das Wort Wasser: ai. noch *rar*, gr. ῧδ-ωϱ, aksl. *vod-a*, goth. *wat-ó*, ahd. *waʒʒar*.

Diese Vergleichung bietet keinen Anhaltspunkt, für germ. *d* (hd. *t*) in dieser Stellung eine andere Articulationsart als ursprünglich zu setzen: aber selbst angenommen, es gienge nach den ai. Beispielen**) dem *d* ein *dh* voraus, so würde dies nichts an der Thatsache ändern, dass der Dentallaut erst behufs einer Neubildung (gleich gr. und lat. *d*) an ein ursprüngliches Lautgebilde nach *or, ṷor* etc. sich anschloss. Aus dem Gesagten ist auch ersichtlich, dass der Anschluss der Dentalis in d. *waten* und lat. *vado* zu

---

*) Vgl. baj. *woat* und *woaß*, wo die Articulationsart der Dentalis das einzige Differenzierungsmittel bildet.

**) Herde und Schar scheinen zwei parallel gebildete Collectiva zu sein aus *cor das Nutzthier. Vgl. zur Bedeutungsentwicklung skr. *paçu* Vieh und Herde. Eine ursprüngliche Gemeinschaft von *Herde* mit ai. *çárdhas* muss nicht bestanden haben, da die Weiterbildung aus *cor* in demselben Sinne eine rein zufällige sein kann.

verschiedenen Perioden erfolgte. An den ersten Anschluss der Dentalis (stimmend mit *vado*) denkt man bei baj. *zwotzeln* watscheln, das, wenn auch historisch nicht weiter belegt, nach den entwickelten Lautgesetzen auf vorgerm. *ꭇoad* beruht.

II. Die Namen der Bäume.

1. *Eiche, Erle, Buche.*

Unter den Namen der Bäume bildet *or* oder *orK* das erste Compositionsglied in: lat. *ormus* wilde Bergesche, *ulmus* (ahd. *elmboum*), *alnus* (ahd. *erila*, ags. *alor*, aksl. *elicha*), gr. ὄα Sperberbaum, ῥόα Granatapfelbaum, ὀξύη Buche, ὄχνη Birnbaum u. s. w. *M*-anlautend sind z. B. *malum*, μῆλον Apfelbaum, μελία Esche. In größerer Ferne stehen dem Anlaute nach: *pinus, pirus*, κερκίς Espe, πίτυς Föhre, *quercus, fagus, fraxinus, Föhre, Fichte.*

Dem einfachen Typus *oaK* ohne zweites Compositionsglied entsprechen im Germanischen die Bezeichnungen der Eiche: ahd. *eih*, ags. *ác*, ne. *oak*. Auch lat. *quercus* kann man als directe lautliche Fortbildung von *oac (uoac* mit der *r*-Bildung *uorc, uerc*, infolge der durch die Reduplication entstandenen Metathese : *querc-us)* ansehen. (Vgl. zur Tenuis in *ác* und *quercus* germ. *koa* und lat. *vacca*.)

Ein zweiter wichtiger Waldbaum, die B u c h e (ahd. *buohha*, ags. *béce, bóc*, altn. *bóc*) hieß einst im Germanischen *°boac.* B u c h e wird nach dem gegenwärtigen Stand der Sprachwissenschaft mit gr. φηγός, φαγός S p e i s e e i c h e und lat. *fagus* B u c h e zusammengestellt. Die Differenz der Bedeutung von φαγός und *fagus* wird nach einer Hypothese, die ich bei K l u g e angeführt finde, erklärt „aus dem Wechsel der Vegetation, der Aufeinanderfolge einer Eichen- und Buchenperiode": „die Germanen und Italier waren Zeugen des Überganges der Eichenperiode in die Buchenperiode, und während die Griechen φηγός in der ursprünglichen Bedeutung behielten, übertrugen jene den Namen als allgemeines Appelativum auf die neuen Waldungen, welche in ihrer heimatlichen Wildnis emporwuchsen." Nach dieser Hypothese wäre also B u c h e, i. e. eine dem B u c h e zugrunde liegende Form einst die Bezeichnung für Eiche gewesen. Diese Bemerkung verdient alle Beachtung, da sich auch ein lautlicher Übergang von *oac* E i c h e zu *boac* B u c h e denken lässt und zwar mit der Zwischenform *ꭇoac*, welche auch den velaren Verschlusslaut in *quercus* bewirkte. Den alten Voca-

lismus haben baj. *oach, oacha* E i c h e, ne. *oak*. Eine Scheideform
von *uoac, uorc* ist *uerc* in ahd. *vereh-cih*, eigentlich tautologisch
wie Auerochs. Der angeführte Übergang von *oac* zu *boac* ist nicht
vereinzelt, sondern, wie oben S. 86 an germ. *bor* == gr., lat. *or*
gezeigt wurde, die Regel. Ein germ. *boac* entspricht daher nicht gr.
$\varphi\alpha\gamma\delta\varsigma$, lat. *fagus*, sondern lässt in den alten Sprachen ein Lautgebilde
mit vocalischem Anlaut vermuthen, das wir auch in $\delta\xi$-$\nu\eta$ B u c h e
antreffen. Wenn man ferner erwägt, dass manche schon angeführte
Beispiele (vgl. $\delta\acute{\epsilon}$-δ-$o\varrho\kappa$-α — *oc-ulus*, δ-$o\varrho\kappa$-$\acute{\alpha}\varsigma$ — *rêh*, δ-$\acute{\epsilon}\varrho o\varsigma$ —
$\check{\epsilon}\varrho$-$\iota o\nu$) dafür sprechen, dass bei einer Anzahl von Wörtern einst
ein dentaler Vorschlag platzgriff, so kann auch zu einem vorgerm.
oac, orc Eiche gr. $\delta\acute{o}\varrho\nu$ Eiche i. e. früheres *°oϱ-ν* gestellt werden,
dies umsomehr, da wir auch hier wieder, von einem *oϱ*- E i c h e
ausgehend, den lautlichen Übergang zu $\delta\xi$-$\nu\eta$ B u c h e (vgl. *ar-are*
und *occare, or-are* und *voc-are* etc. oder d. *Ur* und *Ochs*) consta-
tieren können; daher auch $\check{\alpha}\kappa$-$\nu\lambda o\varsigma$ die essbare Eichel, Buchecker.
In gleicher Weise kann man auch *fagus* (wobei *g* aus *c* noch auf-
zuklären bleibt) dem Anlaute nach als directe Fortsetzung von
querc-us, beziehungsweise einer Grundform *cνoac* (*νoac*) ansehen.
Diese Übereinstimmung in der Aufeinanderfolge der Lautbilder:
Eiche — Buche, δ-$\acute{o}\varrho$-ν — $\delta\xi$-$\nu\eta$, *querc-us* — *fag-us* macht es
zur Gewissheit, dass der Arier aus irgend einem Grunde die Eiche
früher benannte als die Buche. Bei der Benennung eines Dinges
entscheidet allerdings vor allem das praktische Bedürfnis. Wenn
jedoch wirklich ein Wechsel in der Vegetation eintrat, dergestalt,
dass auf eine Eichenperiode eine Buchenperiode folgte, so ist es
selbstverständlich, dass die Buche auch später zur Verwendung
und zur Benennung gelangte. Um sich in der Frage, ob die
successive Benennung der Waldbäume auf Grund der wechselnden
Vegetation erfolgte, zu orientiren, ist es vor allem nothwendig,
auf die neueren Bestrebungen zur Erforschung des Ursitzes der
Arier zu verweisen. In der Urheimat der Arier erfolgte die erste
sprachliche Entwicklung. Der auf diesem Boden, wenn auch in
großen Zeiträumen, sich vollziehende Vegetationswechsel muss besonders in Betracht gezogen werden, sollten wir irgendwie hoffen
dürfen, e i n e n a t ü r l i c h e E r k l ä r u n g der in die Urzeit fallenden Entwicklung der Lautgebilde zur Bezeichnung der Bäume i n
d e m U m s t a n d e d e r A u f e i n a n d e r f o l g e der dem Arier
bekannt werdenden und verwendeten Baumarten zu finden.

2. Fortsetzung; über die Herkunft der Arier und den Vegetationswechsel; Laubholz, Nadelholz.

Die Frage über die Herkunft der Arier hat in zwei aufeinander folgenden Werken durch K. Penka eine eingehende Erörterung erfahren. Schon in seinem ersten Werke (Origines ariacae, 1883) gelangt Penka zu dem Ergebnis, der germanisch skandinavische Typus müsse als der specifisch arische angesehen werden, und bezeichnet Skandinavien als die Urheimat der Arier (S. 49).

„Die Menschen, die am Ende der Eiszeit aus Mitteleuropa nach dem Norden ausgewandert waren, waren unzweifelhaft die Vorfahren jener Männer (Arier), die später von ihrer neuen Heimat aus über ganz Europa, einen Theil von Asien sich verbreiteten". Diese These wird dann, durch neue Beweise gestützt, in seinem zweiten Werke (Die Herkunft der Arier, 1886) weiter ausgeführt. „Durch den Nachweis, dass schon in der Quaternärzeit in Mitteleuropa Menschen gelebt haben, die wir aus kraniologischen und archäologischen Gründen für die Vorfahren der späteren Arier halten müssen, dass also schon Arier Mitteleuropa zu einer Zeit bewohnten, als die Cultur noch weit zurückstand hinter der Cultur, die uns die linquistische Paläontologie als die Cultur des noch ungetrennten arischen Urvolkes kennen lernt, ist zugleich die europäische Herkunft der Arier bewiesen." (S. 68). „Die arische Race hat ihre physische Umgestaltung in und durch die Eiszeit erfahren." (S. 136). „Nur Südskandinavien (auch Dänemark wird zu Skandinavien gerechnet) kann als die Heimat der Arier betrachtet werden." (S. 86). „Die Germanen sind dasjenige arische Volk, das zuletzt die arische Heimat verlassen, den arischen Typus am längsten bewahrt hat: sie sind es auch, bei denen die Erinnerung, dass Skandinavien ihre eigentliche Heimat ist, sich erhalten hat." (S. 142). Selbst der historische Nachweis, dass die Germanen sich ihrer Herkunft aus Skandinavien erinnerten, wird versucht. *)

---

*) So wird Skandinavien von Jordanes (um 550) gleichsam die officina gentium, velut vagina nationum genannt. Von den Markomannen z. B. sagt der Verfasser, der Name bedeute „die in der Mark (d. h. im Grenzlande) wohnenden Männer". „Die Schwierigkeiten der Erklärung dieses Namens werden sofort gelöst, wenn man annimmt, dass die Markomannen aus Skandinavien gekommen sind. Thatsächlich gab es daselbst Grenzstriche, die, zwischen Norwegen und Schweden gelegen, lange Zeit Gegenstand des Streites gewesen waren, die sog. Marken (altn. *Markir*), ihre Bewohner hießen im Altn. *Markamenn*. Kann es wohl keinem Zweifel unterliegen, dass die Markomannen, welche

8*

Auch andere Gelehrte, die für die europäische Herkunft der
Arier eintreten, werden von Penka angeführt. Nach der mit
großem Scharfsinn durchgeführten Darstellung Penkas dürfte es
kaum mehr einem Zweifel unterliegen, dass seine Beweisführung
das Richtige getroffen hat. Auch die vorliegende Arbeit wird
namentlich bei der Entwicklung der Wörter für die Dinge der
Außenwelt manche Momente enthalten, aus denen hervorgeht,
dass die erste sprachliche Entwicklung der Arier in Mittel- oder
Nordeuropa erfolgen musste. Den Arier in Mitteleuropa glaube
ich aus dem Grunde nicht ausschließen zu müssen, da diese
ganze Darstellung nicht eine schon eine hohe Cultur verrathende
arische Grundsprache kennt, sondern in die Uranfänge der sprachlichen Entwicklung zurückgreift. Dies schließt die spätere Wanderung
der Arier, namentlich der Germanen aus Skandinavien nicht aus.

Über die im Laufe der Zeit erfolgte Veränderung der Waldvegetation haben die Untersuchungen, die Engler*) zusammen-
fasste, ganz bestimmte Reihenfolgen ergeben. „Steenstrup hat
in den skandinavischen Waldmooren wiederholt constatiert, dass

in späterer Zeit Frankreich und Deutschland verheerten, aus diesen Marken
stammten — werden sie doch ausdrücklich als Nordmannen bezeichnet — so
dürfte wohl auch die auf der Gleichheit des Namens basierende Vermuthung,
„dass die früher in Deutschland erschienenen Markomannen gleichfalls aus
den skand. Marken gekommen sind, das Richtige treffen". Auch von den
Sachsen und Angeln wird der Nachweis ihrer skand. Herkunft erbracht.
Unter anderem wird am Schlusse eine von Widukind mitgetheilte Sage
erwähnt, dass die Sachsen, dasjenige Volk, das räumlich, sprachlich und
politisch den Angeln immer am nächsten gestanden ist, von den Dänen und
Normannen abstammen. Wenn überhaupt diese Sagen und Vermuthungen
Beachtung verdienen, wonach die Markomannen in Frankreich (die Nordmannen) und diejenigen in Deutschland von Skandinavien gekommen sind,
und die Sachsen von den Normannen (die also mit den Markomannen identisch sind) abstammen, so wird man unwillkürlich an die in meiner ersten
Arbeit (Der Wortschatz und der Vocalismus der niederösterreichischen Mundart im Englischen. Wien, 1886.) auf Grund der Gleichheit des Vocalismus
aufgestellte Behauptung der näheren Verwandtschaft der Markomannen (Bajuwaren) mit den Angelsachsen erinnert. Die damals aufgestellte Behauptung
wurde jedoch durch die in meiner zweiten Arbeit ausgeführte Darstellung,
wonach überhaupt mehrere germ. Stämme den urspr. Vocalismus bewahrt
haben konnten, hinfällig.

*) Engler, Versuch einer Entwicklungsgeschichte der extratropischen
Florengebiete der nördlichen Hemisphäre. Leipzig, 1879.

die aufeinanderfolgenden Schichten derselben die Reste verschiedener Waldvegetation enthalten. Die Aufeinanderfolge von Populus tremula, Pinus sylvestris, Quercus sessiflora, Alnus glutinosa, fagus silvatica entsprechen dem Übergang eines kälteren Klimas in ein wärmeres." (S. 159). — „In den bisher untersuchten Torfmooren Norwegens folgen die genannten Bäume fast ebenso, nur mit dem Unterschiede, dass daselbst auf eine aus Quercus und Alnus gemischte Vegetation nicht Fagus, sondern wieder Pinus silv. folgt." (S. 192).

In den untersuchten Torfmooren Norwegens ist die Buche nicht enthalten. Da aber aus den wiederholten Untersuchungen der skand. Torfmoore sich ergibt, dass die Buche nach der Eiche folgt, und zwar in jenem Theile Europas, von welchem aus einst die Wanderung der Arier platzgegriffen haben soll, so kann die Reihe *or (δ-όϱ-υ)* — *ὀξύη*, Eiche *(oac)* — Buche *(boac)*, wobei in Übereinstimmung mit der zeitlichen Aufeinanderfolge der Name der Buche immer die entwickeltere Form aufweist, nicht auf einem bloßen Zufall beruhend gedacht werden, sondern wir können nicht bloß schließen, dass das Lautbild für die Buche von dem der Eiche sich einst absonderte, sondern sogar weiter gehen und sagen, die Entstehung des Namens der Eiche nach dem Typus *or, orK* in Verbindung mit primitivsten Begriffen nach denselben Lauttypen nöthige uns zur Schlussfolgerung, dass wir um die Eichenperiode herum so ziemlich noch am Anfange der sprachlichen Entwicklung stehen. Reichen die Grundformen von Eiche — Buche, *δόϱυ* — *ὀξύη* in die Urzeit und den Ursitz der Arier zurück, so dürfte anderseits die lautliche Scheidung von *quercus* und *fagus* auf einem später, in der neuen südeuropäischen Heimat eines Theiles der Arier, erfolgten Übergang von einer Eichen- zu einer Buchenperiode, worauf bei K l u g e angespielt wird, beruhen.

Die Untersuchungen in den Torfmooren haben auch ergeben, dass nicht nur die Buche, sondern auch die Erle und zwar zunächst auf die Eiche folgte. Auch in E r l e (ahd. *erila*, ags. *alor*, altn. *ölr, elrir*, lat. *alnus*, aksl. *elicha*) lässt sich die lautliche Nähe von ursprüngl. *or(c)* oder *or (δ-όϱ-υ)* nicht verkennen, wenn auch eine die Abstammung, das Herrühren bezeichnende Ableitungssilbe, die dem ältern Baumnamen E i c h e in ahd. *eih*, ags. *âc* fehlt, das Lautbild schon verändert erscheinen lässt. Aber gerade das Suffix in *al-nus* etc. sagt uns, dass nebst der Buche auch die

Erle jünger ist als die Eiche. Lautlich steht der Reihenfolge *Eiche — Erle — Buche* nichts im Wege, da unter den bereits bestehenden Begriffen und Lautgebilden *or(c)* Eiche und *er-* Erle von dem ersteren die Form für die Buche sich absonderte. Für die der Eiche nach den Untersuchungen vorangehende Baumflora, die Zitterpappel und die Fichte, besteht im Germanischen keine Bezeichnung nach dem Typus *or**), sei es, dass dieselbe verloren gieng, oder dass diese Baumflora der sprachl. Entwicklung oder wenigstens dem Bedürfnisse einer Bezeichnung vorangieng.**)

Höchst bezeichnend ist es überhaupt, dass die Namen der belaubten Bäume: Eiche, Erle, Ulme (*elmboum*), Esche, Espe, Ahorn, Weide, Buche, Birke im Germ. vocalisch oder doch mit dem aus dem Vocal entstandenen *u* (*b*) anlauten. Auch diese auffallende Erscheinung dürfte ihren letzten Grund in der successiven Absonderung eines Namens von einem anderen für einen Laubholzbaum bereits bestehenden haben. Von den Nadelhölzern hat nur Eibe (ahd. *iwa*, ags. *iw*, altn. *ýr*, altir. *eo*) vocalischen Anlaut; doch steht dieser Name dem lit. *jeva* Faulbaum, aksl. *iva* (mit welchen *Eibe* auch zusammengestellt wird), also Bezeichnungen von Laubhölzern lautlich sehr nahe, so dass man berechtigt ist, in einer Grundform von Eibe noch einen Laubholzbaum zu vermuthen. Dieser Name muss also als Eindringling unter den Namen von Laubhölzern bezeichnet werden.

Unter den Namen von Nadelhölzern bedeutet ahd. *tanna* die Tanne und die Eiche und scheint als Ableitung von *tan* Wald überhaupt den Waldbaum bezeichnet zu haben. Tanne kann, als überdies dem behandelten Lautgebiet nicht angehörig, somit hier nicht in Betracht kommen. Lärche (*larix*) wird im Germ. als Lehnwort hingestellt; Kiefer ist erst früh nhd. und wird von Kluge als aus Kienföhre (mhd. *kienboum, kienforhin* von der Kienföhre) entstanden erklärt.

Als lautliche Fortsetzung zu den vocalisch anlautenden Namen kann im Germ. somit nur die Föhre (ahd. *forha* Kiefer, ags. *furh* Föhre, altn. *fura* Föhre) und die Fichte (ahd. *fiuhta*) angesehen werden. Diese lautliche Folge der Namen von Nadelhölzern auf jene von Laubhölzern erinnert an das, was der Geologe Credner

---

*) Espe ist dem Laute nach weit jünger.

**) Vielleicht ist das erste Compositionsglied von gr. αἴγερος Zitterpappel und αἰγίλωψ Art Eiche noch auf den Zusammenhang dieser Baumflora zurückzuführen.

(Elemente der Geologie, S. 267) überhaupt über recente Bildungen
sagt: — „Durch die Torfmoore wird der Boden feucht erhalten,
und so bildet sich auf ihm eine üppige Vegetation. Ist er fester
geworden, dann siedeln sich Bäume und Sträucher, Weiden, Erlen,
Faulbaum und Kreuzdorn, zuletzt auch Nadelhölzer an." Die
Torfmoore in Deutschland sind nach Engler noch nicht untersucht. Unter den untersuchten Torfmooren Norwegens aber wurde
auf eine aus Quercus und Alnus gemischte Vegetation Pinus constatiert. Die Entstehung der Bedeutung Föhre, Fichte kann
jedoch auch in eine späte, aber immerhin noch vorgeschichtliche
Zeit fallen, in welcher der Mensch bereits umgestaltend·auf die
Waldflora einwirkte und durch Verdrängung des Laubholzes Raum
für das Nadelholz schuf.*) Wir können also zu verschiedenen
Zeiten eine Aufeinanderfolge des Laub- und Nadelholzes verfolgen.
Datiert die Benennung der Eiche, Erle und Buche aus der Urzeit,
so konnte die Benennung der Föhre, Fichte bei irgend einem
späteren Auftreten derselben erfolgen. Jedenfalls stehen der Annahme, dass in Übereinstimmung mit der Lautentwicklung in
anderen Begriffssphären die Benennung der Nadelhölzer Föhre,
Fichte später erfolgte als die der genannten Laubhölzer, die angeführten Untersuchungen über den Wechsel der Waldflora nicht
entgegen. Das Lautgebilde *forha* (ahd.) Föhre ist nicht plötzlich
ohne ein *prius* entstanden, sondern vorgerm. *porc, cuorc* steht in
unterbrochener Verbindung mit *orc* Eiche, wobei lat. *querc-us*
ein lautliches Mittelglied darstellt. Der Bedeutungswechsel ist aber
selbst bei allen germanischen Stämmen nicht zu gleicher Zeit ein-
getreten, da sogar früh im Nhd. das aus irgend einer Mundart
stammende *Ferch* Eiche noch mit der Bedeutung des nahe dem
Sprachkeim stehenden *orc* anzutreffen ist. Nicht *Buche* und *fagus*
stehen also in naher lautlicher Verwandtschaft, sondern germ.
forh-a und lat. *fagus* weisen, wenn auch mit verschiedener Be-

---

*) Vgl. Engler, S. 195. „Wir besitzen mehrfache Angaben über Ver-
drängung einer Baumart durch eine andere; sie fallen aber in die historische
Zeit oder wenigstens in die Zeit, in welcher der Mensch der ursprüng-
lichen Natur gegenüber schon als ungestaltend auftrat. In
Westpreussen werden Eichen und Birken durch die Kiefer verdrängt u. s. w.
Im allgemeinen stimmen alle Berichte darin überein, dass in letzter Zeit
Kiefer und Fichte an Terrain gewinnen." Auch S. 197. „Es ist sehr wahr-
scheinlich, dass mit dieser (durch die Trockenlegung der Sümpfe bewirkte)
Änderung des Klimas auch vielfach der Wechsel der Baumvegetation, nament-
lich das Zurücktreten des Laubholzes hinter der Kiefer zusammenhängt" u. s. w.

deutung, im Anlaute dieselbe lautliche Grenze, von *oac* ausgehend, auf, wie φίλος und *Freund, filius* und *Fohlen, flucre* und *fließen.* Dem *forh-* und *fag-* steht auf der *u*-Reihe *Buche* zur Seite.

Im Baj. (Salzburgischen) heißen die hier genannten Bäume, wenn man für *oa* gleichlautendes *or* setzt: *orch, burch, örl, forch* (in N. Öst. *orcha, burcha, fera*). Der gleiche Vocalismus in den mundartl. *orch* und *forch* beruht auf der consequenten Beibehaltung des Urlautes; historisch bezeugt wird das *a* (des *oa*) durch das *r* in *forh-, quercus,* durch das *o* in *buohha.*

Aus der ganzen Darstellung geht hervor, dass der Arier zur Zeit der Benennung der Eiche noch so ziemlich in den Anfängen der sprachlichen Entwicklung sich befand. Man kann jedoch keineswegs geradezu vom Anfange sprechen, da einerseits die *or*-Wörter für die einer Eichenperiode vorangehende Flora verloren gegangen sein konnten, anderseits von den Prähistorikern auf eine der Waldzeit vorangehende Weiden- und Steppenzeit hingewiesen wird, in der wir uns den Arier ohne die entwickelten Begriffe nach dem Typus *or* nicht denken können.

Sicher ist aber, dass nach meiner Entwicklungstheorie die mit den Untersuchungen in den Torfmooren stimmende Reihe *Eiche — Erle — Buche* im Germanischen sich ergibt, dass die Entstehung der Namen *Föhre, Fichte* gemäß ihrer Entwicklung aus *orc* in eine spätere, jedenfalls der Eichenperiode folgende Zeit fällt.

In sprachlicher Beziehung bietet die dargelegte Entstehung der Namen unserer Waldbäume wieder deutliche und anschauliche Belege für die an anderer Stelle entwickelten Lautgesetze. Von den 3 Reihen: *Eiche — Buche,* δ-όϱ-υ — ὀξύη, *quercus — fagus,* wodurch uns sprachlich die Aufeinanderfolge einer Eichen- und Buchenperiode illustriert wird, ist jede beweisend für die Richtigkeit der dargelegten prähistorischen Lautübergänge der beiden andern. Zu ersehen sind also folgende Lautgesetze: 1. ahd. *ei* (in *cih*) weist auf urarisches *oa,* von welchem allein der Übergang zu *uoa* (in *boac*) möglich war: vgl. hierzu d. *weiß* zu ὀϱ-άω etc.; von *orc, uorc* ausgehend entsteht die Scheideform *forh-a* mit dem ursprüngl. Vocalismus und die umgelautete Form *querc-us.*

2. *B* ist vorgermanisch *u* (Buche — Eiche), vgl. hierzu germ. *bor* zu lat. und gr. *or;* im Deutschen *war* zu *bin, warm* zu *brennen, Wort* zu *beißen;* auch gr. βοϱ ist urarisch *uor, or;* vgl. οὖϱ-ος und βοῦς, *vorare* und βοϱά, ὀϱ-ύω und βοάω.

3. *or* und contr. *orc* (*oc*) gibt den scheinbaren Wechsel von *r* und *c* (*ϑ-όϱ-ν* und *ὀξ-ύη*); vgl. *όϱ-άω* und *oc-ulus*, *ar-are* und *occare*, *Ur* und *Ochs* etc.

4. Die Tenuis geht im Lat. theilweise zur Aspirata über (*quercus*, *fagus*); vgl. *por* z e u g e n (*ποϱ-νεύω*, *purere*), *ποι-έω* und *fac-ere* etc.

5. Durch die Metathese des finalen *K* entstehen Neubildungen (*Eiche*, *quercus*, *fagus*, *forha*). Die über den *or-* *orK*-Wörtern gelagerten *cor-* *por*-Wörter sind auch vielfach ihrer Bedeutung nach als einer späteren Culturperiode angehörig zu erkennen. (Vgl. S. 92 und unten das lautliche Verhältnis der Namen von Hausthieren zu denen der·entsprechenden Thiere im ungezähmten Zustande.) E i c h e , B u c h e und F ö h r e charakterisieren diese Entwicklungsphasen im Germanischen.

III. Namen von Mineralien.

1. Die *E r d e ; G o l d , S i l b e r , K u p f e r , E r z , E i s e n .*

Dem Typus *or* gehören an: ahd. *ero* Erde, gr. *ἔϱα* Erde, *ἔϱαξε* auf der Erde; durch die Gutturalis erweitert: gr. *ἄϱγ-ιλος*, *ἄϱγ-ιλλος* Thon, Porzellanerde, lat. *arg-illa* Thon. Auch begriflich ist ein Fortschreiten von dem generellen *εϱ-*, *°αϱ-* E r d e zu der Benennung der speciellen Erdart *ἀϱγ-*, also eine Scheidung der Begriffe schon zur Zeit der Einsilbigkeit, wahrscheinlich. Demselben lautlichen Verhältnisse begegnen wir auch im lat. *aur-um* und *arg-entum*.

————

Eine bedeutsame Rolle in der Entwicklung der Cultur des Menschen spielen die Metalle. O. S c h r a d e r (Sprachenvergleichung und Urgeschichte) hat die Frage über das Auftreten und die Bezeichnung der Metalle in eingehender Weise erörtert. „Deutlich", sagt er, „tritt die Zusammengehörigkeit der Metalle in der bemerkenswerten Erscheinung hervor, dass schon in den ältesten Denkmälern der europäisch-asiatischen Culturvölker sich eine feste und zwar im ganzen und großen übereinstimmende Reihenfolge der Metalle findet, welche durch die vier Hauptpunkte: *Gold — Silber* *Kupfer — Eisen* gleichmäßig charakterisiert wird." (S. 221). — „Phönizische Flotten segeln zu König Salomos Zeiten nach dem goldreichen Ophir in Indien, nach dem silberspendenden Tarschisch in Südspanien." (S. 217). S c h r a d e r sieht auch mit andern im

gr. χρυσός ein Lehnwort aus hebr. *chârûz*, assyr. *hurâṣa* (S. 247)*).
Einen großen Einfluss auf die Verbreitung des Goldes müsse Italien
ausgeübt haben; die celtischen Sprachen haben ihr Wort dem
Lateinischen entlehnt. Die prähistorischen Funde Alteuropas können
für das erste Auftreten des Goldes in Europa keinen historischen
Anhaltspunkt geben u. s. w. — „Die ältesten Nachrichten von
dem Vorhandensein des Silbers in Deutschland erhalten wir durch
Cäsar, der von dem Gebrauch mit silberbeschlagenen Trinkhörnern
berichtet.“ Auch über das Auftreten des Kupfers und der Bronze
äußert sich Schrader in sehr bemerkenswerter Weise: „Auch
die Finnen, um uns in den Osten und Norden des idg. Sprachgebietes zu wenden, müssen, bevor sie ihre alte Heimat am Ural
verließen, schon das Kupfer gekannt haben. Finnisch *vaski*, lapp.
resk kehrt im ugrisch-ostjak. *woh* Geld, Metall wieder. In der
Vorstellung der Finnen ist das Kupfer dadurch das
älteste Metall.“ — „Im Sumerischen heißt das Kupfer *urud*.
Die Babylonier haben es in ihre Sprache aufgenommen, wo es
erû lautet.“

Im ganzen gewinnt man den Eindruck, dass die Alten mit
Rücksicht auf das successive Auftreten der Metalle und vornehmlich in Hinsicht auf die früheste Verwendung des Goldes und
Silbers im Süden Europas in ganz realem Sinne von einem gol-
denen, silbernen, ehernen und eisernen Zeitalter sprechen konnten,
dass aber in Mittel- und Nordeuropa der Eisen- und Bronzezeit
nie eine Gold- oder Silberzeit vorangieng.

Natürlich sind auch die Ausführungen Schraders. nach
welchen die Bezeichnung des schon bekannten Metalls auf ein
neues übertragen wurde. „Als die Indogermanen das neue Metall,
die Bronze, kennen lernten, benannten sie es mit denjenigen Namen,
welche bei ihnen für das Kupfer vorhanden waren.“ — „Das ital.

*) Auch V. Hehn (Culturpflanzen und Hausthiere in ihrem Übergang
von Asien nach Griechenland u. s. w. Berlin, 1874.) neigt sich zu dieser Ansicht: „Wer will entscheiden, ob nicht Wörter wie χρυσός, χαλκός, μέταλλον,
die sich in die indoeuropäische Verwandtschaft nur gezwungen einfügen, von
jenem ältesten Verkehr (mit den Phöniziern) stammen und lydisch-phönizischer
Herkunft sind.“ Hier ist von dem Übergang von hebr. *chârûz* zu χρυσός die
Rede. Der Seltsamkeit führe ich hier an, dass χρυσός (vgl. oben πορ-, ποι-έω
und ϙι'-ω) einem früheren χροισος (das auch bei Hesiod sich findet,) κροισος
entspricht, das wir in einem lydischen Eigennamen, in Κροῖσος, dem wegen
seines ungeheuren Reichthums bekannten König von Lydien, wiederfinden und
das mit hebr. *chârûz* verwandt sein mag.

aes bedeutet sowohl das im Bergwerk gewonnene Rohkupfer als auch das künstliche, mit Zinn vermischte Kupfer, das Erz. Die germ. Wörter goth. *aiz*, nord. *eir*, ags. *âr*, ahd., mhd. *ér* haben den gleichen Sinn."

Es entsteht nun die Frage, welcher Phase der sprachlichen Entwicklung die Namen der Metalle, die nächst dem Nutzthier von tiefeinschneidender Bedeutung für die culturelle Entwicklung des Menschen gewesen sind, zugewiesen werden müssen. In Übereinstimmung mit der Auseinandersetzung Schraders finden wir den Urtypus *or* noch im ital. *aur-um*, also für das Gold, jenes Metall, welches im Süden Europas dem Silber, Kupfer und Eisen (nach Schrader) vorangieng. Wie Festus mit den Worten „*aurum, quod rustici orum dicebant*" bezeugt, sprachen die Bauern das Wort noch mit dem Laute *or* aus, mit welchem es auch in die Tochtersprachen übergieng; vgl. fr. *or*, it. *oro*. Auch iberisch-baskisch heißt das Gold *urrea, urregorria*. Hieß im allgemeinen das erste bekannte Metall zur Zeit der Einsilbigkeit *or*, so liegt es nahe, dass der Name mit dem Auftreten eines neuen Metalls auf dasselbe übertragen wurde; aber als ebenso nothwendig erwies es sich, dass mit der Übertragung auch eine lautliche Fortbildung des Namens zur Sonderung von dem alten erfolgte.

Die ersten Lautbilder, die aus *or* entstehen, sind nebst jenen auf vocalischer Fortbildung beruhenden (*ar, er, ur* etc.): 1.) *or* + Gutt., 2.) *ɣor*, 3.) *(or + d)* *ro + d* und 4.) *or + s*.

Die vocalische Veränderung zeigt sich in *aer* (*aes*) Kupfer, Erz. 1. Das durch die Gutturalis erweiterte Wort ist lat. *arg-entum*, gr. ἄργ-υρος; natürlicher ist es, die Adjectiva. ἀργᾶς, ἀργός, ἀργεννός, ἀργήεις, ἀργησσής, welche glänzend, schimmernd, blinkend, hell, weiß bedeuten, als von dem ἀργ- Silber abstrahierte Eigenschaften anzusehen, somit in ihnen den allgemeinen Begriff silberartig zu suchen, als umgekehrt zu behaupten, das Silber sei nach seiner Eigenschaft als weißes Metall zum Unterschiede vom Golde so benannt worden, zudem diese Adjectiva überhaupt blinkend, glänzend, schimmernd bedeuten, somit nicht geeignet wären. die Unterscheidung von dem Golde präcis genug hervortreten zu lassen. Hierdurch ist auch der Zusammenhang hergestellt mit ursprünglichem *or (ar)*, das zwar nicht im Griechischen, welches nur das Lehnwort χρυσός besitzt, wohl aber im lateinischen *aurum* erhalten ist.

2. Nach einer früheren Darstellung ist *yor* die Übergangsstufe von *or* zu germ. *bor* und skr. *bh-*; zu einem ursprünglichen
or stimmt somit auch skr. *bharu* Gold (Benfey).

3. „Ein zweiter Ausdruck für Kupfer", sagt Schrader,
„kann in die idg. Vorzeit zurück verlegt werden, skr. *lôha* Kupfer,
das in pehl. *rôd*, npers. *rôi* aes, arm. *aŗoyr* Messing wiederkehrt
und mit altsl. *ruda* metallum, lat. *raudus*, altn. *raudi* verglichen
werden muss." Lat. *rod-us, raud-us, rud-us* Erz, Stückchen
Erz entspricht dem dritten Typus *rod*. (Vgl. zum lautlichen Verhältnis die Lautgebilde für die Mundthätigkeit *or-are* und *rodo, rudo*.)

Die Formen *arg-, rod-, bhar-* sprechen aber auch in Übereinstimmung mit dem in allen Begriffsgebieten dargelegten Lautwandel dafür, dass *r* und nicht *s*, wie von anderer Seite behauptet
wird, in *aurum* und *aes* der ursprüngliche Laut ist, da nur *r* den
Anschluss der Gutturalis in *arg-* gestattet, nur *r* die invertierte
Form *rôd* erklärt; *bharu*, welches ebenfalls *r* enthält, wurde bis
jetzt zum Vergleich mit *aurum* nicht herangezogen, da nach
dem gegenwärtigen Standpunkt der Sprachwissenschaft skr. *bh* =
lat. *f* ist. Der ursprüngliche Laut *r* erscheint auch in den oben
angeführten Formen, im iberisch-bask. *urrea* Gold, sum. *ur-ud*
Kupfer, bab. *crû*.

Was Schrader auf einem andern Wege festgestellt hat, wird
hier durch die Beobachtung der lautlichen Entwicklung bestätigt:
aurum (orum) geht im Italischen dem argentum und
dem aes, rodus voraus, die letzte Stelle nimmt das
Eisen, das lautlich einer weit späteren Periode an-
gehörige ferrum ein.

Anders verhält es sich im Germanischen. Hier beginnt die
Begriffsentwicklung nach dem Typus *or* mit dem Kupfer, Erz. Das
Erz, Bronze, beziehungsweise Kupfer heißt ags. *ór, ár*, me. *or*, ne.
ore, mhd. *êr, erze, arze*, ahd. *aruz, aruzzî, erizzi*, altn. *eir*, goth.
aiz, ais. Das Lautgebilde bezeichnet ursprünglich das Rohmetall,
das Kupfer, und später das mit Zinn vermischte Kupfer, das Erz.

Über skr. *ayas* Eisen gelangt Schrader zu folgendem
Schluss: „Nach allem, was wir wissen, kann also *áyas* — *aes* in
der Urzeit nur das unvermischte Rohkupfer bezeichnet haben und
muss wahrscheinlich durch die Bedeutung Metall überhaupt bei
den arischen Indogermanen allmählich zur Bezeichnung des Eisens
verwendet worden sein." (S. 271). Dass dem *áyas* Eisen die

Begriffe Kupfer, Erz vorangiengen, wird nicht angezweifelt; es lässt sich jedoch voraussetzen, dass auch die Lautbilder für diese Begriffe ursprünglichere gewesen sind. Auch im Germanischen ist man nach dieser Anschauung berechtigt zu untersuchen, ob der Name Eisen nicht aus einer Bezeichnung für Erz, Kupfer entstanden sei. Eisen ist ahd. *is-an*, *is-arn*, ags. *is-ern*, *ir-en*, ne. *ir-on*, goth. *eis-arn*, altir. *i-arn*. Diese Formen sind Composita, deren erster Bestandtheil *i*, *ei* enthält, *i*, *ei* sind aber aus *er (ea)* entstanden (vgl. *per-itus*, *ped-*), an welches ein *s*-Laut (oder die Gutt.) mit großer Leichtigkeit antritt und den Wechsel von *s* und *r* erklärt. (Vgl. oben S. 62 über den Wechsel von *s[z]* und *r*.)

Zwischen er Erz (*erz*, *ers*) und *es*, *eis*, *is* besteht dasselbe lautliche Verhältnis, wie zwischen *er-am* und dem Präsens *e-s*, *chor-um*, *chos* oder mit dem Nominativ-*s* zwischen *or + s* und *os*, *aer + s* und *aes*. *Eis-* in hd. *Eisen* ist also nach den beobachteten Lautübergängen eine lautliche Entwicklung aus *er* oder *erz-e* d a s Erz, das im goth. *aiz*, *ais* ganz in Übereinstimmung mit dem entwickelteren Vocalismus schon den *s*-Laut hat, während früh me. *iren* in Übereinstimmung mit dem zu derselben Zeit auftretenden ursprünglicheren Vocalismus auch noch *r* bewahrte; altir. *i-arn* hat bloß den contrahierten Laut ohne Anschluss eines *s*-Lautes.

Im Germanischen geht also das Erz (Kupfer) dem Eisen nach meiner Lauttheorie voran; *Gold* und *Silber* gehören einer späteren Periode an als das Eisen, resp. als dessen Grundform *erz (eaz)*. Diese auf Grund der lautlichen Entwicklung aufgestellte Reihenfolge der Metalle steht auch im Einklang mit der prähistorischen Forschung, welche in Centraleuropa auf die Steinzeit mit ihren Pfahlbauten und Hünengräbern die Bronzezeit, wo die Bronze zur Anfertigung von Waffen und Geräthschaften dient, auf dieselbe die Eisenzeit und mit ihr in vielen Fällen das historische Zeitalter folgen lässt. Wenn ein circulus vitiosus gestattet ist, dient gerade die Vergleichung der Formen für das Erz und Eisen im Germanischen und derjenigen für Gold, Silber, Erz und Eisen im Lateinischen wieder als Beweis der Ursprünglichkeit des *or* und *er* (*oa* und *ea*).

Es wurde hier auf die einzelsprachliche Entwicklung der Namen der Metalle eingegangen und auf Grund der lautlichen Entwicklung eine gewisse Reihenfolge festgestellt, die mit der successiven Verwertung der Metalle bei den betreffenden Völkern stimmt. Nimmt man jedoch auf die Urgemeinschaft der Arier in Mittel- und Nordeuropa Rücksicht, so hat man in's Auge zu fassen, dass in der sog. neolithischen Periode, die als die erste Culturperiode des noch ungetrennten arischen Urvolkes betrachtet wird, bisher nicht die geringste Spur von Gold oder Silber nachgewiesen worden ist. Hingegen hat Much den Nachweis geführt, dass das Kupfer schon in den ältesten Abschnitten der neolitischen Culturperiode zu Geräthen verarbeitet worden ist; nach ihm könne man nicht mehr von einer neolithischen Zeit, sondern von der ältesten Metallzeit sprechen, und sei der Name Steinzeit nur mehr auf die Mammut- und Renthierzeit anzuwenden. (Vgl. Penka, Herk. d. A., S. 34.) Demgemäß ist es auch das Kupfer, das zuerst von den Ariern benannt wurde. Wenn man daher die Frage aufwirft, welches die ursprüngliche Bedeutung war, die dem *or* innewohnte, ob die germanische (Kupfer), oder die italische (Gold), so kann man sich nur für die erstere entscheiden. Von dem dem Urarier bekannten Metalle, dem Kupfer, wurde der Name *or* mit den nach dem Süden wandernden Ariern auf das dort am ersten zur Bearbeitung verwendete Metall, das Gold in *or(-um)*, *aur(-um)* übertragen, wovon sich erst später wieder *aes* schied. Es ist daher ganz erklärlich, dass lat. *aes*, das in *or(-um)*, *aur(-um)* ein Mittelglied zu urarischem *or* Kupfer hat, eine entwickeltere Form aufweist als germ. *or* (*ar*, *er*). Die ursprüngliche Form *or* (*ar*, *er*) und die ursprüngliche Bedeutung Kupfer blieb in jenem Territorium, wo das Kupfer nicht nur zur Zeit der Urgemeinschaft, sondern auch noch lange in der Folge, als im Süden schon das Gold und vielleicht auch andere Metalle bekannt waren, einzig und allein verwertet wurde. Die Germanen, die im ganzen das Gebiet der Urarier nicht verlassen haben, haben daher auch die älteste Bezeichnung des ersten bekannten Metalls im ags. *or*, *ur*, ahd. *er* gerettet.

IV. Namen von andern Dingen der Außenwelt.

Die Typen *or* und *oaK* finden wir in den Namen der ältesten Gottheiten den Griechen. Οὐρανός ist das Himmelsgewölbe und Ὠκεανός der Weltstrom, der nach Homer die Erde und das Meer umschließt. Beide erscheinen personificiert als Götter. So alt ist der Mythus beider, dass die Alten in der Meinung, welche der beiden Gottheiten die ältere sei, differieren. Bei Homer ist der

'Ωκεανός der Urvater aller Götter, der Titanen und der Olympier, während er bei Hesiod als Sohn des Οὐρανός, der sonst als der erste Beherrscher der Welt gilt, hingestellt wird.

Mit dem Urlaute zusammenhängend, also nicht auf einer Übertragung aus einem andern Begriffe beruhend, können auch der dem Urmenschen imponierende ὄρ-ος Berg*) und der οὖρος Wind angenommen werden; in dem letzteren wurde früh die Hand übernatürlichen Waltens erblickt; vgl. hierzu Wodans Heer.

---

*) Ὄρος, von der Wurzel *gar* nach Curtius (S. 504), „woraus sich γϝος, ϝορ (βορ), ορ entwickelte." Curtius sagt auch an einer andern Stelle: „Die vergleichende Etymologie beweist aus der Majorität der Sprachen die Priorität und in Übereinstimmung mit der Grundrichtung alles Lautwandels die Posteriorität des spiritus asper." Dieser Grundsatz, wenn auch von hochachtbarer Seite vorgebracht, erweckt nach einer allgemeinen Erwägung allein schon berechtigten Zweifel: er setzt nämlich voraus, dass die Mehrheit der Sprachen in den betreffenden Formen den Lautwandel perhorresciert, während andere Sprachen ihn eingehen. Besteht jedoch überhaupt die Neigung zu einer Lautänderung in einer gegebenen Richtung, warum sollte diese nicht in der Mehrheit der Sprachen erfolgen, so dass gerade die Mehrheit der Sprachen die jüngere Form hat und nur einzelne Sprachen die älteren Formen aufweisen? Der Wert einer solchen durch bloßes Zählen zustande gebrachten Grundform ist ganz illusorisch, so lange wir nicht den successiven Abfall der Anlaute, nicht durch einfaches Gegenüberstellen der Formen zweier Sprachen, sondern durch Schlüsse nach Beobachtungen aus der Gegenwart, oder nach Scheideformen innerhalb derselben Sprache constatieren können. Geschieht dies nicht, so kann man in dem angeführten Vorgang, um von γϝορ zu ορ zu gelangen, nicht mehr erblicken, als ein mechanisches Wegstreichen des Anlautes, bis ορ übrig bleibt. Dieser angeführte und allgemein geltende Grundsatz, nach welchem oft vollere und entwickeltere Formen als Urformen aufgestellt werden, aus denen sich nur lautliche Trümmer in den einzelnen Sprachen gerettet haben sollen, stimmt vollends zu der Aufstellung von Wurzeln mit den abstractesten Begriffen, — Umstände, deren sich die Phantasie bemächtigte, um die hohe geistige Entwicklung des idg. Urvolkes zu feiern und demselben schon ein sehr ausgeprägtes Familien- und Staatsleben zuzuerkennen. Niemand wird eine Verwitterung der Umgebung des Stammes in Abrede stellen; die Wurzelsilben hingegen oder die Wörter zur Zeit der Einsilbigkeit schreiten, wie aus meiner Darstellung hervorgeht, derart fort, dass nur von Entwicklung, nicht von Verfall die Rede sein kann. Nach meinen Ausführungen besitzt ὄρ-ος noch das Anfangsglied der lautlichen Entwicklung, und es liegt kein Grund vor, in dem unter den Dingen der Außenwelt in die Augen fallenden ὄρος nicht eine direkte Anwendung des Urlautes zu erblicken, so lange es an einem plausiblen Anhaltspunkte fehlt, zu behaupten, dass der ὄρος nach einem andern unter den primitivsten Begriffen seinen Namen erhielt.

Ein Beispiel zur Beleuchtung der dargelegten Lautentwicklung bildet auch im Idg. das W a s s e r: nach *ṷor:* skr. *vár, vári* Wasser; nach *od, ṷod* (vgl. oben S. 45 *ὀϱ-άω* und *οἶδ-α, per-* und *ped-, for-are* und *fod-ere* etc.): *ὕδ-ωϱ,* skr. *udán* Wasser, Woge, goth. *wat-ô,* abd. *waȝȝar,* aksl. *vod-a;* nach *oaK: aq-ua,* goth. *ah-wa.* Vergegenwärtigt man sich die nothwendigsten Bedürfnisse des Urmenschen, so kann man sich des Gedankens nicht erwehren, dass nebst dem Rufe nach Nahrung (vgl. *vor-are* u. d. Weide, baj. *woad*) der Ruf nach dem nicht minder entbehrlichen Trank die Benennung des Wassers schon zur Zeit der ersten sprachlichen Entwicklung zur Folge hatte.

IV.

Verschiedene einschlägige Fragen und Bemerkungen.

------

1. Bestrebungen zur Erforschung des Ursprungs der Sprache.

Durch Steinthal*) gewinnen wir ein recht anschauliches Bild aller Bestrebungen, die mit der Erforschung des Ursprungs der Sprache in irgend einem Zusammenhang stehen. Welches lebhafte Interesse seit jeher die hervorragendsten und edelsten Denker diesem Gegenstande entgegenbrachten, sagen die Namen Plato, Herder, Hamann, Wilhelm von Humboldt, Schelling, Heyse, Grimm und in neuerer Zeit Geiger, Jäger, Darwin, Caspari, Noiré, Wundt und — last but not least — der Name Steinthal selbst. Hatte man früher, wie in andern Zweigen menschlichen Forschens, der Speculation zu großen Raum gegönnt, so wurde mit dem Hervorkehren der Wichtigkeit der historischen Entwicklung einer Sprache, namentlich seit Grimm, Bopp und anderen einerseits und seit dem Aufblühen und Fortschreiten der Naturwissenschaften anderseits, die Forschung, die an die Lösung dieses Problems gieng, auf theilweise realere Bahnen gedrängt. Lauteten ehemals die Fragen: Ist der Ursprung der Sprache göttlich? War die Sprache dem Menschen anerschaffen oder geoffenbart? War dieselbe eine menschliche Erfindung? War sie göttlich und menschlich zugleich? so wurde den späteren Untersuchungen schon häufig das positive Substract, die Sprachwurzeln, zugrunde gelegt. Gerade die Veränderlichkeit der Sprache und Vielfachheit der Sprachen beweise, meint Grimm, dass sie dem Menschen nicht angeboren sei. Auch göttliche Mittheilungen oder Offenbarung der Sprache sei nicht anzunehmen; sie stimme nicht zu reineren Begriffen von

------

*) Der Ursprung der Sprache. Berlin, 1888.

der Gottheit, und wenn alle Offenbarung doch durch Rede geschieht,
so setze eben das Verständnis von Seite des Menschen schon
Sprache voraus; die Sprache sei mit voller Freiheit ihrem Ursprung und Fortschritt nach von uns selbst erworben. Auf dieser
Reflexion basierend entsteht eben die weitere Frage: Wie wurde
die Sprache von dem Menschen erworben oder geschaffen? Alles
um uns her, was entwicklungsfähig ist, weist auf einen Keim,
aus dem es entsteht und sich fortbildet. Der Analogieschluss in
Bezug auf die Entwicklung der Sprache liegt daher nahe. Durch
die Aufstellung von Wurzeln konnte man wohl hoffen, dem Ziele
näher zu rücken; von den 461 arischen Wurzeln, die Skeat auf-
stellt, enthält jedoch eine große Zahl derselben schon so abstracte
Begriffe, dass sie a priori als schon entwickelt und daher als fern
von dem Keim betrachtet werden müssen. Kann die viel bespro-
chene Wurzel *ma* in dem Sinne messen, denken, vergleichen
bis in die rohen Urzustände des Menschen zurückreichen? Und
doch ist in diesem Fall das Lautgebilde ein so einfaches, dass wir
dessen Entstehung in der Urzeit voraussetzen können. Die Urbedeutung von *ma* muss daher eine viel primitivere, concretere gewesen
sein. (Vgl. oben S. 37 und 84 *moa* für die Thätigkeit des Mundes.)
Wie mit dieser einfachen Form *ma*, steht es mit den meisten der
aufgestellten Wurzeln, und dennoch sagt M. Müller*) über die
Wurzelsammlung von Skeat: „Dies ist sicher eine Vereinfachung
des Problems, wie wir sie selten in der Geschichte der Philosophie
finden. So viel hat die Sprachwissenschaft erreicht, mehr als
dies kann sie innerhalb ihrer eigenen Grenzen nicht
erreichen." Folgte man M. Müller, so wäre nun freilich jeder
Versuch einer Lösung der Frage über den Ursprung der Sprache
i. e. über die Entstehung der phonetischen Typen vergeblich und
müßig. M. Müller betrachtet überhaupt noch immer die Wurzeln
als die letzten Elemente der Sprache, die jeder weiteren Analyse
widerstehen; er sagt sogar an einer Stelle desselben Werkes (S. 167):
„Ich glaube, jetzt wird allgemein, selbst von einigen meiner früheren Gegner eingeräumt, dass das geringste Zugeständnis in der
etymologischen Analyse der Worte an die Bauwau- und Puhpuh-
Theorie, wie ich sie nicht ironisch, sondern einfach anschaulich
nannte, für den Charakter der Sprachwissenschaft äußerst ver-
derblich gewesen wäre." In der That, wenn man sich die ver-

---

*) Das Denken im Lichte der Sprache, S. 194.

einzelten Versuche, Wurzeln nach Form und Inhalt zu erklären,
vor Augen hält, muss man diesem Ausspruch vollends zustimmen.
G e i g e r sagt z. B. an einer Stelle: „Die Sprache ist in diesem
ihren Anfange ein thierischer Schrei, jedoch ein solcher, der auf
den Eindruck des Gesichtssinnes an sich erfolgt.“ Welches dieser
erste Schrei des Menschen war, führt jedoch G e i g e r nirgends
in seinem ersten Werke an. Erst in seinem Werke „Ursprung
der Sprache“ erfährt man für eine Anzahl von Wörtern von einem
Urlaute *mu*, der „durch das Zusammenpressen der Lippen, d e r
u r s p r ü n g l i c h s t e n   s p r a c h s c h a f f e n d e n   Geberde entstanden“ sei. Von dieser Urwurzel *mu*, welche noch in μύω enthalten ist. stamme lat. *mando, μειδάω, schmunzeln, schmeicheln.*
muksen, munkeln, schmecken, schmatzen, Maul, Mund, skr. *mukha.*
Miene, schnauben, Schnauze, niesen etc., Wörter, „die allerlei Laute
bezeichnen.“ Wenn ich noch auf die oben S. 38 citierte Erklärung
der Wurzel *mar.* sowie auf einige onomatopoetische Ausdrücke
(S. 36) verweise, so dürfte mit diesen paar Beispielen erschöpft
sein, was über die Entstehung der Wurzeln nach Form und Begriff,
also über das Verhältnis des Lautes zu seiner Bedeutung, in jenen
großen Werken, die über den Ursprung der Sprache handeln, gesagt
worden ist. Unter solchen Umständen ist der Ausspruch M. M ü l l e r s
über die Vergeblichkeit jeder weiteren Analyse der Wurzeln erklärlich. Gleichwohl fügt er hinzu: „Aber der Nachweis, dass
ein bestimmter Weg und zwar der einzig sichere Weg vor einen
Gebirgswall führt. der unsererseits niemals überstiegen werden
kann, ist von der Behauptung, dass hinter dem Walle nichts ist
und nichts sein könne, sehr verschieden.“ Meine Auseinandersetzung ist keine Wurzelanalyse im Sinne einer Decomposition
einer Wurzel in sinnlose Laute. Indem durch die Vergleichung
der baj. Mundart mit dem Englischen die Descendenz aller Vocale
von *oa* erschlossen wurde, ward mir ein Fingerzeit über den Urlaut des Menschen gegeben; aus dem bedeutungsvollen Urlaut
wuchsen bedeutungsvolle Wurzeln heran; *sku* b e d e c k e n zu zer-
legen in *s + k + u*, würde selbstverständlich zu keinem Resultate
führen. Der Urlaut *or* heißt das Thier, auch der aus *orK* entstandene Laut *kor* bedeutet das Thier; aus diesem Laute und
Begriffe wurde der für den Urmenschen wichtigste Theil des
Thieres d. i. *or, *kor* H a u t abstrahiert; die Haut, das Fell bildete
das erste und einzige Mittel, den Körper einzuhüllen, zu bedecken.
Daher steckt in der lautlichen Weiterbildung von *or* zu *uor*, nach

Skeat Wz. *war* (skr. *var-man* Rüstung, *vri* bedecken, schützen
u. s. w.), und von *kor*, nach Skeat *kal* (gr. *καλ-ιά* Schutz, Hülle,
lat. *oc-cul-ere, cel-are, cel-la, cla-m, cil-ium, col-or* u. s. w.)+
kudh, (gr. *κεύθειν*, ags. *hýd-an*)+*ska* (gr. *σκί-α, σκηνή* u. s. w.)
+*skad*+*sku* (skr. *sku* bedecken, gr. *σκευ-ή* Kleidung u. s. w.) die
Bedeutung bedecken, schützen, verbergen. Aus der Begriffsentwicklung (s. z. B. oben unter *Ur*) ist ersichtlich, dass
die verschiedenen Vocallaute (mit und ohne *r[l]*-Bildung) aus
einem Laute *or, oa* entstanden, und dass *kor* dem *skor* vorangieng.
Nun erscheint allerdings *sku* analysiert; es besteht aus *s+kor*
i. e. aus präfigiertem *s+* dem aus *or* entstanden *kor*. Die Analyse erfolgte jedoch nicht durch eine mechanische Zerlegung des
Lautbildes *sku*, sondern sie ist das Ergebnis der Untersuchung
einer lautlichen und begrifflichen Entwicklung aus dem Keim *or,*
beziehungsweise *oa* das Thier. Der nach M. Müller unüber-
steigbare Gebirgswall wurde also doch überschritten: an der entgegengesetzten Seite lag der Ausgangspunkt. Durch die Übertragung
der beobachteten lautlichen Vorgänge der Gegenwart auf die Urzeit
wurde eine Verbindung des Keimes mit einem großen Theile der
von den Gelehrten aufgestellten phonetischen Typen oder Wurzeln,
jener Seite des unübersteiglichen Walles hergestellt, bis zu welcher
der von vielen als einzig sicher hingestellte Weg der historischen Methode sich hinzieht.

2. Stellung dieser Entwicklungstheorie zu den
Fragen Noirés über die Urbedeutung der Wurzeln.

Noiré stellt folgende für den gegenwärtigen Stand der Frage
über den Ursprung der Sprache höchst charakteristische Fragen
auf: 1. Was ist der Inhalt, die Urbedeutung der Wurzeln, die
wir als die ältesten Elemente aller Sprachen durch Analyse, durch
Rückwärtsverfolgen in die graue Vorzeit zu erschließen vermögen?
2. Welche Grundanschauungen sind zuerst in das Bewusstsein des
Menschen getreten? 3. Stehen die Laute dieser Wurzeln in irgend
einem causalen Zusammenhang mit ihrer Bedeutung? (wie eine
Geberde, ein Wehe- und Lockruf.) 4. Ist die Bedeutung dieser
Wurzeln eine Thätigkeit, und welcher Art ist diese? durch welchen
Sinn wird sie wahrgenommen? 5. Wie entwickelt sich aus dem
Thätigkeitsbegriffe der Substantivbegriff? und entsteht dieser als
Subject oder als Object? 6. Gab es eine Epoche der bloßen Wahr-
nehmung der Thätigkeit, bloß unpersönliche Zeitwörter? 7. Wurden

die Dinge zuerst so aufgefasst, wie sie unser subjectives Interesse erregen, also als begehrens- oder hoffenswert? So wären „essen, trinken, süß und sauer, gut und schlecht" die primitivsten Begriffe gewesen. Oder 8. fasste man die Dinge erst als Subjecte der von ihnen ausgehenden Thätigkeit auf? so dass „der Vogel fliegt, der Schnee ist weiß" die elementarsten Sätze ausgemacht hätten? Oder 9. war es die eigene Thätigkeit des Menschen, welche zuerst benannt und auf die Thiere übertragen worden wäre? Oder 10. waren es die Dinge, auf welche sich solche Thätigkeit bezieht? so dass die Wurzel für mahlen zunächst die Mahlsteine oder die zermahlmende Faust bedeutet hätte?

Inwieweit diese Fragen durch meine Untersuchung über den Ursprung der Sprache beantwortet werden, soll hier kurz angedeutet werden. Die Urbedeutung der ältesten Elemente der Sprache oder die Grundanschauungen, die zuerst in das Bewusstsein des Menschen getreten sind, liegen in jenen Wörtern, die ich der *or-ork*-Periode zuwies. (Frage 1, 2, 7.) Dass *nomen* und *notio* identisch sind, wurde durch die Entwicklung der verschiedenartigsten Begriffe von demselben lautlichen Ausgangspunkte dargestellt. (Frage 3.) Eine Epoche der bloßen Wahrnehmung der Thätigkeit in dem Sinne, als ob zu jener Zeit gar keine Substantiv-Begriffe existiert hätten, gab es nicht. (Frage 6.) Wir müssen annehmen, dass der Urlaut nicht bloß das Organ des Menschen, sondern auch dessen Function bedeutet hat. Die Thätigkeiten menschlicher Organe, d. i. die den Menschen gemeinsamen Thätigkeiten wurden auf Thiere und leblose Wesen übertragen. Zu diesen übertragenen Thätigkeiten gehören Lautäußerungen, ferner essen, hören, sehen, riechen, gehen u. s. w., pflügen, arare, colere, regnen, fließen, pluere, fluere, mahlen u. s. w.; nicht der Mahlstein oder die zermalmende Faust gelten als die ersten Malmer, sondern der Mund. (Vgl. *moa* unter „der Mund und seine Thätigkeit.) Specielle Thätigkeiten der Thiere, wie z. B. fliegen, werden nach dem Thiere benannt; *volare* entsteht aus dem Substantivbegriff *°or* der Vogel. Ebenso entstehen Verba, wie scheren, schülen, schinden, flechten, falten, spinnen, die irgend eine Manipulation mit Dingen der Außenwelt bezeichnen, aus einem Substantivbegriffe. Dass auch Substantivbegriffe von andern Substantivbegriffen entstehen können. zeigen die von den Thiernamen in der Urzeit abstrahierten Begriffe Haut, Leder, Horn, Herz, Hirn, Haar, Wolle, Fleisch u. s. w.

Sowohl Substantiv- als auch Thätigkeitsbegriffe können also ursprünglich sein; welcher von beiden der ursprüngliche eines Wortes ist, kann nur das Ergebnis einer Untersuchung über das wahrscheinliche Begriffsgebiet, dem das Wort angehört. sein. (Fragen 4. 5. 8, 9. 10.) Noiré wirft auch die Frage auf, ob die Dinge zuerst als begehrens- oder hoffenswert aufgefasst werden (7). Vgl. darüber unten die Entstehung des Begriffes *colo*.

3. Jägers Beobachtungen aus dem Leben der Thierwelt, die Empfindungslaute und Geberden des Kindes.

Sehr treffend scheint mir zu sein, was der Zoologe G. Jäger nach seinen Beobachtungen aus der Thierwelt über die Empfindungslaute und das Deuten sagt. Ich vermag nichts Besseres zu thun, als einige der markantesten Stellen, wie sie mir aus Steinthals Werke vorliegen, anzuführen. Das erste und allgemeinste Element der Thiersprache ist nach den Beobachtungen Jägers ein Empfindungslaut.

„Diese Bedeutung behält er doch nicht lange. Der geäußerte Laut kann nämlich nicht ohne Bezugnahme auf die Außenwelt bleiben. Ein lautgebendes Thier wird gehört, es zeigt Freund und Feind seinen Aufenthalt an. Setzt nun einerseits das Lautgeben ein Thier neuen Gefahren aus, so gewährt es ihm anderseits große Vortheile und zwar für das wichtigste Geschäft des Thieres, die Fortpflanzung. Bei lautgebenden Thieren finden sich die Geschlechter leichter zur Ausübung des Fortpflanzungsgeschäftes zusammen. Dem kommt anderseits zu Hilfe, dass geschlechtliche Erregung das stärkste und allgemeinste Gefühl ist, dessen ein Thier fähig ist, und wenn dies nun in Lauten sich äußert, so bemächtigt sich das praktische Bedürfnis und die natürliche Züchtung dieser Fähigkeit, und der Empfindungslaut wird zum Lockton für die Geschlechter, zum Paarungsruf." Weiter führt Jäger aus, wie die Empfindungslaute nicht nur zum Lockruf. sondern auch zum Warnruf, also Verständigungsmittel werden; zur Nachahmung haben es nur wenige Thiere gebracht; „die hinweisende Geberde, das Deuten finden wir beim Affen vollkommen ausgebildet; der Affe deutet wie der Mensch."

Auf den Menschen angewendet sagt Jäger: „Als die Empfindungslaute und die Empfindungsgeberden (bei gesteigerter Intelligenz) dem Bedürfnis nach Verständnis nicht mehr genügten, griff man zum Deuten. d. h. das Auge rief ein anderes, aber in engerem physiologischen Zusammenhang mit ihm stehendes Bewegungswerkzeug synkinetisch zu Hilfe, um den anwesenden Gegenstand zu markieren. Als das Bedürfnis kam, sich über Abwesendes zu verständigen, entwickelte sich einerseits das Deuten zum Zeichnen eines Luftgebildes, und das zweite Sinnesorgan, das Ohr, rief gleichfalls das ihm unmittelbar untergebene Bewegungswerkzeug, das Stimmorgan, zu Hilfe und schuf das Lautbild." Jäger gelangt nun zur Aufstellung folgender Entwicklungsperioden bis zum Beginn der grammatischen Entwicklung des Wortes:

I. Periode der Empfindungslaute und Empfindungsgeberden.
  a) Paarungsruf.
  b) Familienrufe: Warnruf, Fütterungsruf.
  c) Geselligkeitsrufe.

II. Periode des Deutens, besteht darin, dass der Hauptdistanzsinn, das Auge, sich nicht mehr mit der eigenen Geberde begnügt, sondern ein synkinetisches Werkzeug zu Hilfe ruft. Zweck: Verständigung über Anwesendes.

III. Periode der Nachahmung: Luftbild und Lautbild; ersteres Fortentwicklung des Deutens, letzteres Folge davon, dass der zweite Distanzsinn sein synkinetisches Werkzeug, das Stimmorgan, in Anspruch nimmt. Zweck: Verständigung über Abwesendes.

IV. Periode, in welcher die Luftbilder durch Lautbilder ersetzt werden. Veranlassung ist das Bedürfnis, sich auch da zu verständigen, wo eine Wahrnehmung des Luftbildes nicht möglich ist, also auf größere Distanz, bei Nacht und um die Ecke.

Diese vier Perioden lassen sich nach Jäger auch beim Individuum in der Entwicklung seiner Sprache nachweisen. „Die ersten Töne, die das Kind von sich gibt, sind reine Empfindungslaute, ja in den ersten Wochen des Lebens besitzen diese noch nicht einmal die Bedeutung eines Verständigungsmittels. Nach meiner Erfahrung macht der Säugling von seinem Schreien erst etwa in der vierten Woche absichtlichen Gebrauch, er ruft nach Futter." — „Der zweite Empfindungslaut, der beim Kinde erscheint, entspricht dem Gefühle des Wohlbehagens" u. s. w. — „Schon im dritten Monat unterscheidet die Mutter sehr leicht, ob der Schrei Hunger oder Sohmerz bedeutet." — In den ersten Lebensmonaten stehen die Empfindungslaute und die Geberden der Empfindung ganz allein da; im zweiten und dritten Monat fängt das Kind an mit der Hand zu greifen, endlich streckt es seine Händchen auch nach den entfernten Gegenständen aus, es greift in die Ferne, und ehe die Lautnachahmung beginnt, ist das Deuten vollkommen entwickelt." — „Erst im letzten Viertel des ersten Jahres, selten früher, tritt das Kind in die Periode der Lautnachahmung, eben erst dann, wenn zu den Empfindungslauten die deutende Geberde sich gesellt hat." — „Bei der Lautnachahmung des Kindes ist am besten ersichtlich, welche Rolle das praktische Bedürfnis bei der Bildung der Sprache spielt. Das Kind ahmt zuerst die Laute nach, die ihm seine Ernährerin vorsagt, und bleibt lange theilnamlos gegen alles andere. Allerdings ist es nicht das Kind, welches das praktische Verständnis hat, sondern die Mutter, die das Kind unterrichtet; während bei der historischen Entwicklung die Außenwelt die Rolle des Lehrmeisters übernimmt und das praktische Bedürfnis im Schüler sich entwickeln muss. Allein das bleibt sich gleich: in beiden Fällen ist es nicht die Theorie, sondern die Praxis, die darüber entscheidet, was zuerst erlernt wird."

Diese Bemerkungen Jägers über die Deutesprache stehen auch vollends im Einklang mit den Beobachtungen, welche man über die Art der Verständigung jener Völker gemacht hat, die noch auf einer sehr niedrigen Culturstufe stehen. So sagt Lubbock*): „Die Sprache der Buschmänner soll gleichfalls so viele Zeichen erfordern, dass diese Wilden im Dunkeln sich nicht verstehen würden; wollen sie zur Nachtzeit etwas berathen, so sind sie gezwungen, sich um ihre Lagerfeuer zu versammeln." In gleicher Weise erzählt Burton: „Die Arapahos in Nordamerika, deren Sprache sehr wortarm ist, können im Finstern sich nur schwer verständigen. Soll ein Fremder ihr „*Wau, wau*" begreifen, so müssen sie stets das Feuer wieder anschüren.

4. Vermuthung über die Beschaffenheit des Naturschreies nach dem Schrei des Kindes.

Die Auseinandersetzung Jägers ist in vielfacher Beziehung gewiss sehr lehrreich; interessant wäre jedoch gewesen, von Jäger etwas über die Art des Empfindungslautes des Kindes oder über den thierischen Schrei des Naturmenschen erfahren zu haben.

Der Mediciner oder Lautphysiologe wäre berufen, den natürlichen Schrei des Kindes unmittelbar vor der Lautnachahmung, die nach Jäger von dem letzten Viertel des ersten Jahres beginnt, zu bestimmen. Eine solche Untersuchung könnte zu einem beachtenswerten Resultate führen, wenn sie an einer großen Zahl von kräftigen, normal entwickelten Kindern verschiedener Nationalität vorgenommen würde. Den Umstand der verschiedenen Nationalität glaube ich darum betonen zu müssen, weil eingewendet werden kann, dass die Articulationsbasis bei verschiedenen Nationen verschieden ist. Die Untersuchung müsste ergeben, ob diese Verschiedenheit eine natürliche, angeborne oder anerzogene ist. Ich neige mich zu der Ansicht, dass auch diese anerzogen ist; ich habe wenigstens nie gehört oder gelesen, dass z. B. ein deutsches, englisches oder slavisches Kind, wenn es von Leuten fremder Zunge erzogen wurde, wegen einer andern Articulationsbasis mit größerer Schwierigkeit die der Sprache der Eltern fremden Laute erlernte.

Man kann auch sagen, die Stellung oder die Beschaffenheit der Sprechorgane des Urmenschen konnte eine andere sein. Dieser Einwand ist gewiss berechtigt. Gleichwohl lässt sich diesem Bedenken gegenüber bemerken, die Beschaffenheit der Sprachwerkzeuge konnte, aber sie musste nicht, wenigstens zur Zeit der Sprachentwicklung, von der gegenwärtigen differieren; so lange nicht

*) Lubbock, die Entstehung der Civilisation. Jena, 1875. Vgl. S. 347.

auf irgend einem wissenschaftlichen Wege mit Sicherheit eine
Abweichung nachgewiesen ist, ist auch kein Grund vorhanden,
eine solche zu supponieren. Mit Bezug auf die vorliegende Arbeit
entsteht also die Frage: Lässt sich der auf Grund dieser sprachvergleichenden Studie aufgestellte Naturlaut des Urmenschen noch
jetzt an dem Schrei des Kindes, der dann in seiner ungestörten
Fortbildung modificiert als der des Erwachsenen zu gelten hätte,
wahrnehmen oder nicht? Im bejahenden Falle würden dann infolge der Erwägung, dass zur Annahme einer Veränderung der
Sprachwerkzeuge seit dem Beginn der sprachlichen Entwicklung
kein Grund vorliegt, meine Gründe über die Art des Urlautes
um einen nicht zu unterschätzenden Wahrscheinlichkeitsgrund vermehrt werden.

Ohne mich auf Beobachtungen stützen zu können, glaube ich
doch als Laie behaupten zu dürfen, dass in dem Schrei des Kindes
nicht die Extreme des Vocalismus *u, au, i. ai, in* oder vielleicht
r, l enthalten sind. Meine unmaßgebliche Meinung geht nun dahin, dass es die Natur des Schreiens schon mit sich bringt, dass
die Öffnung der Mundspalte und der Kieferwinkel von dem Ausstoßen des Schreies an bis zu dessen Ende nicht gleich bleiben,
dass der Laut somit ein zusammengesetzter werde. Derart sind
die Laute, die ich allgemein mit *or (oa)* und *er (ea)* bezeichnete,
also Laute, die mit einem bei etwa halber Mundöffnung ausgesprochenen, innerhalb der Reihe *u — a* oder *i — a* liegenden Laute,
i. e. irgend einem *o-* oder *e-*Laute beginnen und mit dem unter
dem größten Kieferwinkel und bei der größten Öffnung der Mundspalte erzeugten *a-*Laut endigen.*) Die einfachen Laute *a, o, e*
beruhen demgemäß bei dem Kinde schon auf Nachahmung.

Die Beobachtungen über den Empfindungslaut des Kindes
wären auch die einzigen, die für die Frage über den Ursprung der
Sprache zu verwerten wären. Alles, was sonst aus der Kinder-
sprache vorgebracht wird, mag vom psychologischen Standpunkte
aus sehr schätzenswert sein, ist jedoch zum Behufe von Ent-
deckungen in lautlicher Beziehung oder gar von Sprachwurzeln,
da die Kinder bereits mit angelernten Lauten manipulieren, ganz
ohne Bedeutung. Beobachtungen über das weitere Schicksal des

---

*) Auf den Naturmenschen angewendet, ließe sich vielleicht noch hin-
zufügen, dass derselbe zunächst nur in den allerdringendsten Fällen, z. B. bei
plötzlicher Gefahr den Schrei ausstieß und, so zu sagen, nicht einmal Zeit
fand, erst bei vollends geöffnetem Mund mit demselben zu beginnen.

Empfindungslautes ließen sich nur dann mit Erfolg anstellen, wenn
z. B. ein Paar Knaben wirklich so abgesondert werden könnten,
dass sie nie einen menschlichen zur Nachahmung anregenden Laut
hörten. Ist der Empfindungslaut ein *oa*-Laut, so müsste der Schrei
bei heranwachsenden Männern mit normalem Gehörsinn (der Taube
gibt auch den Naturschrei au) zu einer Art Gebrüll werden.

Hier fällt mir unwillkürlich eine Geschichte (aus „Der Mensch, die
Räthsel etc. seiner Natur" von Zimmermann) von einem in der Wildnis
aufgewachsenen Kinde ein. Wenn dieselbe auch nichts beweist, so führe ich
sie doch hier an, da sie so sehr an meine Auffassung von der Beschaffenheit
des Naturlautes erinnert. „In einer waldigen Gegend der Grafschaft Hameln
wurde im Jahre 1724 ein wildes Kind gefunden, das man ungefähr auf
13 Jahre schätzte. Der Körper war mit vielen Narben von Rissen und
leichten Schnittwunden bedeckt, was möglicher Weise auf Kämpfe mit wilden
Thieren gedeutet werden konnte; das Gesicht war sehr hässlich, die Nase
platt gedrückt, der Mund ungeheuer groß, das Aussehen abschreckend und
wild. Die Zunge war sehr breit und beweglich, die Töne, die das Kind von
sich gab, waren durchaus unartikuliert, waren Gebrüll und Geschrei,
welche in Entsetzen bringen konnten. Der kleine Wilde wurde auf Kosten des
Königs von England erzogen und unterrichtet, aber alle Mühe war vergeblich.
Nach Verlauf von 2 Jahren war das Kind noch nicht so weit gebracht, die
allernothwendigsten Gegenstände bezeichnen und fordern zu können. Ursprünglich wollte das Kind nichts als rohes Fleisch genießen, allmählich erst gewöhnte
es sich an gekochte Speisen, war aber so gefräßig, dass seine täglichen Ra-
tionen für 10 Menschen ausgereicht haben würden."

Ist das nicht der Naturmensch, wie ihn Jäger in der ersten
Periode seiner Entwicklung darstellt, ein Naturmensch, welcher bloß
den Empfindungslaut ausstößt, und der, weil er ohne seinesgleichen
aufgewachsen ist, es nicht einmal zum Deuten gebracht hat?

5. Das Verhältnis meiner Theorie zu den Beobachtungen Jägers. Der Begriff *volo* ich will.

Diese vergleichende Untersuchung hat für den Wortschatz
oder die phonetischen Typen der Urzeit ungefähr zu demselben
begrifflichen Eintheilungsgrunde geführt, zu dem Jäger hinsicht-
lich des Zweckes der beobachteten Laute in der Natur gelangt
ist, insofern er uns in der ersten Periode den Naturschrei als
Fütterungsruf, Paarungsruf und Warnruf hingestellt hat. Wenigstens
sind es drei Begriffsgebiete, welche die ausgedehnteste Begriffsentwicklung erfahren haben. Das erste (entsprechend theilweise
dem Fütterungsrufe oder dem Rufe nach Futter) umfasst alles,
was auf die Thätigkeit des Mundes hauptsächlich in seiner dop-

pelten Eigenschaft als Fresser und Sprecher Bezug hatte. Das
zweitwichtigste (entsprechend theilweise dem Paarungsrufe) umfasst
alle Begriffe, die infolge der doppelten Thätigkeit des Urogenitalgeschäftes entstanden sind. Die dritte große Gruppe umfasst die
Dinge der Außenwelt und erinnert in ihrem Keim, soweit die
Thiere dem Menschen noch nicht nutzbar waren und eine beständige
Gefahr für ihn bildeten, an den Naturschrei als Warnruf.

Alle behandelten Begriffssphären sind, wie ihr Inhalt es sagt,
entstanden infolge des Erhaltungstriebes im weitesten Sinne d. h.
des Triebes, das Individuum und die Art zu erhalten. Die unabweislichen Forderungen dieses Triebes sind: 1. Fortpflanzung,
2. Ernährung, Befriedigung der nothwendigsten menschlichen Bedürfnisse. 3. Schutz zur Erhaltung des Individuums (durch Kleider,
Obdach, Waffen). Diese nothwendigsten Bedingungen der Erhaltung
gelangen in dem behandelten Lautgebiete vollends zum Ausdruck.
Die entwickelten Begriffe zeigen zugleich, dass es für den Urmenschen
wichtigere Gegenstände der sprachlichen Mittheilung gab, als graben,
reiben, schaben, schlagen, aushöhlen u. s. w., Thätigkeiten, die
von anderer Seite ohne Rücksicht auf den Laut, offenbar im Hinblick auf die aufgefundenen prähistorischen Knochen- und Stein-
artefacte, das Wohnen in Höhlen oder das spätere Aufführen von
Pfahlbauten und dergleichen als die ersten des Menschen hingestellt werden.

Nach der Aufstellung der Urbegriffe erübrigt es noch, im
Zusammenhange mit den Beobachtungen Jägers einen andern aus
der Urzeit stammenden Begriff zur Sprache zu bringen. Stieß der
Hungernde den Naturschrei aus, so hieß derselbe zunächst nicht
essen, ich esse, sondern er drückte nur den Wunsch, das
Verlangen aus, den Hunger zu stillen. Or oder dessen Schattierung
hieß also ich will essen. Dieser Ruf war nicht bloß der Ruf
des Hungernden, sondern auch der Paarungsruf etc. Bedeutete *or*
(ὡϱ-έομαι, *or-are*) ursprünglich bloß allgemein die Lautäußerung
des Menschen, so drückte dessen Nüancierung in οὐϱ(-έω), ἐϱ(-άω)
— *nor(-are)* schon zwei Haupt-desideria des Menschen aus. Die
in diesen Verben steckenden Urlaute waren folgerichtig zunächst
der Bedeutung nach verba desiderativa, bevor sie die Thätigkeit
schlechthin ausdrückten. Die allgemeine Bedeutung des Verlangens
nach der Befriedigung eines Bedürfnisses steckt noch in dem dem
Urlaute so nahestehenden Lautbilde *uol(-o)* ich will. *Volo* kann

entweder von einem der ursprünglichen verba desiderativa sich
getrennt und mit einer Verallgemeinerung der Bedeutung zu dem
Begriffe des Wollens sich erhoben haben, oder die allgemeine Bedeutung muss in dem Zweck des Naturschreies als Ruf nach der
Befriedigung verschiedener Bedürfnisse gesucht werden, so dass
volo neben oder über den übrigen Urbegriffen sich entwickelt hat.

Vol-untas der Wille ist demgemäß in einer ursprünglichen
Bedeutung nichts als das ausgedrückte Verlangen nach der Befriedigung eines Bedürfnisses (vgl. skr. *vára* Wunsch, Begehr); der
Begriff der Wahl, der in deutschem *Wahl*, skr. *vri* steckt, tritt
später infolge der Verschiedenheit der durch *vor* ausgedrückten
Bedürfnisse hinzu; deutsches *wohl*, das derselben Gruppe angehört,
deutet auf die Annehmlichkeit der Befriedigung eines Wunsches
und erinnert als Scheideform von *wollen* an das begriffliche Verhältnis, welches z. B. in dem in der Urzeit vermutheten Übergang
von *vor*, dem Ruf nach Futter, zu *vor ich verzehre* i. e. zur
Verwirklichung des Wunsches (*val-eo*) zum Ausdruck gelangt.

Diese Auffassung scheint mir den einzig richtigen Weg in
sich zu schließen, auf welchem die zweifellos plausiblen Angaben
Jägers über den Zweck des Empfindungslautes mit den Ergebnissen dieser sprachvergleichenden Untersuchung in Einklang gebracht werden können.

6. Polyonymie und Homonymie.

Außer den aus dem Fütterungs-, Paarungs- und Warnruf
entstandenen Begriffen gehören auch andere dem Menschen sehr
naheliegende Begriffe der Urzeit an. Wollte man schematisieren,
so könnte man dieselben vielleicht als aus dem Geselligkeitsrufe
entstanden erklären. Begrifflich geschieden sind demnach im ganzen:
I. Mund, dessen Thätigkeiten. a) Lautäußerungen: reden,
lachen, weinen u. s. w. b) Essen, malmen u. s. w. c) abstrahiert,
geistige Thätigkeiten. II. Ohr. III. Auge. IV. Fuß. V. "Ορος.
VI. Urogenitalorgan. a) zeugen. b) harnen. c) Ausdrücke
des Gefühlslebens. VII. Thier. a) Theile desselben. b) Daraus
verfertigte Gegenstände u. s. w. VIII. Pflanzen. IX. Minera-
lien. X. Andere Dinge der Außenwelt.

Sind auch alle Glieder der großen Kette der lautlichen Entwicklung in den einzelnen Begriffssphären und den einzelnen idg.
Sprachen nicht vorhanden, so vermögen wir doch an vielen Bei-

spielen gerade aus der parallelen Entwicklung der Wörter verschiedener Begriffssphären einzig und allein die Polyonymie und die Homonymie zu erklären, i. e. jene auffallenden Erscheinungen, dass derselbe Begriff durch verschiedene Laute bezeichnet wird, anderseits derselbe Laut ganz heterogene Begriffe in sich schließt. Homonyme Wörter: gr. μύζω in der Bed. *stöhnen* gehört zu I a, in der Bed. *saugen* zu I b; μύλ-λω murmeln zu I a, in der Bed. *mahlen* zu I b, in der Bed. *beschlafen* zu VI a; ags. *reord* Rede zu I a, in der Bed. *Mahl* zu I b, in der Bed. *Vernunft* zu I c; skr. *vak* sprechen zu I a, skr. *vakš* wachsen zu VI a; gr. οὐρ-ος Ur zu VII, οὐρ-ος Aufseher zu III; οὐρέω harnen zu VI b, οὐρέω bewachen zu III; d. *Schall* zu I a, *Schale* zu VII b, *Rind* zu VII, *Rinde* zu VII a; skr. *rad* spreche, singe zu I a; lat. *vad-o* gehe zu IV; skr. *svad* esse, koste zu I b; lat. *suad-eo* rathe zu I a; gr. αὐδ-άω rede zu I a, *aud-io* höre zu II; skr. *ir* gehen zu IV, skr. *ir* aussprechen, Laute äußern zu I a; lit. *wilna* Wolle zu VII a; preuss. *wilna* Rock zu VII b. etc.

7. Einzelne Bemerkungen: A) Über eine *or-* und *cor-por*-Periode. B) Über das Verbum.

A) Nach der Theorie über den Urlaut oder Empfindungslaut ließ also der Mann einst *or*, das Thier hieß *or*, auf das schreiende Kind, den brüllenden Mann, den nahenden Feind deutete der Urmensch mit dem Rufe *or*, im Schmerz und in der Freude, bei Hunger und Kälte rief er *or*, den ihm bekannten Baum, die Erde, das bekannte Metall, den Berg, den Wind nannte er *or*, der Ruf nach Begattung lautete *or*, d. h. es stand dem Arier bei einem eintretenden praktischen Bedürfnisse einst nur dieser Laut zur Verfügung, um die Aufmerksamkeit auf eine Person, ein Thier, eine Sache zu lenken, seinen Schmerz und seine Freude zu äußern, seine Wünsche auszudrücken. Das Deuten, die Geberde begleitete unterstützend als Verständigungsmittel den Laut. *)

Diese Alleinherrschaft des Lautes *or* ist jedoch vielleicht nur theoretisch zu nehmen, sie wurde auch nur durch Vergleichung

---

*) Bei der Alldeutigkeit des *or* (*ol*) ist es auch nichts Absonderliches, dass bei der ohne die Begleitung der individualisierenden Geberde erfolgten Aussprache dieses Lautgebildes die Idee des Ganzen, Allumfassenden entstand. Dieser zunächst dem Urlaute inhärente Begriff ist auch auf die weiter entwickelten Lautgebilde übergegangen; daher: ahd. *al*, goth. *alls*, ags. *eal*, ir. *uile*, gr. ὅλος ganz, τὰ ὅλα das Weltall.

mehrerer Sprachen erschlossen; „schon im dritten Monat", sagt
Jäger, „unterscheidet die Mutter leicht, ob der Schrei Hunger
oder Schmerz bedeutet.*) Sonderten sich auch alsbald *er (ea)* und
weiter *orK, erK, ɥor* ab, so gieng der Urlaut doch nicht verloren:
er ist in den alten Sprachen anzutreffen und hat sich entweder
allein oder mit einer consonantischen Umgebung bis heutzutage
vereinzelt lebendig erhalten. Diese Thatsache wird annähernd durch
folgende Erwägung erklärt.

Die Untersuchung hat ergeben, dass von *or, orK* und *mor,
Kor, por* (germ. *bor* und *por*) ausgehend eine reichhaltige Begriffsentwicklung stattgefunden hat. Da aber der Laut *or* sich auch
auf *mor, bor, cor, por* und sogar auf die Aspirata erstreckt (welche
nach den angeführten Beispielen allerdings erst auf einer Verschiebung aus *c, p* beruht), so geht daraus hervor, dass die vocalische Verschiebung, namentlich zu den contrahierten Lauten *o, e, a*
weit schwieriger vor sich gieng als die Bildung der consonantischen
Umgebung des Keimes. Dies scheint auch in letzter Linie der
Grund zu sein, dass der Urlaut sich theilweise erhielt. Zweierlei
Mittel, die vocalische und consonantische Verschiebung, wurden
oben zum Behuf der Bildung neuer Begriffe beobachtet. Wurde
von der ersteren kein oder ein geringer Gebrauch gemacht, so
musste die zweite eintreten und umgekehrt. Was hier an einzeln
Wörtern beobachtet wurde, mag bei der Bildung ganzer Sprachen
maßgebend gewesen sein. Vielleicht ist gerade der alte Vocalismus
in germanischen Sprachen eine der Ursachen jener Erscheinung
gewesen, die wir unter dem Namen der ersten Lautverschiebung
kennen.

Im ganzen hat die lautliche und begriffliche Entwicklung
gezeigt, dass die Wörter der *or- orc*-Periode denen der *cor- por*-
Periode vorangegangen sind. Wenn von einer *or*-Periode die Rede
ist, so ist es selbstverständlich, dass damit nicht gesagt sein soll,
dass *or, orc* die ganze vocalische Leiter durchliefen und dann erst
das Lautbild *cor* oder *por* an die Reihe kam. Wir können z. B.
sagen, *or* oder *ɥor* in *ὁϱ-άω*, germ. *war-* gehört ausschließlich
der *or*-Periode an, dessen Fortbildung *ɥi* in *video* gehört zwar
dem Begriffe, aber nicht mehr dem Laute nach derselben Periode
an. Wir müssen wegen der lautlichen Continuität annehmen, dass,

---

*) Wenn typisch *or (oa)* und nicht *er (ea)* hier gesetzt wird, so beruht
dies auf der Beobachtung, dass *or* in *er* übergeht, aber nicht umgekehrt, eine
Erscheinung, die hie und da auch mit Liquidenbrechung bezeichnet wird.

als *or*, *por* zu *ol-ð-a* vorgerückt war, auch schon *orc* und *cor*,
cuor (por) vorhanden war (vgl. *ðé-ð-oϱϰ-a, ϰόϱ-η, cor-a* Augapfel,
cer-no, ags. *scea-wian, spec-ere*), da zu einer Rückbildung von *ol*
oder irgend einem andern Vocallaut zu *or* (auf dessen Voraussetzung *orc* und *cor* beruhen) durch Beobachtungen von Lautübergängen auf Grund einer Begriffsentwicklung kein Anhaltspunkt
geboten wird. Die Begriffe **sehen**, **Auge** reichen also in die
Urperiode zurück, wenn auch das Lautbild hierfür in mannig-
facher Weiterbildung sich darstellt. Anderseits können wir von
Begriffen der *cor- por*-Periode sprechen, die zwar auf den primitiven der *or*-Periode fußen, aber welche, falls sie von den Urbegriffen abweichen, überall einen Fortschritt in cultureller und
geistiger Beziehung bekunden, sei es durch Übertragung, Verallgemeinerung, Veredlung oder durch deren Anwendung auf neue
Dinge und Verrichtungen. So gehören z. B. die Begriffe **scheren**,
schinden, **flechten**, **falten**, **spinnen** dieser Periode an,
da uns kein Lautbild hierfür in den verglichenen Sprachen an-
deutet, dass sie schon entstanden seien, als das Thier noch ausschließlich *or* (oder *er, ar, ur*) hieß.

B) Sage und Mythus haben den Aar mit dichterischem
Zauber umgeben. Der Germane bewahrt aber dem König der
Vögel auch nahezu den ältesten Laut, der den Vogel überhaupt
bedeutete. *Oa(r)* ist im Goth. noch *ar-a*, im Ahd. *ar-o*. Der
Lateiner kennt diese Bezeichnung für den Aar oder den Vogel
überhaupt zwar nicht mehr, aber die nächstverwandten Laute von
oa(r) sind in *al-a* **Flügel** und mit der *u*-Bildung in *uol-are*
fliegen erhalten. Zwischen *al-a*)* und *uol-are* besteht dasselbe
vocalische Verhältnis, wie im Althochdeutschen zwischen *mal-u*
und dem Präteritum *muol*.

Das Präteritum der lateinischen und noch mehr der germanischen starken Verba gewährt uns einen Einblick in die Vorwelt
vocalischer Lautverhältnisse. Das starke Verbum ist nicht das
ursprüngliche: es entsteht erst mit dem lautlichen Entfernen von
oa (or) und *ea (er)*. Dort, wo diese Scheidung von dem Urlaut

*) Wenn Cic. *ala* aus *axilla* entstanden erklärt, dachte er selbstverständlich an keinen weiteren Zusammenhang mit einem Lautbilde für Vogel;
al-a sowohl als *axilla* entsprechen den Typen *or* und *orK* für Ei, Vogel (vgl.
oben goth. *ar-a*, gr. ὄϱ-νις, ὄϱχ-ιλος), konnten also nebeneinander entstanden sein.

gar nicht eintrat, kann daher von zwei verschiedenen Lauten für
das Präsens und das Präteritum nicht die Rede sein. Ein Verbum
mit dem Keime *or (ol)* im Stamme kann daher nur auf andere
Weise, sei es durch die Reduplication, oder durch eine Flexion,
die Vergangenheit bezeichnen; *or-o, ror-o, vol-o* fliege, *vol-o* will,
mol-o, col-o, voc-o, for-o, for-mo, ol-eo, ad-ol-esco, porto bilden
daher *oravi, voravi, volavi, volui, molui, colui, vocavi, foravi,
formavi, olui, adolevi, portavi.*

In *mordeo,* das *or* enthält, also keinen älteren Laut für ein
Präteritum haben kann, finden wir hingegen die Reduplication; also:
momordi. Daher auch ohne Veränderung des Stammvocals: κορέν-
νυμι sättige, κε-κόρ-σ-μαι; στορέννυμι, ἐ-στόρ-ε-σ-μαι; χρώννυμι,
κέ-χρω-σ-μαι; ὄλλυμι, ὀλ-ώλε-κα; δράω, ἐ-ώρα-κα. Zeigt sich eine
Veränderung des Stammvocals, so weist auch hier das Präsens
den jüngeren Laut auf: πέρδομαι, πέ-πορδ-α u. s. w. Die Reduplication erstreckt sich aber im Lat. auf Verba mit den nächsten
Lautübergängen von *or (er, ar, ur)* und auch auf solche mit dem
contrahierten Laute im Stamme: *parco, peperci; pello, pepuli;
curro, cucurri; cado, cecidi* u. s. w. Zuweilen lässt sich der un-
contrahierte Laut noch nachweisen: *pedo, pepedi* (gr. πέρδομαι);
posco, poposci (ahd. *forskón*). Hd. *bohren, hören* (ahd.) und *for-
schen* kennen, da sie den Urlaut enthalten, keine starke Form.

Unter den Begriffen, die auf eine Thätigkeit des Mundes
zurückzuführen sind, haben wir *orare, uorare* und *edo, edi* kennen
gelernt. *Orare* und *uorare* haben die schwache Form; *e-d-o,* das
gleich andern Verben für eine Verrichtung menschlicher Organe
mit der dentalen Media abgeleitet erscheint, hat als Scheideform
von *uor-,* resp. *or, oa* eine Grundform *ead* zur Voraussetzung.
Die Contraction von *ea* erklärt uns zunächst das *a* im ahd. Präteritum *aʒ, âʒumês* und das *e* im lat. *edi;* das Präsens aber
schreitet weiter zu *iʒu* und zu *ĕdo* (mit Verkürzung des Stammvocals). Dies ist der lautliche Vorgang, aus dem ersichtlich ist,
warum *uorare* schwach, *edo* e s s e stark ist. Bei anderen Scheideformen derselben Begriffssphäre, wie *rodo, suadeo* erscheint der
Stammvocal wegen zu großer Nähe von *oa (or)* im Präteritum intact.

Par-ere, pe-per-i steht noch nahe dem Urtypus *por(K)* oder
per(K) z e u g e n; es hat daher die Reduplication; *fac-ere* gehört
demselben Typus (ohne *r*-Bildung vgl. *quercus* in *fagus*), also
einer Grundform *feac-* an; aus dieser entstanden *fac-io* und *fec-i*

mit den parallel aus *ea* sich entwickelnden Lauten *e* und *a;* in
den Compositis *conficio* etc. konnte das *i* des Präsens nur aus
dem *e*-Element der Grundform sich entwickeln. Wir vermögen
hier von *i* zu *e (confeci)* und wegen der parallelen Laute *e* und *a*
zu *ea* zurückzugehen; *ea* aber ist in der Gestalt *er* noch in dem
Urbegriffe *pe-per-i* und mit dem ursprünglicheren Laute *or* in
ποϱ-ν-εύω enthalten. Der allgemeine Begriff *facere* machen
schied sich von dem des Zeugens vielleicht auf der Vocalstufe
ea, geht also weit zurück; dieser Umstand ermöglicht einzig
und allein noch die Scheidung in *facio, feci* und *conficio, confeci.*
Anders verhält es sich bei einem andern seinem Entstehen nach
bekannten Verbum, bei *filare.* Der Begriff des Spinnens gehört
einer weit späteren Zeit an als der des Machens. *Filare (filum)*
hat die Begriffe *pilus* T h i e r h a a r , *pellis* T h i e r h a u t und in
letzter Linie *°por(K)* d a s T h i e r zur Voraussetzung. Für *filare*
mit dem Begriffe s p i n n e n gibt es somit keine· *e-*, noch weniger
eine *er (ea)*-Periode; der vorausgehende Begriff *pil-us* hat schon *i :*
filare, mit einem Extreme des Vocalismus im Stamme schon zur
Zeit seiner Bildung, kennt somit keine Veränderung des Stammvocals bei seiner Zeitenbildung. Vgl. hierzu über *molk, schmolz,*
muol S. 41.

Nach diesen allgemeinen Principien ist die Entstehung der
starken, schwachen und reduplicierenden Verba zu beurtheilen.*)

8. P r ä h i s t o r i s c h e s; *os, Bein; urere,* d. *warm, brennen,*
A a s , A h l e , B o h r e r .

Mit der Aufstellung primitiver Begriffe im Verlaufe dieser
Arbeit soll nicht zugleich gesagt sein, dass die Zahl derselben
erschöpft sei. Die ganze Darstellung hat noch zu wenig auf die
Ergebnisse prähistorischer Forschungen Rücksicht genommen.
Prähistorische Funde können zwar über die Lautsprache keinen
Aufschluss geben, aber sie gestatten uns manchen Einblick in die
Culturverhältnisse und den hiermit zusammenhängenden Ideenkreis
der Urbewohner eines Landes oder des Urmenschen im allgemeinen.

*) Vgl. über das germanische Verb im Lichte meiner Lauttabelle
S. 36 in meiner Abhandlung „Die ursprüngliche Einheit des Vocalismus der
Germanen etc." Wien, 1887. Jeder andere Erklärungsversuch, auch der
neueste, der sich auf die Betonungsverschiedenheit der einzelnen Formen
stützt, vermag nicht anzugeben, wie das Präteritum starker Verba zu seiner
Function, Vergangenes auszudrücken, gelangte.

10

Insofern die Anthropologie sich mit der Vergangenheit des Menschen beschäftigt, kann sie der Darstellung einer naturgemäßen Begriffsentwicklung sehr an die Hand gehen.

Ich führe hier zunächst ein paar Stellen aus Maška (Der diluviale Mensch in Mähren) an, um auf einige weitere mit der Urzeit vermuthungsweise zusammenhängende Begriffe hinzuweisen.

Maška weist aus Funden in der Šipka-Höhle in Mähren nach, dass der diluviale Mensch in drei verschiedenen Epochen seinen Wohnsitz in der Šipka aufgeschlagen hat.

„Die Bearbeitung der Knochen aus der untersten Culturschichte besteht einzig und allein aus einzelnen tieferen Einschnitten oder Einkerbungen, die der Mensch auf verschiedenen Knochenstücken und Zähnen gemacht hat, um diese, sei es als Waffe, Geräth, Schmuckgegenstand, besser verwerten zu können." — „Absichtliche Aushöhlungen von Geweihen und Mammutrippen wies erst die mittlere Culturschichte auf, während Beispiele von eingehender Bearbeitung der Renthiergeweihe und des Elfenbeins nur aus der obersten diluvialen Culturgeschichte bekannt sind." Zum Schluss gelangt Maška zu folgendem Ergebnis. „Dass der Mensch bereits in der Diluvialzeit bei uns gelebt hat, ist eine durch viele zuverlässige Documente von allen Fundorten beglaubigte, unwiderlegbare Thatsache. Er jagte sowohl den grimmigen Höhlenbären und Leu als auch das riesige Mammut, den wilden Stier und das gesellige Ren. Wir haben keinen Grund anzunehmen, dass er ausschließlich in Höhlen gewohnt hatte. Er kannte schon das Feuer, nicht nur um sich an demselben zu wärmen, sondern auch um das Fleisch der erlegten Thiere, welches neben Früchten seine ausschließliche Nahrung bildete, daran zu bereiten. Er wusste ferner aus hartem Kiesel kunstgerecht Späne und sonstige Formen zu schlagen. — Auch Knochen und Geweihe vermochte er verständnisvoll umzugestalten und zu benutzen; sogar sein ästhetisches Gefühl äußert sich in einfachen Kunsterzeugnissen. Die Erzeugung von Thongefäßen kannte er nicht. — Die letzte Phase der Diluvialzeit, in welcher der Mensch noch mit dem muthmaßlich schon gezähmten Renthier als dem am längsten ausharrenden Vertreter der diluvialen Fauna lebte, kann keineswegs weit zurückreichen, und wir dürften schon mit 4—5000 Jahren ausreichen. Aber sehr weit hinausschieben müssen wir das erste nachgewiesene Auftreten des Menschen in Mähren, wenn wir alle vorkommenden Erscheinungen in Einklang bringen wollen." — Eine palaeontologische Eintheilung in eine Höhlenbären-, Mammut- und Renthierzeit vermag Maška nicht als den mährischen Fundverhältnissen ganz entsprechend anzusehen. In gleicher Weise passe sich eine Zergliederung der Diluvialzeit in faunistischer Richtung in eine Glacial-, Steppen-, Weide- und Waldzeit den bekannten Funden nicht vollkommen an.

Unter den größeren Vertretern der diluvialen Fauna werden genannt: der Höhlenbär, das Mammut, das Nashorn, der fossile Hirsch, eine Hirschart von der Größe eines Rehes, der Urstier, der Bär, das Ross, das Renthier, das Elen, der Urhund; unter den Vögeln nebst dem Adler auch der Auerhahn.

Es würde zwecklos sein, sich in Vermuthungen zu ergehen, in welchem Stadium der sprachlichen Entwicklung der hier geschilderte diluviale Mensch sich etwa befunden habe. Diese Auseinandersetzungen geben jedoch Anlass zu einigen mit meiner Entwicklungstheorie zusammenhängenden Bemerkungen : 1. Wird hier gesagt, dass der Mensch, der schon Knochen und Geweihe verständnisvoll umzugestalten vermochte, noch keine Thongefäße erzeugen konnte. Hierdurch wird das, was dem Laute nach von den Namen von Gefäßen S. 103 gesagt wurde, bekräftigt. Von dem Momente an, als der Urmensch sich eines von der Natur ihm gebotenen Gefäßes, z. B. des Horns, oder eines aus einem Bestandtheile des Thieres, z. B. dem Knochen, der Haut verfertigten Gefäßes bediente und nach diesem Bestandtheil des Thieres es benannte, datiert das Lautgebilde für den Begriff G e f ä ß. Das später zur Verfertigung der Gefäße verwendete Material, wie z. B. T h o n, E r d e, S t e i n, B r o n z e konnte an dem einmal geschaffenen Namen nichts mehr wesentlich ändern, ja man kann sogar vermuthen, dass der später hierzu verwendete Stoff von dem Gefäße den Namen erhielt. (Vgl. unter *κέραμος, Horn*). Die Erinnerung an den Stoff, woraus Gefäße oder Geräthe ursprünglich verfertigt wurden, geht häufig verloren. Wir sprechen z. B. heutzutage von Thon-, Blech- oder Kupfergeschirr und denken wohl kaum daran, dass dem Worte Geschirr (ahd. *gi-scirri* Gefäß, Werkzeug), wie den Wörtern Fass, Fessel, Schuh, Börse etc. in letzter Linie der Begriff L e d e r zugrunde liegt, der noch in *anschirren* d e m P f e r d e d a s R i e m e n z e u g a n l e g e n durchleuchtet.

Ebenso verhält es sich mit dem Begriffe K l e i d. Das Kleid zur Zeit der Sprachenbildung war das Thierfell. Das Lautgebilde für das Thierfell lässt sich auch noch in Bezeichnungen für K l e i d oder K l e i d u n g s s t ü c k e verfolgen. Andere später zur Verfertigung der Kleider verwendete Stoffe änderten an dem Namen nichts mehr.

Auch ein neu entdeckter oder neu verwerteter S t o f f kann nur sehr schwer zu einem volksthümlichen Namen gelangen. Wir haben es im Deutschen zu keinem eigenen Worte für Baumwolle bringen können; auch fr. *coton*, engl. *cotton* ist nicht idg., sondern aus dem Arabischen entlehnt. In einem gewissen Entwicklungsstadium der Sprache gieng die lautliche Scheidung sammt der begrifflichen leichter vonstatten. Ursprünglich wurde nur das Thierhaar, die Wolle, verarbeitet. Der Begriff W o l l e wurde

von dem Thiernamen abstrahiert. Als man in einer späteren
Periode an einer Pflanzenfaser, dem Flachs, ähnliche Eigenschaften
und dieselbe Verwendbarkeit erkannte, nannte man dieselbe ebenfalls **Haar**, **Wolle**. (Vgl. ahd. *har* **Flachs**, oder mhd. *lin*
Flachs, Lein, goth. *lein* Leinwand, lat. *linum*, gr. λίνον mit lat.
lana, ἔριον, skr. *ûrṇa* Wolle, abulg. *vluna*.) Wir stehen hier
vor der interessanten, mit dem culturellen Entwicklungsgange im
Einklang stehenden Beobachtung, dass, wie eine **Erdart** *(κέραμος)*
von dem Gefäße und in letzter Linie von dem Thiere ihren
Namen entlehnen kann, auch eine Pflanze von einem Bestandtheile des Thieres, und weiter von dem Thiere *or* oder *ụor*, *ụol*
(*la-na*, *li-num*, *vluna*, *wolla*; *n-* in *lana* und *linum* etc. heißt
e n t s t a n d e n, h e r r ü h r e n d, wie in *cornu*, *crinis* etc.) und *cor*
(in *har*) ihren Namen erhält. Es handelt sich immer um das
prius bei der Begriffsentwicklung.

2. Erhellt vor allem aus den prähistorischen Funden die
früheste Bearbeitung und Verwendung der Thierknochen. Die
Namen der Bestandtheile des Thieres basieren auf einer Abstrac-
tion von dem Thiernamen. Bei der Wichtigkeit gewisser Bestandtheile entstanden deren Namen schon, als das Thier noch ausschließlich *or (er, ur, uor)* hieß. Dies wurde von den Begriffen
H a u t, W o l l e gesagt; bei der Wichtigkeit des Thierknochens
für den Urmenschen lässt sich dies auch im lat. *os* (nach meiner
Theorie aus *oa + s*) voraussetzen. Ebenso weist d. *Bein* (baj. *bo'a'*,
engl. *bone*), wenn man es mit den übrigen erläuterten mit *b* anlautenden Wörtern, die im Germanischen einen niederen Begriff
enthalten, zusammenhält, auf die Urzeit zurück. (Vgl. *bor* und die
Derivata zu *or*, ferner *Buche* zu *Eiche*, *Bär* zu *ursus*, *brennen*
zu *urere*, *bin* zu *war*, *er-am*, *beißen* zu *essen*.)

3. Ist hier schon von dem Gebrauche des Feuers die Rede.
Eine Erklärung des Wortes πῦρ, d. *Feuer* wurde im Vorhergehenden nicht versucht. Dem Laute nach gehört πῦρ F e u e r erst der
cor- por-Periode an. (Nach S k e a t zur Wz. *pu* reinigen.) Wenn
man jedoch bedenkt, dass z. B. die durch das bloße Zusammen-
fallen zweier harter Steine verursachte Reibung schon Funken
erzeugt, so muss man annehmen, dass wenigstens diese Licht-
erscheinung, wenn auch nicht der Gebrauch des Feuers, dem
Menschen in der ersten Periode der Sprachentwicklung schon
bekannt gewesen ist. Wenn der Mensch in der frühesten Periode
seines nachweisbaren Daseins Steine, Thierknochen mit einem

spitzen Werkzeuge bearbeitete, so dürfte er diese Manipulation, das Bohren, Reiben auch an dem entzündlichen Stoffe, dem Holze, versucht haben und hierdurch zur Kenntnis nicht nur der durch Reiben erhöhten Temperatur, sondern auch des Feuers gelangt sein. Diese Erwägung führt zur Hypothese, dass bei der Bildung der Begriffe brennen, Brand die Erfahrung, dass bohren und brennen wie Ursache und Wirkung sich verhalten, maßgebend gewesen sei.

Lautlich kommt diese Anschauung zum Ausdruck im deutschen brennen: ags. *bernan* aus dem Grundbegriff *bor* bohren und dem Suffix *n-* entstanden i. e. durch Bohren oder allgemein durch Bearbeiten entstanden; ags. *bryne* Feuersbrunst aus **bru, *bur, bor* und *n-*. Auch lat. *ig-nis*, skr. *agnis* wird von Skeat mit einer Wz. *ag* bewegen zusammengestellt, wobei man wegen *nis* an durch Bewegen, Reiben. Bohren entstanden zu denken hat; lat. *ferro, fervro* glühe, brenne ist ebenfalls in lautlicher Nähe von *forare* bohren und als jüngerer Begriff durch die entwickeltere Form, die Umlautform ausgedrückt. Lat. *ur-o* brenne lässt sich mit *ar-o* pflüge, resp. der Grundbedeutung bohre zusammenstellen, wobei *uro* und *aro* nur aus dem lautlichen Centrum *or* hervorgegangen sein konnten. Dass urspr. *or-* bohre, pflüge nach der *ar-*Seite ausgewichen, lässt sich wegen der Berührung mit Begriffen der Lautäußerung *(orare)* erklären; es wich aber auch gegen die *u-*Seite zu aus in *urvare, urbare* umpflügen, daher *urbs*; beim Erbauen einer Stadt wurde bekanntlich durch das Umziehen eines Pfluges der zu verbauende Raum bestimmt. Aus dem *or-*Wort *ur-o* ist ersichtlich, dass dessen Begriff gleich dem des *arare*, wenn derselbe auch wegen seiner auf einer Übertragung beruhenden Entstehung nicht als gleichzeitig mit den übrigen Begriffen der *or-*Periode gedacht werden muss, doch in eine frühe Zeit zurückreicht. Zur Entstehung von *uro* im sexuellen Begriffsgebiete vgl. *urigo* Brunst und *urina* Harn etc.; auch im Deutschen: *Brunst* Brand, mhd. *brunft* Brunstzeit und mundartlich *brunzen* mingere.

Da ferner deutsches brennen auf vorgerm. *ɣor + n* beruht, so bildet warm aus *ɣor + m* (s. oben das Suff. *m-* mit derselben Bedeutung wie *n-*) nur eine Übergangsphase zu brennen (vgl. *heißen* und *Wort)* mit demselben Suffix wie lat. *formus* warm aus *for-(are)* und *m-* durch Bohren, Reiben entstanden. Hierher gehört auch *fumus* Rauch. (Vgl. des Lautes wegen *scortum* und *sculum*.)

4. Wird gesagt, dass der Mensch der paläolithischen Zeit
bereits das Fleisch von Thieren am Feuer sich zubereitete. Zur
Bezeichnung des Fleisches nach dem ältesten Lauttypus haben
wir keinen andern Namen als deutsches A a s, ahd. *âs*. Die Form
mit s in ags. *aés* spricht dafür, dass wir es hier mit einer Form
nach dem Typus *oa(+s)* d a s T h i e r, nicht mit *oa + d* e s s e n zu
thun haben. Wie im Lateinischen *os* d a s B e i n, so scheint also
im Germanischen *âs* d a s F l e i s c h von dem Thiernamen der
Urzeit abstrahiert zu sein. Zwischen Aas und Fleisch ist derselbe lautliche Abstand, wie zwischen dem Namen des wilden,
ungezähmten Thieres und dem des gezähmten, des Hausthieres.
(Vgl. unten die Namen der Hausthiere.) Dem Laute nach zu
schließen, war also *Aas* die älteste Bezeichnung für das Fleisch,
oder allgemeiner, des todten Körpers des Thieres. Diese letzte Bedeutung behielt das Wort, während nach der Zähmung des Thieres
eine neue, beziehungsweise edlere Bezeichnung in F l e i s c h erstand.

6. Ferner wird gesagt, dass der Mensch der untersten Cultur-
schicht schon tiefere Einschnitte und Einkerbungen auf Knochen-
stücke machte. Wir können auf Grund dieser sprachlichen Dar-
legung schließen, dass er die hierzu verwendeten, roh zugehauenen
spitzen Steinwerkzeuge, wie wir sie aus den prähistorischen Samm-
lungen kennen, noch nach dem Typus *or* benannte. Dieser Name
ist uns aufbewahrt in skr. *âr-â* Ahle, ahd. *âl-a*, ags. *aél*, ne. *awl*.
War das rohe Steinwerkzeug zum Bohren die primitivste Ahle, so
bildet Name (i. e. die Grundform *or*, *ar*) und Ding das Embryo
von ἄκ-ων W u r f s p i e ß, von der schon feiner ausgeführten Nadel
i. e. *ac-us* (nach *oaK*) und dem Bohrer (ags. *bore* nach *yor*),
Werkzeuge, die in eine nicht minder frühe Zeit zurückreichen.

<hr>

Nach diesen Auseinandersetzungen sind somit nach lautlichen
und culturellen Gründen auch die Begriffe *os*, *Bein*, *urere*, *warm*,
brennen, *Aas*, *Ahle*, *Bohrer*, lat. *ac-us*, gr. ἄκ-ων bis nahezu in
die Anfänge der sprachlichen Entwicklung zu setzen.

9. Fortsetzung. Vergleich der *or*- und *cor- por-*Periode
m i t d e r paläolithischen und neolithischen Culturperiode.

Die prähistorischen Funde weisen auch darauf hin, dass der
Mensch einst mit andern Thieren, dem Mammut und dem Renthier zusammenlebte. Dies ändert nichts an der nach der obigen

Darstellung von dem Thiernamen ausgehenden Begriffsentwicklung, da wir einerseits in *or* oder dessen Scheideform den Ur, das Schaf, die Ziege oder irgend ein anderes dem Menschen Nutzen bringendes Thier voraussetzen müssen (vgl. d. *ur* und skr. *°ur-â* das Schaf), wovon z. B. die Namen von Thierbestandtheilen abstrahiert wurden, anderseits aber annehmen können, dass der Urmensch den Namen des ihm Nutzen bringenden Thieres bei dessen Verschwinden auf ein anderes, das als Ersatz eintrat, übertrug. Von dem Mammut können wir nicht mehr reden: es müsste nach meiner Theorie nach dem Typus *or* benannt worden sein. Vgl. hierzu das erste Compositionsglied von ἐλέφας Elephant. Das Renthier hingegen heißt im Altn. *hr-einn*, im Ags. *hr-án*, enthält also in *hr*, vorgerm. *cor* thatsächlich dasselbe erste Compositionsglied, wie ahd. *hr-ind* Rind, so dass die Übertragung des Namens von dem gezähmten Renthier auf das Rind möglich, ja vielleicht der einzige Grund ist, dass wir im Hochdeutschen nebst dem dem Collectivum *pecus* entsprechenden Vieh noch ein zweites begrifflich enger begrenztes Collectivum Rind, das keine Entsprechungen außerhalb des Germanischen hat, besitzen.

Maška führt uns die vorweltliche Fauna Mährens vor: man weiß, dass ihre hauptsächlichsten Vertreter auch an andern Fundstätten Mittel- und Nordeuropas angetroffen worden sind. Hingegen bot sich Maška keine Gelegenheit, näher einzugehen, welchem Typus der Mensch, von dessen Thätigkeit so viele deutliche Spuren nachgewiesen werden konnten, angehört haben mag. Ein Einblick in die einstigen culturellen Verhältnisse des Menschen in Mähren bietet uns zum Zweck einer Begriffsentwicklung ungefähr das, was wir überhaupt aus der Beobachtung des Thuns und Treibens eines auf der niedersten Stufe der Cultur stehenden Volkes schöpfen können. Die Entwicklung der den Menschen gemeinsamen Begriffe der sinnlichen Wahrnehmungen oder anderer primitiver Begriffe, wie z. B. der angeführten Begriffe brennen, Bein, Fleisch ist gewiss nicht an die Scholle gebunden. Wollen wir jedoch z. B. über die Entstehung der arischen Namen von Thieren einigermaßen ins Klare kommen, so müssen wir uns die alte Thierwelt jenes Territoriums vergegenwärtigen, in dem der Urarier nach dem Nachweis der Gelehrten hauste. Von dem Ursitze der Arier konnten die ersten Laute und Lautgebilde mit den primitivsten Begriffen in die entferntesten Theile des Verbreitungsgebietes der Arier getragen werden, aber es leuchtet ein, dass dort, wo der

arische Volkstypus sich am reinsten erhalten hat, nicht nur am
ehesten eine ungestörte, von Mischungen mit andern Sprachen
freie Sprachentwicklung vermuthet werden kann, sondern auch
einzig und allein die Bedingungen zur Entstehung derjenigen
Begriffe gegeben sind, die mit der Fauna, Flora, den topographi-
schen und klimatischen Verhältnissen oder überhaupt der Außenwelt
zusammenhängen. Zu diesem Behufe ist es nothwendig, wieder auf
einige Ausführungen Penkas und auf mehrere von ihm citierte
Darlegungen anderer Gelehrter andeutungsweise zurückzukommen.

Als der eigentlich arische Volkstypus kann nach Penka
nur der germanisch-skandinavische betrachtet werden*): andere
Völker, die wir nach der Sprache zu den Ariern rechnen, sind
die Nachkommen jener vorarischen Völker, die von den eindringen-
den Ariern arisiert worden sind.**) Die drei großen Halbinseln
Südeuropas bildeten während der Quaternärzeit die Heimat der
semito-iberischen Race (S. 94.). Schon unter den paläolithischen
Bewohnern Mitteleuropas finden wir nach den Schädelmessungen
Menschen vom arischen Typus (S. 65). Nach Virchow könnte
auf Grund kraniologischer Untersuchungen sogar eine Art von
Autochthonie der nach germanischem Typus gebildeten Völker
im Norden aufgestellt werden. (S. 67.) Die Arier, welche bereits
zur Quaternärzeit Mitteleuropa bewohnten, seien daselbst über die
primitive Stufe der paläolithischen Cultur nicht hinausgekommen,
sondern haben erst nach Ablauf der Quaternärperiode auf dem
Boden Skandinaviens die paläolithische Cultur zur neolithischen
(welche als die des ungetrennten arischen Urvolkes zu gelten
habe) weiter entwickelt. (S. 68.) In Mitteleuropa könne zwischen
beiden Culturperioden ein Übergang nicht nachgewiesen werden.

*) Dieselbe Ansicht wird in neuerer Zeit auch vertreten von A. H. Sayce
in einem Aufsatz: The primitive home of the Aryans 1890; ferner von Ren-
dall: The cradle of the Aryans, London 1889.

**) Vgl. S. 12. „Unter den sechs innerhalb der arischen Sprach- und
Völkerwelt nachweisbaren Typen — dem indischen, iranischen, slavischen,
den beiden keltischen (dem dunklen brachycephalen und dem dunklen dolicho-
cephalen [iberischen]) und dem germanisch-skandinavischen Typus — kann
nur der letztere als der eigentlich arische Typus betrachtet werden." — „Es
sind eben die Völker, die zu diesen (den nicht germ.-skand.) Typen gehören,
die Nachkommen jener vorarischen Bevölkerungen, die von den vordringenden
arischen Völkern unterjocht und zur Annahme ihrer Sprache gezwungen
worden waren."

Hieran knüpft sich die sog. Hiatus-Frage. Zwischen beiden Culturperioden haben manche Gelehrte (Lartet, G. de Mortillet,
Dupont, Cartailhac) eine schroffe Unterbrechung wahrgenommen. Canzalis de Fondouce sucht diese Theorie zu
widerlegen. Baron de Baye ist zwar geneigt, die Umwandlung
der paläolithischen Cultur in die neolithische der Einwanderung
einer neuen Race zuzuschreiben, constatiert aber, dass zwischen
beiden Perioden viele Berührungspunkte existieren. Auch Virchow
constatiert für die Schweiz und Deutschland eine große Kluft
zwischen der paläolithischen Zeit und derjenigen Steinzeit, welche
die Pfahlbauten charakterisieren. „Die Pfahlbauten gehören zu
einem großen Theil gleichfalls der Steinzeit an, aber die Steinzeit
der Pfahlbauten ist durch einen unendlichen Zeitraum getrennt
von der Steinzeit der Höhlen. Die Männer von Thayngen und
Schussenried lebten, als vielleicht noch ein großer Theil dieser
Oberfläche mit Gletschereis bedeckt war. Dagegen ist unzweifelhaft
der Pfahlbauer erst in die See gezogen, als das Eis weit gegen die
Alpen zurückgegangen war." Schließlich bemerkt Penka, „dass
die Gegner der Hiatus-Theorie nirgends in Mitteleuropa eigentliche
Übergangsformen nachweisen konnten, die gewiss schon gefunden
wären, hätte sich, wie sie annehmen, der Übergang von der paläolithischen Cultur zur neolithischen auf dem Boden Mitteleuropas
vollzogen; dass sie zwar ferner darauf hinweisen konnten, dass die
wichtigsten unserer Hausthiere (Pferd, Rind, Schaf,
Ziege, Schwein, Hund) bereits zur Quaternärzeit in
Mitteleuropa gelebt haben, dass es jedoch nichts weniger als
erwiesen gelten kann, dass eines der genannten Thiere bereits damals im Zustande der Domestication sich befand, und dass sie,
um die Entstehung einer so grundverschiedenen Cultur, wie es
die neolithische ist, zu erklären, zum Schlusse doch zur Annahme
wiederholter Einwanderungen neuer Racen ihre Zuflucht nehmen
mussten." (S. 84.) Solche Übergangsformen zwischen den Geräthen
der paläolithischen und denen der neolithischen Periode lassen sich
nur im südlichen Skandinavien (Dänemark) erweisen. „Während es
nicht sicher ist, dass das Feuer von den Menschen der Mammut-
und Renthierzeit zum Garmachen der Speisen benutzt wurde,
findet man in den Kjökkenmödingern unter den Speiseresten noch
Asche und Kohlen, die von uralten Herden zeigen. Die Kjökkenmödinger Menschen führten bereits ein sesshaftes Leben, verfertigten rohe Thongefäße und besaßen bereits ein Hausthier,

nämlich den Hund, wie Steenstrup mit großem Scharfsinne nachgewiesen hat." Dorthin sei der Arier am Ende der Quaternärzeit aus Mitteleuropa mit seinem Lieblingsthiere, dem bei der Veränderung des Klimas nach Norden ziehenden Ren, ausgewandert und habe allmählich jene Cultur entwickelt, die uns die Archäologie als die Cultur des neolithischen Zeitalters kennen lehrt. (S. 86.) Zum Wechsel der Waldvegetation in Dänemark und zur Anhäufung der Kjökkenmödinger seien wohl nach Steenstrup 10 bis 12 Tausend Jahre nothwendig gewesen. Auf ebensoviele Jahrtausende müsse die Dauer des mesolithischen Zeitalters (des Übergangs vom paläol. zum neolith. Zeitalter) veranschlagt werden. Als die Nachkommen der paläolithischen Bewohner Mitteleuropas (der Arier) nach dem Verlaufe von Jahrtausenden vom Norden her wieder auf dem Boden Mitteleuropas erschienen, seien sie auf die mittlerweile dahin eingedrungenen iberisch-turanischen Elemente gestoßen. Die neolithischen Höhenbefestigungen, die in den Ländern, die von Ariern occupiert wurden, gefunden werden, haben den Zweck gehabt, ihre Herrschaft gegen die fremden Elemente sicher zustellen. (S. 88.) Soviel also zur Ergänzung des schon früher auszugsweise Gebrachten über den Ursitz und die ersten Wanderungen der Arier.

Bemerkenswert sind auch die unterscheidenden Merkmale, die (nach G. de Mortillet) einerseits die letzte Epoche der Quaternärzeit (die Epoche von la Madeleine) und die erste Epoche der gegenwärtigen Periode (die Epoche von Robenhausen, benannt nach einer Pfahlbaustation im Kanton Zürich) charakterisieren.*) Auch Mortillet bemerkt, dass man während der

*) Vgl. unter diesen Merkmalen.

Epoche von la Madeleine.	Epoche von Robenhausen.
1. Kaltes und trockenes Klima mit extremen Temperaturen.	1. Gemäßigtes, weit gleichmäßigeres Klima.
2. Das letzte große fossile Thier, das Mammut, existiert noch.	2. Das Mammut existiert nicht mehr.
4. Das Ren etc. in Mitteleuropa.	4. Diese Thiere sind in nördlichere Gegenden ausgewandert.
6. Keine Hausthiere.	6. Hausthiere in großer Zahl.
7. Gleichmäßiger Typus des Menschen.	7. Große Verschiedenheit im menschlichen Typus.
8. Nomadisierende Völker.	8. Sesshafte Völker.
9. Jäger und Fischer ohne Ackerbau.	9. Entwickelter Ackerbau.
10. Werkzeuge aus Stein, die bloß zugeschlagen sind.	10. Werkzeuge aus Stein, die zum Theile geschliffen sind.
11. Kein Töpfergeschirr.	11. Es wird Töpfergeschirr fabriciert.

ganzen Quaternärzeit sehe, wie sich nur ein menschlicher Typus
von einheimischem Ursprung in unsern Gegenden entwickle. Allein
im Anfange der gegenwärtigen Periode treten zugleich mit der
Cultur von Robenhausen im mittleren und westlichen Europa
ganz neue Racen auf. M. behauptet auch, dass die neue Cultur
— die Cultur von Robenhausen — aus dem Oriente gekommen
sei, und dass ihre Träger die seit dem Anfange der Roben-
hausener Epoche auftretenden brachycephalen Elemente gewesen seien.

An diese Darstellung der Gelehrten über den Ursitz, die
Wanderung und die culturelle Entwicklung der Arier knüpft sich
natürlich die Frage, welche Stellung die vorliegende Entwicklungstheorie der Sprache hierzu einnimmt. Wird die neolithische Cultur
in Skandinavien schon als diejenige des ungetrennten arischen Urvolkes mit einer fertigen gemeinsamen Grundsprache hingestellt,
so fällt die Entwicklung dieser Grundsprache selbstverständlich in
eine der vorhergehenden Epochen, sei es in die mesolithische oder
gar in die paläolithische Zeit. Die ganze hier vorliegende Entwicklungstheorie mit ihrer Scheidung in niedere Begriffe — *or*-
Wörter — und höhere i. e. einer späteren Culturstufe angehörige
Begriffe — *cor*- *por*-Wörter — weist Entwicklungsstadien auf, die
einen unverkennbaren Parallelismus zu den beiden Culturperioden
verrathen. welche die Archäologie als die paläolithische und die
neolithische bezeichnet. Ja man kann über einen bloß vagen Vergleich hinausgehen und mit Bestimmtheit sagen: „So primitiv
sind die Begriffe, die als Anfangsglieder zur Entwicklung verschiedener Begriffssphären dem *or*
und seiner nächsten lautlichen Fortsetzung inne-
wohnen, dass wir uns den in der Quaternärzeit in
Mitteleuropa auftretenden Arier ohne dieselben
gar nicht vorstellen können.“
Es sind dies namentlich jene Lautgebilde und Begriffe, deren
Entstehung eine unabweisliche Folge des Erhaltungstriebes ist. Wenn
es aber Benennungen für Dinge der Außenwelt nach dem Typus *or*
gibt, so müsste ihre Entstehung, wofern sich nicht eine spätere Übertragung aus den vorhandenen primitiven Begriffen denken lässt,
behufs einer lautlichen Übereinstimmung mit den ersteren ebenso
weit zurückreichen. In Bezug auf die Pflanzenwelt wurden oben
die Ergebnisse der zum Behuf einer Constatierung des Vegetations-

wechsels angestellten Untersuchungen der Torfmoore Skandinaviens
den Namen der betreffenden Waldbäume gegenübergestellt und hierbei eine Übereinstimmung des Vegetationswechsels mit den nacheinander entstandenen Lautgebilden für Eiche, Erle, Buche
gefunden. Derselbe Vegetationswechsel konnte sich aber auch in
Mitteleuropa vollziehen. Eine Untersuchung der Torfmoore Deutsch-
lands, die nach Engler noch nicht vorgenommen wurde, müsste
Aufschluss geben, ob zur Zeit des Auftretens des Ariers in Mitteleuropa oder vielmehr am Ende der Quaternärzeit vor seiner angeblichen Wanderung nach dem Norden sich eine Eichenperiode
constatieren lasse. Nur wenn die Eiche, deren Namen in ihrer
Grundform *orK* fast am Anfang der lautlichen Entwicklung steht,
unter die ersten Waldbäume in Mitteleuropa zählt, ist es nicht
ausgeschlossen, dass deren Benennung nicht erst in Skandinavien,
sondern in lautlicher Übereinstimmung mit den nach obigem
Ausspruch schon in der paläolithischen Periode in Mitteleuropa
gebrauchten *or*-Wörtern auch in Mitteleuropa erfolgte.
Übrigens werden wir das Anfangsglied der begriffl. Entwicklung
in der Pflanzenwelt, den zuerst benannten Baum (vgl. auch die
einfachste Form ὄα der Sperberbaum im Griechischen) nie
mit derselben Sicherheit feststellen können, wie wir dies bei den
Metallen vermögen.

Hier steht es fest, dass das Kupfer am frühesten verwertet
wurde und demnach auch am ersten benannt werden musste.
Die altdeutschen Dialecte haben uns hier die ältesten Namen in
ór, ár (ags.), *ér* (ahd.) bewahrt. Much weist nach, dass es
schon in den ältesten Abschnitten der neolithischen Periode zu
Geräthen verarbeitet wurde[*]. Ist dies der Fall, so kann man bei
dem langsamen culturellen Entwicklungsgange wohl annehmen,
dass es vor der Verarbeitung den Ariern schon lange bekannt
sein mochte, und dass dessen Benennung *(or, ar, er)* in lautlicher
Übereinstimmung mit den Wörtern für die primitivsten Begriffe
schon aus der paläolithischen Culturperiode stammt.

Das Wertvollste und Wichtigste, was uns die Archäologie
bietet, ist jedoch der Hinweis, dass es sich immer mehr heraus-
stellt, dass unsere wichtigsten Hausthiere europäischen Ursprungs
sind, oder die wenigstens für diese Entwicklungstheorie der Sprache

Vgl. Penka, S. 34.

hinreichende Thatsache, dass dieselben zur Quaternärzeit, wenn
auch nicht im Zustande der Domestication, bereits in Mitteleuropa
gelebt haben. Bei dem ersten nachweisbaren Auftreten des Ariers,
in welches wir die primitivsten unter den hier entwickelten Begriffen nach dem Typus *or* setzen müssen, umgeben ihn also
schon jene Arten von Thieren, die für alle kommenden Zeiten
ohne Unterbrechung ihm von größten Nutzen sein sollten. Was
ist natürlicher, als dass er schon in jener frühen Zeit, in der ihm
jene Thiere wegen ihres Felles, der Wolle, des Fleisches eine
ersehnte Jagdbeute waren, dieselben auch je nach dem Bedürfnis
und der Brauchbarkeit successive nach Maßgabe der ihm zur
Verfügung stehenden Laute benannte? Was ist demnach natürlicher, als dass wir in den Namen der wichtigsten Hausthiere
eine continuirliche Fortbildung der Urlaute *or* und *orK* vermuthen
können? Von den größeren Vertretern der diluvialen Fauna, deren
Namen uns noch erhalten sind, gehören der *Ur (urus.* οὖρος),
der *Bär* (*ursus,* ἄρκος), das *Elen* (ἄλκη, *alces,* ags. *eolh,* ahd. *elh;*
auch mhd. *elhe,* ahd. *elaho*), ferner *equus* (altn. *jór,* ags. *eoh,*
as. *ehu-,* ai. *áçva,* gr. ἵππος), das *Reh* (ahd. *rêh,* altn. *rá,* me-
roe etc., gr. δ-όρκ-ος), ὄρυξ, αἴξ, *ovis,* auch ἔλαφος (vgl. bask.
orenac Hirsch) und ἐλέφας (mit den ersten Compositionsgliedern),
beziehungsweise deren Grundformen der *or*-Periode an.

10. Unsere Hausthiere.

Wir können die Bemerkung machen, dass ein *or*-Wort nach
und nach durch *cor- por*-Wort verdrängt wird, aber nicht umgekehrt.
So wird die älteste allgemein idg. Bezeichnung des Pferdes: ags.
eoh, alts. *ehu,* altn. *jór,* lat. *equus,* gr. ἵππος, ai. *áçva* im Germanischen durch *hross* (alts. und altn.), ags. *hors,* das Ross verdrängt. Der älteste Name bezeichnete das Pferd auch noch im
ungezähmten Zustande, was man von *hross* nicht mehr sagen kann.
Dasselbe gilt von einem andern wichtigen Hausthiere, dem
Schafe. Die älteste Benennung bestand nach dem Typus *or : ovis,*
gr. οἶς, skr. *ávis,* lit. *avis,* im Germanischen noch im ne. *ewe*
Mutterschaf. Skr. *urâ-bhras* Widder, eig. Schafmacher,
sowie die Derivata ἔρ-ιον, *Wolle* etc. weisen noch auf die Grundform nach *or* hin. Dieses Wort wich im Germanischen dem *cor*-
Wort *scâf* (alts. *scâp,* ags. *sceáp*) und dem altn. *por*-Wort *faer*
Schaf. Fehlt auch im Hochdeutschen der ursprüngl. Name, so

wird er doch durch das unmittelbare Derivatum desselben, nämlich *Wolle*, noch bezeugt.

Ebenso haben wir in Vieh (ahd. *fihu.* ags. *feoh, pecus* etc.) ein *por*-Wort im Gegensatz zum wilden *Ur*.

Die europäische Bezeichnung für Schwein: ahd. *farah, farh*, ags. *fearh*, nhd. *Ferkel*, lat. *porcus*, gr. πόρχος hat sein *or*-Wort in lat. *verres* und skr. *varâhas* Eber, ags. *bár*, ne. *boar* Eber. Dem *porcus* und dem germ. *Bär* Zuchteber (vgl. ne. *boar-cat*) liegt die Bedeutung Männchen zugrunde; dies ändert nichts an der Thatsache, dass das *por*-Wort, das einer späteren Periode angehörige, das gezähmte Thier bedeutet, während engl. *boar*, ags. *bár* den wilden Eber bezeichnet. Ahd. *bér*, ags. *bár* ist vorgerm. *uor*, welches zu lat. *verres* Zuchteber stimmt (s. S. 86). In der falschen Voraussetzung, lat. *f* sei = germ. *b*, wird *Bär* (ne. *bear* und *boar*) von anderer Seite mit lat. *ferus* wild trotz der Bedeutungsverschiedenheit zusammengestellt. Vgl. auch *eófor* (ags.) und *aper* Eber.

Für den Hund, ahd. *hunt*, goth. *hunds*, ags. *hund*, lat. *canis*, gr. χύων, skr. *çvâ*, nach Steenstrup das erste (schon in der mesolithischen Periode nachweisbare) Hausthier, und für das gezähmte Ren, ags. *hran*, altn. *hreinn* liegen uns keine Namen der *or*-Periode, der ungezähmten Thiere, mehr vor. Der Arier der paläolithischen Zeit war jedoch kein Zoologe, noch trauen wir ihm überhaupt eine solche Beobachtungsgabe zu, dass er z. B. zwischen dem Wolf und dem ungezähmten Urhund (vgl. auch lat. *vulpes*) wesentliche Unterschiede wahrnahm. Er mochte beide Thiere einst gleich benannt haben. Erst als er bemerkte, dass das eine zutraulich wurde, ihm treu zur Seite stand, ihn nicht mehr verließ, merkte er an den Charakteren den gewaltigen Unterschied. Von dieser Zeit an stellte sich die Nothwendigkeit ein, das zahme Thier, den Hund von dem Wolf und dem Urhund im Benennen, also lautlich zu scheiden. Diesen naheliegenden Gedanken drücken im Sanskrit noch die beiden Lautgebilde *vŕk-a* der Wolf und *çvâ* der Hund aus. Während *vŕk-a* nach dem Typus *orK* den Wolf bezeichnet, heißt das einer späteren Periode angehörige, gezähmte Thier, der Hund, nach dem späteren, aus *orK* entstandenen Lauttypus *kor* schon *çvâ*, zwei Scheideformen, die durch eine Zusammensetzung mit einem suffixalen Elemente mannigfach verändert, noch an dem Anlaute von deutschem *Wolf* und *Hund* zu erkennen sind. Auf Grund dieser Darstellung lässt sich also behaupten, dass auch *Hund*, wie die Namen der wichtigsten Hausthiere, *Ross*, *Schaf*, *Vieh*, *Rind*, *Ferkel*, einst von einem *or- orK*-Wort sich schied.

Auch das H u h n (*Hahn*, *Henne*, ahd. *huon*, *hano*, *henna* etc.) hat noch ein Gegenstück der *or*-Periode im gr. οὔραξ Auerhahn*). Analog können wir auch schließen, dass für lat. *capra* Z i e g e das *or*-Wort im gr. αἴξ Z i e g e und dem noch ursprünglicheren ὄρ-υξ, womit eine wilde Ziegenart bezeichnet wurde, erhalten ist.

Bei dem Umstande, dass die Namen unserer Hausthiere, nämlich: *hross*, *Schaf*, *Vieh*, *hrind*, *Ferkel*, *Hund*, *Huhn* mit der Aspirata (vorgerm. *c*, *p*) anlauten, könnte man auf den ersten Blick zu dem Glauben verleitet werden, dieser Anlaut sei vielleicht das residuum eines Lautgebildes für den Begriff z a h m. Dies ist selbstverständlich keineswegs der Fall. Es geht aus dieser Vergleichung nur wieder hervor, dass die *cor- por*-Wörter jünger sind, als die *or- orK*-Wörter und dies mit derselben unzweifelhaften Gewissheit, mit welcher das zahme Thier überhaupt jünger ist, als das ungezähmte. Wenn es nicht zur *cor*-Bildung kam, gab es noch immer andere lautliche Mittel, das zahme Thier von dem älteren, wenn es nothwendig war, zu unterscheiden, wie dies aus den schon besprochenen Namen *Ur* — und *Ochs*, *vacca*, *bos* zu ersehen war.

Die Gegenüberstellung der primitivsten Begriffe (nach dem Typus *or*, *orK*) und der einer höheren, fortgeschrittenen Culturperiode angehörigen Wörter (nach *cor-por*) erinnert, wie schon angedeutet wurde, lebhaft an den Gegensatz der paläolithischen und der neolithischen Cultur. Wenn G. d e M o r t i l l e t zur Charakterisierung der Epoche von l a M a d e l e i n e unter Punkt 6 sagt: „Keine Hausthiere" und als unterscheidendes Merkmal für die Epoche von R o b e n h a u s e n anführt: „Hausthiere in großer Zahl". so gelangt diese Scheidung in ungezähmte und gezähmte Thiere auch sprachlich in den eben besprochenen Thiernamen vol-

---

*) Vorausgesetzt, dass Huhn stamme aus Asien (nach G. de M o r t i l l e t), so ist doch der Name, wie die Verschiedenheit der Bezeichnung des Huhns in den europäischen Sprachen bezeugt, kein entlehnter, sondern ein von einem heimischen Thiere übertragener. Ein entlehnter Name wäre allgemein oder doch in mehrere europäische Sprachen übergegangen, wie uns dies in neuerer Zeit Th e e, Ta b a k etc. lehren.

lends zum Ausdruck. Der Übersichtlichkeit wegen werden dieselben
hier gegenübergestellt.

1. *ur, urus,* οὖρος.	1. *fihu, feoh, Vieh, pecus,* skr. *paçu, (hrind?).*
2. *eoh, ehu, equus* etc.	2. *hross, hors, Ross.*
3. *ûrâ-, ovis, avis* etc. ne. *ewe.*	3. *scâf, faer, Schaf.*
4. *verres, varâhas, bár, aper* etc.	4. *farh, fearh, porcus* etc., *Ferkel.*
5. *vṛk-a, Wolf.*	5. *çvá, canis,* κύων, *Hund.*
6. ὄρυξ, αἴξ.	6. *capra.*
7. οὖραξ.	7. *huon, Huhn.*

Wir haben hier die Namen unserer vorzüglichsten Hausthiere.
Von keinem der angeführten Namen nach *cor- por: Vieh, Rind,
Ross, Schaf, Ferkel, Hund, Huhn, capra* können wir sagen, dass
hiermit auch schon das ungezähmte Thier bezeichnet wurde.
Anderseits ist kein Fall bekannt, dass umgekehrt bei zwei zu-
sammengehörigen Wörtern, dem Namen des gezähmten und dem
Namen des ungezähmten Thieres (oder desjenigen, von dessen
Namen vermuthungsweise der des gezähmten sich absonderte), das
or-Wort das Hausthier und das entsprechende *cor- por*-Wort das
ungezähmte Thier bedeutet.

—

Wollte man dieses Vergleichen der Lautgebilde mit den obigen
Andeutungen über die beiden Culturperioden noch weiter fortsetzen,
so könnte man vielleicht auch noch hinzufügen: Wie zwischen
der paläolithischen und der neolithischen Culturperiode eine Unterbrechung, eine so bedeutende Kluft beobachtet wurde, dass man
die neuere Cultur sogar der Einwanderung neuer Stämme zuschrieb,
so fehlt auch unsern *or-* und *cor-' por*-Wörtern nicht selten das
*or*K-Wort, welches den Übergang zu den *cor- por*-Wörtern ver-
anschaulicht. Wie aber von anderer Seite doch auf gewisse Berührungspunkte hingewiesen wird, ja in Dänemark der Übergang
von einer Culturperiode zur andern ohne Hiatus constatiert wird,
so wird in der Sprache der Arier durch die einzelnen vorhandenen
Beispiele (nach *or*K) das Bildungsprincip der *cor- por*-Wörter
illustriert, ohne dass man genöthigt ist, die obere Schichte der
cor- por-Wörter, die sämmtlich eine relativ höhere Culturstufe
verrathen, vielleicht der Vermischung mit anderen entwickelteren
Völkerschaften zuzuschreiben.

11. Andeutung der Bodenbeschaffenheit durch die Sprache.

Diese ganze Darstellung der lautlichen und begrifflichen Entwicklung der Sprache hat nun mit voller Sicherheit ergeben, dass *or* dem *ɥor* (*bor*), beide wieder dem *cor* oder *por* vorausgiengen. Dieses durch zuverlässige Beispiele erhärtete Factum setzt uns in den Stand, aus dem bloßen Anlaut (am sichersten caeteris paribus) das relative Alter eines Wortes zu erkennen. Wir vermögen daher aus manchen Wortgruppen, ohne in eine etymologische Untersuchung derselben einzugehen, eine mündliche Überlieferung und Bestätigung dessen zu erkennen, was der Fleiß und der Scharfsinn des Archäologen auf anderem Wege festgesetzt hat. Die Prähistoriker sagen uns, dass der dolichocephale Typus während und nach der Eiszeit sich entwickelt habe, dass der Urarier nach dem Zurücktreten der Gletscher in Skandinavien nach dem Norden wanderte, also, so zu sagen, immer hart an der Eisgrenze sich bewegte. Der Germane, der im Ganzen das Territorium des Urariers nicht verlassen hat, hat auch allein unter den Indogermanen in Eis sein *or*-Wort bewahrt. Nach der Darstellung der Prähistoriker folgte auf die Glacialzeit eine Steppen-, Weide- und Waldzeit; mit der Ausrodung des Waldes und Urbarmachung des Bodens habe sich an das Waldland das Ackerland geschlossen. Diese wechselnde, zuletzt durch das thätige Eingreifen des Menschen selbst veränderte Bodenbeschaffenheit wird im Germanischen durch die Wörter Au*) — Wald**) — Feld charakterisiert. Mit der Zusammenstellung dieser Wörter, deren Etymologie uns unbekannt ist, soll nicht vielleicht gesagt sein, dass ein Wort von dem andern sich gesondert habe, sondern nur angedeutet werden, dass diese Lautgebilde nicht nur nach ihrer Bedeutung, sondern auch nach

*) *Au*, ahd. *ouwa* bedeutete früher Wasser, wasserreiches Wiesenland, Insel, altn. *ey*, ags. *ég*, *ýg* Insel. Es ist nicht unwahrscheinlich, dass mit dem Zurücktreten des Wassers die betreffende Stelle noch immer mit dem Lautgebilde für Wasser bezeichnet wurde.

**) Vgl. zu *Wald*, me. *wold*, *wald* weites, offenes Land, hingegen ohne *l* me. *wode*, ne. *wood* Wald. In den Urzustand des Ariers führt uns auch das Wort *Weide*. Da die ältesten Begriffe nur dem unmittelbaren Bedürfnisse des Menschen entsprangen, war *Weide* (baj. *woad*) ursprüngl. nur die Speise des Menschen. Die Bedeutung Jagd, Fischfang (ags. *wáđ*, altn. *veiđr*) führt uns in eine Zeit zurück, wo der Arier noch ausschließlich von der Jagd und dem Fischfang lebte. Der Begriff Jagd (vgl. *venari*) lebt noch fort im nhd. *Waidmann*.

ihrer zeitlichen Aufeinanderfolge oder ihrer Lagerung: *or — uor — por* mit der uns von den Archäologen gegebenen Vorstellung über die wechselnde topographische Beschaffenheit congruieren. Ob nun das dem Anlaute nach älteste unter diesen Wörtern, die *Au*, einst direct mit dem Urlaut oder auf Grund einer Übertragung eines primitiven Begriffes (am ehesten von *or das Wasser) so benannt wurde, bleibt unermittelt. Das Wort *Au* sagt uns, dass es seiner Form nach der frühesten Zeit angehört und verräth uns seinem Inhalte nach einen sumpf- und wasserreichen Boden. *Au* ist wie *Eis* specifisch germanisch und bezeichnet jenes Terrain, welches am geeignetsten war, zur specifisch germanischen Bedeutungsentwicklung der *or*-Wörter *waten, watscheln* beizutragen.

12. Der Name *Arii; barbari.*

Der Stammname *Ar-* hat sich in den Eigennamen *Arioaldus, Ariovistus, Ariaricus* etc. und in den germanischen Völkernamen: *Attu-arii, Ansu-arii, Boructu-arii, Cantu-arii, Chatu-arii, Ripu-arii, Vectu-arii,* Τεύτονο-αροι erhalten. Auch der Name *Baio-arii, Boio-varii, Bajo-varii* etc. gehört hierher.*) Unter den mannigfachen etymologischen Erklärungen von *ar-, uar-* (Arier) mag auch die einfachste ihren Platz hier finden. Ist *oa(r)* der charakteristische Laut der Urarier gewesen, so ist es wahrscheinlicher, dass dieselben unmittelbar nach dem vorherrschendem Laute sich so benannt haben oder von den Nachbarvölkern als *or*-Schreier hingestellt worden sind, als dass irgend einer der primitiven Begriffe nach *or*, der nicht unterscheidend genug gewesen wäre, Veranlassung zu deren Benennung gegeben habe.

Es liegt nahe, hier eine hypothetische Erklärung des lautlich nahen *bar-bar-i* zu versuchen.

Βάρβαρος fehlerhaft, ausländisch sprechend (βαρβαρίζω wie ein Ausländer sprechen, es mit den Ausländern, besonders den Persern halten, βαρβαρισμός fehlerhaftes Sprechen etc.) gehört seiner Bedeutung nach der Reihe jener Begriffe an, die

---

*) Die Formen mit *arii* und *uarii* gehen auf ein lautliches Centrum *oar-* zurück. *Uarii* gibt, nebenbei gesagt, im Hochdeutschen *war-* und nicht *var-* (die latinisierte Form), somit im Nhd. *Bajuwaren*, eine Form, die auch im älteren *Pai-wari* erscheint.

unter „Mundthätigkeit" subsumiert wurden. Das lautliche Anfangsglied bildete ὠϱ-, lat. *or*(+ *s*), *or-are*, auf der *ụ*-Seite stand *uor-are*,
uoc-are, skr. *vad* spreche, singe (mit der Media s. S. 40 und 45
edo, mordeo, rideo, oἶδα, audio, vado etc.), gr. βάζω rede, spreche
(vgl. für den Anlaut *b* gr. βα- und lat. *vad-o* etc. oder germ. *b*
aus vorgerm. *ụ*). Das (reduplicierte) βαβάζω heißt stammeln. Zwischen
βαζ- i. e. βαδ- und lat. *bal-bus* **stammelnd** ist dasselbe lautliche Verhältnis wie zwischen den (S. 45) besprochenen Typen *od*
und *or*, i. e. lat. *l* in *bal-bus* repräsentiert noch das letzte Element
von *uor*. Βάϱβαϱος ist auf der *u*-Seite eine Scheidung von dem
wiederholten Naturschrei, den wir nahezu noch in skr. *ar-ar-e*
antreffen.

Bar- (in *barbarus, bal-bus*, βα-βάζω) weist in seiner Grundbedeutung auf die Unzulänglichkeit der sprachlichen Mittel zur
Zeit der *or- uor*-Periode hin und mag ursprünglich neben *Ar-ii*
(wovon es eine lautliche Scheideform ist) das Volk, das den hier
erörterten Urlaut besonders im Munde führte, bedeutet haben.
Zu dieser Vermuthung geräth man durch die Erwägung, dass auch
die Römer nicht nur von den Macedonien *barbari* genannt wurden,
sondern in der ältesten Zeit sich selbst so nannten, so zwar, dass
Plautus das *barbare* (i. e. *latine*) dem *graece* noch entgege-
setzte. Die reduplicierte Form weist auf die älteste Zeit der Arier
hin; bei der zunehmenden sprachlichen Entwicklung waren die
sprachlich Zurückgebliebenen allerdings nur die *ụor-ụor* (*bor-bor*),
die *bal-bi*, die Stammler. Den frühe und hochentwickelten Griechen
galten nicht nur die Perser, sondern bald auch alle andern Völker
nur als βάϱβαϱοι.

V.

Der Urarier im Lichte meiner Entwicklungtheorie der Sprache.

Diese sprachvergleichende Untersuchung stellt den Menschen der Urzeit seiner geistigen Entwicklung nach auf eine und dieselbe Stufe mit dem Thiere: sie führt uns denselben vor mit einem Empfindungslaut oder Naturschrei. Aus einem vieldeutigen Brüllen *(ὢϱ-ύομαι)* erhebt sich die gegliederte Sprache (*oratio*); der Mensch *rer-t*, bevor er *re-d-et*; gierig verschlingt, frisst er (*ror-at*), bevor er isst (*e-d-it*); nicht unterscheidet er zwischen schön und unschön in seiner Kindheit; für die Farbenpracht der Natur ist er blind; er zählt nicht den Auf- und Untergang der Sonne (vgl. das erste Zahlw. *ein*, skr. *êka*): um Raum und Zeit kümmert er sich nicht; für alles, was er in Gottes weiter Natur um sich her erblickt, hat er nur e i n e Benennung (vgl. S. 141 ahd. *al*, gr. τὰ ὅλα Weltall, ὅλως überhaupt). Er ist stumpf gegenüber dem Geschehenen, die Gegenwart beherrscht ihn vollends. Hungernd, stößt er den ihm zur Verfügung stehenden Laut aus; theilt er diesen seinen Wunsch, seine Noth andern mit, so deutet er gleichzeitig auf den Mund (s. *os*, *or-is*); sein wiederholter Ruf und sein Deuten auf den Mund erwecken die Vorstellung des Essens und der Thätigkeit des Mundes im allgemeinen (s. *orare*, *vorare*, *mordere*). Vom Durste gequält, schreit er nach seinem Getränke, dem Wasser (vgl. ai. *vár* W a s s e r). In seinem Wünschen und Beobachten ist er überhaupt sich selbst der nächste: was er an seinem Körper äußerlich wahrnimmt, benennt er zuerst. Noch lässt uns die Sprache an den Stämmen oder Wurzeln jener Wörter, die ein nothwendiges, menschliches äußeres Organ oder dessen Verrichtung und Wahrnehmung bezeichnen, den Laut aus jener Zeit erkennen. Bezeichnen die Wörter *or-(os)*, *orare*, *vorare*, *óra* (ahd.) O h r, ὁράω, arm, *ars*, ὄϱ-ϱος, ὄϱχις, οὐϱέω, ἐϱάω, *oleo* oder die Formen mit dem zur Zeit der Einsilbigkeit erfolgten Anschluss der Dentalis (*rudo, rodo, rideo, edo, ἔδω, mordeo,* skr. *svad, vad, αὐδάω, εἴδω, video, audio, ὄζω, odor, vado, sedeo*) Begriffe, die von dem Menschen ausgehen, so lässt sich der Nutzen und die Wichtigkeit des Thieres für den Urmenschen aus den von dem Thiernamen einer späteren Periode abstrahierten Begriffen: *cor, corium, caro, cruor, cerebrum, cornu, crinis* u. s. w. ermessen.

Der arische Typus, sagt der Archäologe, habe sich während und nach der Eiszeit entwickelt. Dass für das Eis in frühester Zeit die Nothwendigkeit seiner Benennung sich ergab, bezeugt das *or*-Wort *Eis* im Germanischen. Unter den rauhesten klimatischen Verhältnissen lebend, von Natur aus nackt, ist der hier uns vorschwebende Urmensch ärmer als das Thier. Frierend sucht er seinen Körper zu bedecken; nicht das Fleisch, überhaupt nichts an dem Thiere erregt zunächst so sehr seine Begehrlichkeit als der Pelz desselben. Das Schaf (vgl. skr. *urâ* in *urâbhras*) ist dem von Natur aus Unbewaffneten am leichtesten zugänglich; mit dem Felle desselben (vgl. ἔριον, skr. *ûrṇâ* d. Wolle, *vellus* Wolle, Schaffell) hüllt er sich ein (skr. *ûrṇomi, velo*); das Thierfell ist sein erstes Kleid, sein erster Schmuck (*ornare*). Ferner stehen ihm schon die Thierknochen (s. *os*) und selbst das Fleisch des Thieres (s. d. *Aas*). Flüsse, Sümpfe, überhaupt wasserreiche Flächen (vgl. *waten, Au*), in welchen es von verschiedenem Gewürm und Fischen wimmelt (vgl. lat. *ver-mis*, goth. *waúrms* Schlange, ahd. *wur-m* Schlange, Drache, Wurm; *Aal**): *Egel*), wechseln in dem Territorium des Urariers neben- oder nacheinander mit von wilden, gefährlichen Thieren bevölkertem Waldland (s. *ursus* etc.).

Von dem Rufe, den der Fortpflanzungstrieb dem Menschen abnöthigt, erhält der Mann und dessen Charakteristicum den Namen (s. unter: *er, ein, ὄρχις* u. s. w.); bis in die *or*-Periode reichen die Lautbilder für das Urogenitalgeschäft (s. unter: οὐρέω, ἐράω u. s. w.). In jene Periode reicht eine Anzahl der Pronomina und Suffixe zurück, die von den Gelehrten als Überreste einer

---

*) *Aal*, ahd. *âl*, altn. *âll*, ags. *aél*, ne. *eel* ist eine bloß germanische Bezeichnung. Der Aal mangelt dem Schwarzen Meere und allen Flüssen, die sich in dasselbe ergießen, ebenso auch dem Kaspischen See mit den in Verbindung stehenden Stromgebieten. Penka wendet sich auf Grund des Verbreitungsgebietes des Aals und des Lachses gegen jene, welche die paläolithische Zone Südrusslands als die Heimat der Arier ansehen. Vgl. Penka, Herk. der Arier, S. 46.

fernen, uns unbekannten Sprachperiode hingestellt werden (s. unter:
er, ille, is, Suff. *or [ol], orK*). Wenn wir heutzutage im Deutschen
das Pronomen *er* gebrauchen, nennen wir den Mann der Urzeit.
Von dem Augenblicke an, wo der „er" (*or, ar*) mit dem durch
die Gutturalis verstärkten, energischeren Lautgebilde herausplatzte,
um seine Aussage, seinen Wunsch, sein Recht zur Geltung
zu bringen, stammt das *ich*-Bewusstsein, die Betonung, das Hervorkehren des Sprechenden, die Scheidung desselben von seinen
Mitmenschen (s. S. 54).

Es ist auch wahrscheinlich, dass der größere Affect, der in
der Abwehr, dem Verweigern zum Ausdruck gelangen muss, durch
verstärkte Lautgebilde sich geltend machte: vielleicht bilden die
schon in den ersten Lautgebilden *oak* und *o'a'* enthaltenen *K* und
n-Laute den einzigen Grund, dass diese Laute noch heutzutage als
die der Negation fungieren (s. S. 21).

Die Organe des Menschen, deren Wahrnehmungen und Verrichtungen bilden den Inhalt seiner ersten Begriffe. Nichts deutet
auf **scheren, flechten, höhlen, schlagen, scharren,
schaben**. Die einzigen unter den erörterten Thätigkeiten, die
dem Laute nach zu schließen, noch in die Urzeit zu verweisen
wären, sind *ar-are, ur-b-are, ὁϱ-ύσσειν, ἐϱ-έσσειν*. Aber auch hier
bestehen berechtigte Bedenken: das *arare, urbare, ὀϱύσσειν*, das
Bohren in der Erde mit einem spitzen Werkzeuge, das *urere*, i. e.
das Bearbeiten der Steine und des Holzes, woraus auf Grund einer
naheliegenden Ideenverbindung die Begriffe **warm, brennen**
entstanden zu sein scheinen, das *ἐϱέσσειν* das **Rudern**, eine,
gleich dem germ. *raten*, zu den oben angedeuteten territorialen
Verhältnissen stimmende Beschäftigung sind zwar Thätigkeiten,
die in eine sehr frühe Zeit zu setzen sind: diese Begriffe aber als
gleichzeitig mit den Begriffen der ersten Thätigkeiten der menschlichen Organe hinzustellen, wäre schon deshalb gewagt, weil dieselben bereits, wie angedeutet wurde, auf einer vermuthlichen
Übertragung eines rein sinnlichen Actes auf die Außenwelt beruhen.

In die Augen fällt dem Urarier der *ὄϱ-ος* **Berg**: unerklär-
lich und früh das Walten übernatürlicher Mächte andeutend ist
ihm der *οὖϱος* **Wind**. Ob nun der *οὐϱανός* und der *ἄϰϱατος* auf
einer Übertragung aus einem der primitiven Begriffe beruhen
oder nicht, bleibt hier unermittelt: die Lautbilder lassen erkennen,
dass das vor allen ausgebreitete Himmelsgewölbe früher, bezie-

hungsweise nach einem älteren Lautgebilde benannt wurde, als der Ocean.

Die Sprache gibt ferner Zeugnis, dass es in den Waldregionen des Urariers einen bestimmten Wechsel in der Flora gab, dass auf eine Eichenperiode eine Zeit folgt, wo die Erle und die Buche die vorherrschenden Waldbäume waren. [Vgl. Eiche (*oac*) und Buche (*boac*) δ-*óϱ-v* und *b̄ξ-íɣ̄*, Eiche und Erle (-*or*- und *al-nus*), für eine spätere Zeit *quercus* und *fagus* u. s. w.]

Der auf der niedersten Culturstufe stehende Mensch, der Mann der *or*-Periode, oder um in der Sprache des Archäologen zu reden, der Mann der paläolithischen Zeit, benannte schon die Erde (vgl. *er-o*, *ἔϱ-α*), und unter den Metallen das ihm bekannte und später zuerst verarbeitete Kupfer (s. S. 126 *ír, ár, ér*).

Seine Jagdbeute (vgl. Weide), die er wahrscheinlich mittelst spitzer Geschosse (vgl. *ἄκ-ων* Wurf, Spieß) sich verschaffte, bildete unter den Thieren, deren Namen nach dem Typus *or*, *ork* uns erhalten sind, der Ur, der Bär (*ursus*), das Reh, das Elen, der Hirsch (vgl. *ἔλ-αφος*), der Wolf (skr. *vŕka*), der Eber (vgl. *verres*, *bár* etc.) und im ungezähmten Zustande vorzugsweise das Schaf (vgl. skr. *°ur-á*), die Ziege (vgl. *ὄϱ-νξ*, *αἴξ*). Wie der Ur unter den größeren Säugethieren, das Schaf (*°ur-á*) als das erste und vorzüglichste Nutzthier, so hat anderseits der imposanteste und in der Urzeit vielleicht der gefährlichste und deshalb zuerst benannte der Vögel, der Aar, bis in die historische Zeit herein seine Bezeichnung nahezu nach dem Urlaut gerettet. Wir können vermuthen, dass der Arier der ältesten Periode seine roh aus Stein zugehauenen, spitzen Bohrwerkzeuge schon benannte (s. *Ahle, Bohrer, acus*).

Mit der fortschreitenden lautlichen Entwicklung stellte sich in dem Urmenschen die Empfindung, das Bewusstsein ein, dass die *or*-Zeit die entschwindende, die vergangene, die Zeit seiner Väter sei: mit dem Laute *or* (*er, ar, ur*) entsteht die Vorstellung des Einstigen, Ehemaligen, des Anfangs (s. unter: *origo, orior, olim, ehe* u. s. w.) Man kann sich vorstellen, dass zu jener Zeit, als *por* zeugen, der Vater hieß, die Zusammenstellung *por or* einen Gedanken wiedergab, welcher sagte: „Vater ehemals", dass auf diese Weise die Idee des Seins in der Vergangenheit sich entwickelte, dass ein *por or* also den Keim bildete zu dem Satze: *pater er-at* der Vater war (s. unter *eram*). Die Idee zeitlicher Entfernung erweckte die der räumlichen Entfernung: vgl. lat. *ora* das Äußerste einer Sache, gr. ὅρος Grenze. Der Tod des Urmenschen wird selten ein natürlicher gewesen sein. Sein Darben ward ihm zum Verderben. Dies deutet auch englisches *starve* vor Hunger und Kälte umkommen, deutsches sterben an. Sagen dies spätere Lautbilder, um wie viel mehr gilt diese Annahme von der Urzeit. Unter den übrigen Geschöpfen von Natur aus unbekleidet und unbewaffnet, unterlag der Mensch leicht der Rauheit des Klimas und den Angriffen der Raubthiere. *Mor* in *morior* ich sterbe (vgl. *mordeo, molo*) und *βρο* in βροτός sterblich (vgl. βρῶ-μα Speise, das Zerfressene, βορά Fraß) deuten auf ein zermalmt, gefressen werden hin. Noch bedeutet deutsches Mord eine gewaltsame Todesart *). Dass daher Furcht und Schrecken vor den Feinden und wilden Thieren dem Urmenschen den wiederholten Angstruf, den Warnruf *or-or-or* erpressten, lässt sich voraussetzen: noch lebt dieser Ruf fort im skr. *ar-ar-e*, in ἀλ-αλ-ά, dem Schlachtgeschrei der Griechen, in dem nbulg. Klageruf *ol-el-e*, gr. ολ.-ολ-υγή lautes Geschrei, ὀλολύζω, lat. *ululo* heule.

Sein Stöhnen und Ächzen, zu dem so viel Grund vorlag, tönt noch herüber in die historische Zeit im gr. ὀά, οὐαί, in me. *woa, woe*, südh. *wea*, baj. *woäna*, dem hochdeutschen *weh* und *weinen*.

Sein Wünschen und Sehnen erfahren wir noch aus *uol-o, uol-untas*; s. S. 139.

Sein Laut *oaK*, der Ahne so vieler Formen und Begriffe, ist uns noch erhalten in der Gestalt *vox, uoc + s* der Laut κατ'ἐξοχήν, die Stimme des Menschen und *uoc-are* mit dem *oaK* (oder dessen Abkömmling *uoK*) i. e. dem „Laute" bezeichnen, also benennen.

Mühsam fügte er seine *uor-uor* (vgl. *Wor-t, ver-bum*) zu nothdürftiger (s. unter *bar-bar-us, bal-bus*) Rede.

Seine Geschichte war kurz: er konnte von sich sagen: *orior — morior;* über das, was zwischen seiner Geburt und seinem Tode lag, vermochte er noch hinzufügen: *or-o, ror-o*, ὀρ-έω, ἀρ-όω (wörtl.) ἐρ-άω, ὀρ-άω, *ol-eo, au(-dio), va(-do)*.

---

*) Hierzu kommt noch die Sitte der Menschenopfer, welche bei allen idg. Stämmen unheimlich aus dem Dunkel der Vorzeit hervorblickt. Vgl. Hehn, S. 464.

Wer denkt da nicht an das einfache und schöne Gedicht
von Montgomery über das gemeinsame Los des Menschen,
welches mit den Worten beginnt:

> Once in the flight of ages past,
> There lived a man: — and who was he?
> — Mortal! however thy lot be cast,
> That man resembled thee.

Von diesem Menschen vergangener Zeiten führt der Dichter
als einzig sichere Wahrheit an: „That joy and grief, and hope
and fear, alternate triumph'd in his breast". — und weiter: he
suffered, — enjoyed, — had friends, — had foes, — he loved. —

> He saw whatever thou hast seen;
> Encounter'd all that troubles thee;
> He was — whatever thou hast been;
> He was — what thou shalt be etc.

In diesem einfachen Gedichte liegt ein schöner und wahrer
Gedanke: das allgemein Menschliche, die allen Menschen gemeinsamen Thätigkeiten und Wahrnehmungen erstrecken sich auch
auf den Urmenschen. Dass die Begriffe hierfür schon für den
Menschen der *or*-Periode bestanden haben, also als die primitivsten anzusehen sind, gelangt lautlich in der erschlossenen Sprache
desselben vollends zum Ausdruck.

Speciell wurden in dieser Arbeit für folgende Begriffe Wörter
als von dem Keim *or* (*oa*) ausgehend besprochen und theilweise
auch ausführlicher erläutert.

I. *Wort, brüllen, reden, Vocal, heulen,* überhaupt Wörter, die einen Ton oder Schall, oder irgend eine Mundthätigkeit bezeichnen, zunächst vom Menschen, dann übertragen auf Thiere und leblose Wesen; *schreien, schrecken, scheuchen; ächzen, weinen; murren, meckern, muksen* u. s. w.; *malmen, mahlen, beißen, Maul, Mahl, Mehl, Mutter, Schmach, schmelzen, Schmer, schmul, schmeißen.*

verbum, ὀρύομαι, orare, rêrén, rorare, vellere, vulnus, vox, vocare, ἐλάω, εἴρω, ὅρκος, reor, rideo u. s. w. S. 27: *horror, ἀλαλά; ne. scare, wail; μορμύρειν, μυκάομαι* u. s. w. S. 37; *molo, mordeo, morior, μυλλαίνω, μόρος, μύζαω, mulgere, mulier, μειδάω, σμῖξις* etc. S. 40. *Arii, barbari;* s. S. 162.

Von Wörtern für Lautäußerungen entstehen solche für Thätigkeiten des Geistes.

λόγος, mens, μένος, reor, ratio, memini, meinen. etc. S. 84.

II. *Ohr, hören, laut, losen, lauschen.*

auris, κλύω, ἀκούω, αἰω, audio, κλέος.

III. *Auge, wahrnehmen, warten, wachen, schauen, spähen, wissen.*

δράω, οὖρος, οἶδα, cerno, cora, coram, σκοπέω, specere, speculum, exspectare u. s. w. S. 43.

IV. *Fuß, waten, eilen, fahren, Spur, Furt.*

πούς, vado, vadum, eo, εἶμι, celer, currere, πόρος, experior, portus, fretum.

V. *Arsch, sitzen, hocken* u. s. w. S. 47.

ὄῤῥος, ἕζομαι, cacare, pedo u. s. w.

VI. *Ei, Rogen, Vogel, fliegen, Feder, Urin, harnen, huren, hecken, er, ich, mich, eigen, wer, ein, gemein, Mann, werden, ehe, ewig, war, bin, wachsen, alt, vermehren, hoch, viel, voll, tragen, Werk, machen, bauen, eggen, rudern, Ehre, Art, Bauer, Bohrer, graben, bilden, Buhle, Bulle, Burg, borgen, bergen, pflügen, pflegen, Wolke, Regen, Nebel, fließen, wollen* S. 139; *brennen* S. 148; *Freund, Friede, frei, froh; Ahle* S. 150.

ὄρχις, ἄρσην, ἔρως, ἐράω, ὄρνις, ὄρνυμι, οὐρέω, ὀχεύω, οἰφάω, ὀργάω, ἐγώ, αὐξάνω, ἀρόω, ἐρετμός, μοιχός, μύλλω, μέγας, κέρκος, κόρος, χοῖρος, κυέω, χάραξ, χαίρω, πορνεύω, πηρίν, σπορά, πλήθω, πολύς, φοράς, φέρειν, φύω, ποιέω, φιλέω, ovum, volucris, volare, urigo, ille, origo, orior, ver, olim, aevum, augere, arare, occare, multus, magis, coles, scrotum, scortor, creare, crescere, carus, colere, parĕre, plus, plere, plenus, portare, facere, forare, forma, fodere, filius u. s. w. *mingere, pluere* u. s. w. S. 85: *volo; urere* S. 149; *acus, ἄκων* S. 150.

VII. *Ur, Ochs, Kuh, Haut, Horn, Hirn, Herz, Haar, Haupt,* davon: *Kleider, Gefäße, Rüstungen, Waffen, rauben, verbergen,*

οὐρεύς, οὖρος u. s. w. S. 93; *cor, corium, caro, cornu, cruor, cerebrum, crinis, καρδία, κέαρ, κράνιον, κάρα, κόρυς, κέρας, ar* hüllen, schützen, Scheuer, Haus, heim,Schatten,finster, Hut,Helm, Schale, Schüssel, Schild, Farbe, Schuh, Fell, Faß, fassen, Fessel, Wolle, Hammer, schinden, Preis, feil, kaufen, Fleisch, scheren, falten, flechten, spinnen, Saite; Bein S.148, Aus S. 150, Arm, Hand S. 95, Nase S. 96.

mus S. 95, vacca, scortum, κώρυκος, σκύλος, σκυλάω, σκύλευμα, σκυτείς, σκυφίον, scutra, scutum u. s. w. S. 98, σκηνή, σκότος, obscursus, occulere, σκεύη, σκευάζω, σκεῦος, κεύθειν, celare, κώμη, κεῖμαι, calceus, κρηπίς, πόρταξ, πέλλα, σπολάς, spolium, poculum, sportula, πέλις, κέραμος, urna, femur, pretium, πρίαμαι, ἐμπόριον, πωλέομαι, πέρνα, pulpa, crinis, coma, pilus, πέκος, ἔριον, βύρσα, πέκω, κείρω, πλέκειν, plicare, panus, filare, χόριον u. s. w. os S. 148.

VIII. Eiche, Buche, Erle, Föhre etc.

ulmus, alnus, μῆλον, quercus, fagus S. 113.

IX. Erde, Erz, Eisen.

ἔρ-α, aurum, aes, ferrum,

X. Andere Dinge der Außenwelt; Wasser, all s. S. 141.

οὐρανός, ὠκεανός; ὅρος, οὖρος, ὅλος.

In dem Umstande, dass die lautliche Entwicklung von einem einzigen centralen Anfangsgliede für die verschiedenen Begriffssphären ausgieng, liegt der einzige vernünftige Erklärungsgrund der Homonymie; der Entwicklungsprocess in verschiedenem Tempo und in verschiedener Richtung erklärt die Polyonymie; s. S. 140.

Lässt uns die Sprache, die älteste überlieferte Urkunde, in ihrem beobachteten Entwicklungsgange ein düsteres und tristes Bild des Urmenschen mit all seinen Kämpfen und Ringen ums Dasein erstehen, so schafft sie uns anderseits frohe Kunde von den culturellen Fortschritten und ein beredtes Zeugnis der zunehmenden geistigen Vervollkommnung sowohl, als auch der sittlichen Veredlung des Menschen. Aus dem naturgeschichtlichen *homo* i. e. einem Wesen mit den animalischen Verrichtungen b r ü l l e n, f r e s s e n, s e h e n, h ö r e n, r i e c h e n, g e h e n u. s. w. erhebt sich der redende, der zu den Göttern flehende (*orare, loqui*).

Früh ist ihm das einmal gegebene Wort heilig (vgl. ὅϱϰος, *swuor*).
Wir schreiten allmählich von der paläolithischen Zeit bis zur
gegenwärtigen, vom *ēr-at* zum *e-s-t*. Die fortschreitende Entwicklung des Vocalismus an demselben Thätigkeitsworte erweist
sich als wirksam genug, den Gegensatz zwischen Vergangenheit
und Gegenwart im Sprechen hervortreten zu lassen. Dachte der
Arier z. B. bei der Aussprache von *moa(r) moal* einst an das
Malmen, Mahlen ohne Rücksicht auf die Zeit, in der die
Thätigkeit verrichtet wurde, so erwachte mit der entwickelteren,
der contrahierten Form *mal* das Bewusstsein, dass *moal* denselben Begriff in der entschwindenden Zeit, in der Vergangenheit
bezeichnete. Mit der Scheidung des *moal* in *moal* und *mal* treten
also zwei neue Vorstellungen zu dem Thätigkeitsbegriffe mahlen
hinzu, so dass *moal* mahlen — ehemals und *mal* mahlen —
jetzt bedeutet. (Vgl. ahd. Prät. *muol* und *malan*). Das Verbum,
das Thätigkeitswort wird hierdurch auch, und zwar vorzugsweise
im Germanischen zum „Zeitwort". Vgl. über das Verbum S. 143.

Aus dem redenden ersteht, sprachlich geübt und ausgebildet,
der *homo facundus*. Das einfache Wahrnehmen seines Sehorgans
(ὁϱάω, *wara*) verschärft sich zu einem Spähen, Warten, Erwarten,
Hoffen (vgl. *cerno, spicere, exspectare, sperare*). Das durch das
Auge Wahrgenommene wird zum geistigen Eigenthum, zum Wissen
(οἶδα, *wait*). Sein Hören wird ein absichtliches, ein Horchen,
Lauschen. s. S. 42. Über seinem Watscheln, Waten, Eilen, Gehen
(vgl. *rado, εἶμι, e-o*) erhebt sich das Fahren (πόϱος, *fahren*); das
Wandern machte ihn erfahren (*peritus*).

Über ἐϱ-άω, *aro, uro, mordeo* lagern sich die *cor-por*-Wörter
φιλέω, *colo, ferveo, findo* und *scindo*. Aus dem *por*-Wort ποιέω
ersteht der ποιητής, der *Poet*; bei gemeiner Arbeit verbleibt
der ἐϱγάτης Arbeiter, Taglöhner, Feldarbeiter und der
μεταλλ-ουϱγός Metallarbeiter. Vgl. hierzu im Germ. die Begriffe nach *bor* und *cor-por* S. 86. Wir stehen inmitten einer
Periode weit höherer Cultur: im scharfen lautlichen Contraste zu
den *or*-Namen der ungezähmten Thiere treten die *cor-por*-Namen
unserer hauptsächlichsten Hausthiere (Vieh, Rind, Schaf, Ross,
Ferkel, Hund, Huhn) in den Vordergrund. Wir finden den Menschen
in vollster Thätigkeit: er bohrt, gräbt, pflügt, eggt und bebaut den
Boden, siedelt sich an, mahlt, schmilzt, hämmert, schert, faltet,
flicht, spinnt, verfertigt sich Kleider, Rüstungen, Schuhe, Gefäße
und Waffen.

Das Thierfell, die erste Decke des Menschen, legt den Grund zu dem Begriffe S c h u t z, der nicht nur durch das Kleid und die Waffe, sondern auch durch die Höhle, die Hütte, das Haus, den Schatten des Baumes gewährt wurde und in dem Heim (*κώμη*, D o r f) das Gefühl der Sicherheit (*cer-t-us*) und der Ruhe (*quies, κεῖμαι*) erzeugte.

Das Vieh, die Thierfelle bilden die ersten Artikel des Austausches, des Kaufes und Verkaufes (s. S. 104 *kaufen, feil); das Vieh* machte einst das Vermögen des Menschen aus (s. *pretium, pecunia*). Die Kleider und die Waffen des Erschlagenen bilden die ersehnte Beute des Feindes (s. *spoliare, rauben*). Die Verwandtschaftsnamen der *cor-por*-Periode *(pater, frater, filius, parentes, Vater, Vetter)* führen uns in das entstehende Familienleben ein; ihnen gehen voran (nach den Urtypen *oa* und *o'a'*) die *ari*, die Ahnen (*avi* Vorfahren, *avus* Großvater, ahd. *ano* Großvater).

Als der Mensch auf Thierknochen Linien ritzte und zur Bezeichnung dieser Thätigkeit nach einem rein sinnlichen Acte sich zum erstenmal des Lautbildes *por* z e u g e n, b o h r e n, germ. *uor, bor* z e u g e n, b o h r e n bediente, ward auch der vermuthliche Keim gelegt zu dem Begriffe und Lautgebilde *forma* und deutschem *Bild*. Laute, die ursprünglich eine Mundthätigkeit bezeichnen, werden zu Trägern abstracter Begriffe des Denkens (s. *reor, ratio, λόγος*). Zwischen den lautlichen und begrifflichen Extremen *οὐρ-έω* und *φιλ-έω* liegt nicht nur die Reihe der sinnlichen Vorstellungen z e u g e n, m a c h e n, b o h r e n, p f l ü g e n, r u d e r n, g e b ä r e n, t r a g e n, w a c h s e n, v e r m e h r e n, v i e l, v o l l, f ü l l e n, h a r n e n, r e g n e n, f l i e ß e n, sondern eine ganze Geschichte des Entwicklungsganges des menschlichen Gefühlslebens, das, sich lautlich äußernd, mit dem Paarungsruf beginnt, von der sinnlichen Liebe zu den edelsten Begriffen der Nächstenliebe und Menschenfreundlichkeit sich erhebt (s. *ἐράω, carus, caritas, par, φίλος, Freund, Friede*).

Dies ist in nuce die Geschichte des *our*-Mannes, des Ariers. Ist das in dieser Untersuchung in seinem Entstehen und Fortschreiten dargestellte Lautgebiet auch ein beschränktes, so tritt uns doch in demselben der Mensch dergestalt entgegen, dass wir auch nach allen Gründen der Wahrscheinlichkeit uns denselben nicht anders vorstellen können, in seinem stetigen geistigen Entwicklungsgange von den primitivsten Ideen bis zu jenem Grade

der Vervollkommnung, der in den fertigen Sprachen sich wider-
spiegelt. In größere Ferne rückt die Vorstellung einer arischen
Urgemeinschaft, kleiner wird die Zahl der nach dem gegenwärtigen
Stand der Sprachenwissenschaft als uridg. geltenden Wörter infolge
der berechtigten Annahme, dass selbst an dem aus dem ganzen
arischen Sprachschatze gegenwärtig zum Vergleich herangezogenen,
verhältnismäßig kleinen Bruchtheil eine theilweise getrennte, einzelsprachliche Entwicklung in demselben Sinne stattgefunden haben mag.

Nicht auf Pergament oder Papyrusrollen steht die Geschichte
der Sprache des Ariers verzeichnet. Der Historiker steht bereits
vor fertigen Lautgebilden, deren Hauptelement, durch Präfixe, Suffixe
oder überhaupt Compositionsglieder geschützt, dort, wo wir bis in
die Neuzeit eine Continuität voraussetzen können, seit 1 bis 2 Jahr-
tausend in seinem Lautbestande nicht wesentlich gefährdet wurde.
Welche Zeiträume liegen hingegen zwischen dem ersten *oar*-Rufe,
der zur Befriedigung irgend eines unabweislichen Bedürfnisses aus-
gestoßen wurde, dem ersten *uol-o* und dem kunst- und gehaltvollen
Aufbau einer Demostenischen Rede, zwischen dem ersten bedeutungs-
losen Ritzen auf Steinen und Thierknochen und dem schreibendem
Culturmenschen. Bis zum ersten Schriftzeichen hat die Tradition
allein die hier von den Uranfängen an in ihren verschiedenen Entwicklungsphasen uns vorschwebende Sprache von Generation zu Generation uns übermittelt. Dass diese Überlieferung treu, die Fortbildung
stetig sich vollzog, zeigt uns im ganzen das in großen Zügen an den
Lauttypen *or*, *uor*, *bor*, *mor* (+ *K*, *d* oder *s*), *cor*, *por*, *scor*, *spor*
(+ *K*, *d* oder *s*) entworfene Bild des Werdens, Wachsens und Vervoll-
kommnens des Sprechens und Denkens. Man versuche es, sich auf den
negativen Standpunkt zu stellen und unter den genannten Typen dem
cor, *scor* oder *por*, *spor* die Priorität zuzuerkennen; man wird überall
zu Resultaten gelangen, die jeder gesunden Logik spotten. Ebenso unzweifelhaft steht es fest, dass jede andere Aufstellung von
Wurzeln außer mit *or* (*oa*), nicht nur den Übergang zu späterem
bor, *mor*, *ork* etc. nicht vermittelt, sondern — wovon die Sprachwissenschaft nach ihrem heutigen Stande hinlänglich Zeugnis gibt
— schon so abstracte Begriffe aufweist, dass deren Entwicklung
unmöglich in die Urzeit fallen kann. Ist auch das Verhältnis des
ganzen Lautsystems, namentlich der anlautenden Dentalis, des anlautenden *n*, *s*, zu den hier behandelten Typen noch nicht erörtert,
so lässt sich doch jetzt schon mit Bestimmtheit angeben, dass bei
der Sichtung des ganzen arischen Sprachschatzes kein lautlicher,

in seinem Fortschreiten durch Beobachtungen aus der Gegenwart oder der geschichtlichen Zeit überhaupt gestützter Ausgangspunkt aufgestellt werden kann, von welchem aus in so überwältigender Weise nicht nur Licht über die primitivsten, dem subjectiven Bedürfnisse des Menschen entspringenden, absolut nothwendigen Begriffe verbreitet wird, sondern auch eine so auffällige und mithin zugleich beweisende Übereinstimmung mit den Ergebnissen der anthropologischen und archäologischen Forschungen über die Urheimat des Ariers und die ihn umgebende Außenwelt zutage tritt.

Die Sprachwerdung und die aus ihr geschöpfte Geschichte des Urariers bilden selbst einen wichtigen Abschnitt der Anthropologie; er führt uns durch ungezählte Jahrtausende von dem homo facundus zurück zum homo barbarus, dem Stammler, und weiter bis zum vieldeutigen Naturschrei, dem ersten *wor(-d)* unserer Väter. Hinter diesem ältesten Denkmal verstummt die Geschichte der Sprache und des Menschen.

Druck von Carl Fischer (vorm. Ferd. Ullrich & Sohn), Wien, IV., Hauptstrasse 54.

www.ingramcontent.com/pod-product-compliance
Lightning Source LLC
Chambersburg PA
CBHW020536270326
41927CB00006B/608